Die UNO-Studie: Kernwaffen

Verlag C. H. Beck München

„Die UNO-Studie: Kernwaffen" ist die deutschsprachige Fassung des vollständigen Berichts des Generalsekretärs der Vereinten Nationen mit dem offiziellen Titel *General and Complete Disarmament: Comprehensive Study on Nuclear Weapons. Report of the Secretary-General;* diese Studie wurde der Generalversammlung im Herbst 1980 vorgelegt.
Veröffentlicht in Zusammenarbeit und mit Autorisierung der Vereinten Nationen.
Aus dem Englischen übertragen von Detlev-Lothar Baehren, Jürgen Kuhlmann, Siegfried Petrelli und Mathias Schönborn. Die Übersetzung hat keinen offiziellen Charakter.

CIP-Kurztitelaufnahme der Deutschen Bibliothek

United Nations:
Die UNO-Studie: Kernwaffen / [Vollst. Bericht d. Generalsekretärs d. Vereinten Nationen ... Veröff. in Zsarb. u. mit Autorisierung d. Vereinten Nationen. Aus d. Engl. übertr. von Detlev-Lothar Baehren ...]. – München : Beck, 1982.
Einheitssacht.: General and complete disarmament: comprehensive study on nuclear weapons ⟨dt.⟩
ISBN 3 406 08765 5
NE: HST

ISBN 3 406 08765 5

Umschlagentwurf: Bruno Schachtner, Dachau

Satz: Georg Appl, Wemding
Druck und Bindung: C. H. Beck'sche Buchdruckerei, Nördlingen
Printed in Germany

Die UNO-Studie:
Kernwaffen

Inhalt

	Absatz	Seite
Verzeichnis der Abbildungen und Tabellen		9
Vorwort des Generalsekretärs der Vereinten Nationen		11
Begleitbrief bei Übergabe der Studie		13
I. Einführung	1– 8	15
II. Sachinformationen über heute vorhandene Kernwaffenarsenale	9– 66	20
A. Die Kernwaffe	12– 17	21
B. Trägersysteme mit großer Reichweite	18– 27	23
C. Nachrichtengewinnung, Führung, Befehlsgebung und Fernmeldeverbindungen	28– 29	29
D. Die wesentlichen strategischen Arsenale der Supermächte	30– 39	30
E. Regionale Atomstreitkräfte (Kernwaffen mittlerer Reichweite)	40– 42	32
F. Die strategischen Arsenale anderer Länder	43– 45	33
G. Taktische Kernwaffen	46– 55	34
H. Methoden und Kosten des Erwerbs von Kernwaffen	56– 66	37
III. Tendenzen der technologischen Entwicklung von Kernwaffensystemen	67–141	42
A. Hauptmerkmale der Entwicklung in Vergangenheit und Gegenwart	67– 72	42
B. Konstruktionsmerkmale und Eigenschaften von Sprengköpfen	73– 85	45
C. Kernwaffenversuche	86– 92	49
D. Allgemeine Bemerkungen zu Waffensystemen	93–100	51
E. Strategische Trägersysteme	101–111	55
F. Strategische Abwehrmaßnahmen und Abwehrsysteme	112–127	60
G. Systeme zur Entdeckung und Identifizierung von Zielen	128–136	64
H. Regionale Nuklearstreitkräfte	137–141	67

	Absatz	Seite
IV. Wirkungen des Einsatzes von Kernwaffen	142–278	69
A. Wirkungen einer einzelnen Kernwaffen-Detonation	150–177	71
Sprengkörper von mittlerem Detonationswert	150–164	71
Detonationen mit hohen KT- und MT-Werten über Städten	165–177	78
B. Auswirkungen eines begrenzten Kernwaffen-Angriffs	178–197	85
C. Auswirkungen eines umfangreichen Einsatzes taktischer Kernwaffen	198–212	91
D. Auswirkungen eines unbegrenzten nuklearen Schlagabtauschs	213–229	98
Der Counterforce-Angriff	217–222	99
Der Counter-Value-Angriff	223–229	103
E. Weltweite Konsequenzen	230–256	106
Auswirkungen auf die Umwelt	230–237	106
Gesellschaftliche, wirtschaftliche und politische Folgen	238–256	109
F. Auswirkungen der Kernwaffenversuche	257–262	115
G. Zivilschutz	263–278	119
Methoden des Zivilschutzes	266–271	120
Langfristige Chancen für ein Überleben und den Wiederaufbau	272–275	122
Bestehende und mögliche Zivilschutz-Programme	276–278	124
V. Abschreckungsdoktrinen und Theorien über Kernwaffen	279–347	126
A. Doktrinen und Kernwaffen	279–284	126
B. Kernwaffen und Abschreckung	285–298	127
C. Doktrinen und technologische Entwicklung	299–303	132
D. Die Nukleardoktrinen der Kernwaffenstaaten	304–343	134
1. Nukleardoktrinen der Vereinigten Staaten von Amerika	305–316	135
2. Nukleardoktrinen der Sowjetunion	317–328	139
3. Chinas Nukleardoktrinen	329–333	142
4. Großbritanniens Nukleardoktrinen	334–337	143
5. Frankreichs Nukleardoktrinen	338–343	144
E. Doktrinen und Sicherheit	344–347	145

	Absatz	Seite
VI. Sicherheitserwägungen bei fortschreitender quantitativer Zunahme und qualitativer Weiterentwicklung der Kernwaffensysteme	348–434	148
A. Kernwaffen und nationale Sicherheit	353–383	149
Die Supermächte	354–363	150
Die anderen Kernwaffenstaaten	364–367	153
Die kernwaffenlosen Staaten	368–383	154
B. Kernwaffen und regionale Sicherheit	384–393	159
C. Kernwaffen und internationale Sicherheit	394–402	162
D. Vertikale Proliferation von Kernwaffen – Die Bedeutung des quantitativen Ausbaus der gegenwärtigen Arsenale	403–407	165
E. Vertikale Proliferation von Kernwaffen – Die Bedeutung der qualitativen Verbesserung von Kernwaffensystemen	408–424	167
F. Horizontale Proliferation von Kernwaffen	425–434	172
VII. Die Bedeutung von Verträgen, Übereinkommen und Verhandlungen für die nukleare Abrüstung	435–489	176
A. Abrüstung im Atomzeitalter	435–443	176
B. Antarktis-Vertrag	439–443	177
C. Weltraum-Vertrag	444–449	178
D. Meeresboden-Vertrag	450–455	181
E. Test-Stopp-Vertrag	456–460	182
F. Schwellen-Vertrag	461	184
G. Nichtverbreitungs-Vertrag	462–467	185
H. Kernwaffenfreie Zonen	468–479	187
I. Gespräche über die Begrenzung Strategischer Waffen – SALT	480–483	190
K. Weitere strategische Abkommen und Verträge	484	192
L. Vorschläge zum Einsatzverbot von Kernwaffen	485–489	194
VIII. Zusammenfassung: „Die ständige Bedrohung der Menschheit“	490–520	198

Anhang

	Absatz	*Seite*
I. Technische Beschreibung der Wirkungen von Kernwaffen	A 1–A 50	211
A. Die Druckwelle und ihre Wirkungen	A 1–A 8	211
Druckwelle	A 1–A 5	211
Modifizierende Einflüsse	A 6	212
Schäden durch die Druckwelle	A 7–A 8	212
B. Thermische Strahlung und ihre Wirkungen	A 9–A 13	215
Thermische Strahlung	A 9–A 11	215
Schäden durch die thermische Strahlung	A 12–A 13	215
C. Brände	A 14–A 17	217
D. Der elektromagnetische Impuls und seine Wirkungen .	A 18–A 22	218
E. Anfangsstrahlung	A 23–A 29	221
F. Rückstandsstrahlung (Fallout)	A 30–A 35	223
G. Strahlenverletzungen	A 36–A 44	226
Akute Strahlenverletzungen	A 41–A 42	227
Strahlenbedingter Krebs als Spätfolge	A 43	230
Genetische Auswirkungen	A 44	230
H. Mehrfachverletzungen und synergistische Wirkungen im allgemeinen	A 45–A 50	231
II. „Sicherheitszusagen“ der Kernwaffenstaaten vor dem Genfer Abrüstungsausschuß im Jahre 1980 . .		233
III. Charakteristika einiger wichtiger Kernwaffensysteme		235
Anmerkungen		241
Register		249

Verzeichnis der Abbildungen und Tabellen

1. Beispiele für die Reichweite von Interkontinentalraketen (ICBM) . . . 24
2. Verhältnis zwischen dem Detonationswert einer Bombe und der Größe des durch die Druckwelle zerstörten Gebietes 26
3. Der Zusammenhang von Detonationswert und Zielgenauigkeit . . . 43
4. Wirkungsweise des MIRV-Systems 52
5. Tatsächliche und zukünftig mögliche Entwicklung der Zielgenauigkeit von Raketen 56
6. Aufteilung der Energie bei der Luftdetonation einer Kernspaltungsbombe (A-Bombe) in einer Höhe unter 30000 m 73
7. Wirkung einer Hiroshima-Bombe über New York 79
8. Wirkung der Luftdetonation einer 15 MT-Bombe über New York . . 83
9. Vernichtungs-Kapazität von Kernwaffen beim Einsatz gegen Städte . 84
10. Gebiete radioaktiven Niederschlags taktischer Kernwaffen 95
11. Risiko-Gebiete und Flächen radioaktiven Niederschlags nach einem Kernwaffen-Angriff auf militärische Ziele (typisch für März-Windlage) 100
12. Kernwaffen-Versuchsgebiete 1945–1979 116
13. Entwicklung der strategischen Potentiale 165
A.1. Das Konzept der „optimalen Detonationshöhe“ 214
A.2. Entfernungen für unmittelbar von der Detonation verursachte Verbrennungen 216
A.3. Elektromagnetischer Impuls (EMP) bei Explosionen in großer Höhe . 220
A.4. Strahlendosis der Anfangsstrahlung in Abhängigkeit von der Entfernung vom Nullpunkt 222
A.5. Gebiete radioaktiven Niederschlags 225

Tabellen

1. Grobe Schätzungen der gegenwärtigen Kernwaffenarsenale 40
2. Gesamtzahl der Opfer bei einem auf einen Kriegsschauplatz begrenzten Nuklearkrieg 97
3. Verwundbarkeit bei einem Counter-Value-Angriff 105
4. Bekannte und vermutete Kernwaffen-Detonationen bis 31. 12. 1979 . 115
5. Einige Beispiele für die jährliche Ausgaben für den Zivilschutz 124
6. Strategische Abkommen und Verträge 192
A.1. Einige Größen und Maß-Einheiten ionisierender Strahlung 228

Vorwort des Generalsekretärs der Vereinten Nationen

Mit der Resolution 33/91 D vom 16. Dezember 1978 hat die Vollversammlung der Vereinten Nationen den Generalsekretär aufgefordert, mit Unterstützung qualifizierter Experten eine umfassende Studie zu erarbeiten, die Sachinformationen zur Verfügung stellen soll über die heute vorhandenen nuklearen Arsenale, über Tendenzen der technologischen Entwicklung von Kernwaffensystemen, über die Wirkungen ihres Einsatzes und über die Folgen für die internationale Sicherheit wie auch für die Abrüstungsverhandlungen. Dabei sind zu berücksichtigen:

a) die Abschreckungsdoktrinen und andere die Kernwaffen betreffende Theorien sowie

b) die fortschreitende quantitative Zunahme und qualitative Weiterentwicklung der Kernwaffensysteme.

Zur Durchführung dieser Resolution wurde nach Abstimmung mit den Mitgliedsstaaten eine Gruppe qualifizierter Experten berufen. Diese Gruppe traf sich in der Zeit zwischen Juli 1979 und Juli 1980 zu fünf Tagungen.

Die Experten haben aufgrund ihrer persönlichen Kompetenz dem Generalsekretär einen einmütigen Bericht vorgelegt, der ihre fundierten Ansichten zu einem Gegenstand enthält, dessen große Bedeutung erst unter Berücksichtigung der verwickelten und komplexen Natur der verschiedenen Aspekte hervortritt. Tatsächlich ist dieser Bericht die erste Untersuchung der Vereinten Nationen über Kernwaffen seit der mehr als zehn Jahre alten Studie mit dem Titel *Effects of the Possible Use of Nuclear Weapons and the Security and Economic Implications for States of the Acquisition and Further Development of these Weapons*[1]. In der Resolution 33/91 D, die den Auftrag für die vorliegende Untersuchung enthielt, hat die Generalversammlung festgestellt, daß seit dieser früheren Studie im Bereich der Nuklearwaffen viele wichtige Entwicklungen stattgefunden haben und daß deshalb diese neue Untersuchung einen wertvollen Beitrag zur Verbreitung von Sachinformationen und zum internationalen Verständnis der betreffenden Probleme leisten könnte. In diesem Zusammenhang muß erneut darauf hingewiesen werden, daß bei dem Versuch, das Wettrüsten einzuschränken, der nuklearen Abrüstung die unbedingte Priorität zukommen muß. Die 10. Sondertagung der Generalversammlung der Vereinten Nationen, die 1978 zum Thema Abrüstung abgehalten wurde, hat dieser Realität in greifbarer Weise Rechnung getragen, als sie in Paragraph 47 ihres Schlußdokuments (Resolution S-10/2) festgestellt hat: die Kernwaffen stellen die größte Gefahr für die Menschheit und das Überleben unserer Kulturen dar. Sie hat ferner auf die Notwendigkeit hingewiesen, das nukleare Wettrüsten in allen Aspekten zum Stillstand zu bringen und rückgängig zu machen, um die Gefahr eines mit Kernwaffen geführten Krieges abzuwenden. Da das letzte Ziel in diesem Zusammenhang die vollständige Abschaffung der Nuklearwaffen ist, sind sorgfältige Untersuchungen und fortgesetzte Bewertungen der Nuklearwaffenprobleme erforderlich, um die internationale Staatengemeinschaft dabei zu unterstützen, Fortschritte in diesem Bereich zu erzielen. Unter diesem Gesichtspunkt kommt dieser neuen Studie die Aufgabe zu, Informationen zu einem Themenbereich zu verbreiten, der für alle von lebenswichtiger Bedeutung ist.

Der Generalsekretär dankt allen Experten für ihren einmütigen Bericht, den er hiermit entsprechend Paragraph 4 der Resolution 33/91 D der Generalversammlung vorlegt. Es sollte beachtet werden, daß die Feststellungen und Empfehlungen dieses Berichts diejenigen der Experten sind. In diesem Zusammenhang möchte der Generalsekretär darauf hinweisen, daß es ihm in diesem komplizierten Bereich der Abrüstungsfragen nicht möglich ist, über alle Einzelheiten der Expertenarbeit ein Urteil abzugeben.

Begleitbrief bei Übergabe der Studie

Seiner Exzellenz
Herrn Kurt Waldheim
Generalsekretär der Vereinten Nationen
New York

12. Juli 1980

Sir,

Ich habe die Ehre, hiermit den Bericht einer umfassenden Untersuchung über Kernwaffen vorzulegen, der von einer Expertengruppe erarbeitet worden ist, die von Ihnen entsprechend Paragraph 1 der Resolution 33/91 D der Generalversammlung vom 16. Dezember 1978 ernannt wurde.

Die von Ihnen beauftragten Experten waren:

Mr. *F. K. A. Allotey*
Pro-Vice-Chancellor
Dean of Faculty of Science
University of Science and Technology
Kumasi, Ghana

Mr. *Fathih K. Bouayad-Agha*
Minister Plenipotentiary
Secretariat General
Ministry of Foreign Affairs
Algeria

Colonel *Milutin Civić*
Special Adviser of Disarmament
Ministry of Foreign Affairs
Belgrade, Yugoslavia

Mr. *Francisco Correa-Villalobos*
Counsellor
Permanent Mission of Mexico to the United Nations
New York

Mr. *Ryukichi Imai*
General Manager, Engineering Dept.
The Japan Atomic Power Co.
Tokyo, Japan
Ambassador Extraordinary and Plenipotentiary
Ambassador of Japan in Kuwait

Mr. *Albert Legault*
Director General of the Quebec Center for International Relations
University of Laval
Faculty of Social Sciences
Quebec, Canada

Mr. *Jamsheed K. A. Marker*
Ambassador Extraordinary and Plenipotentiary
Permanent Representative of *Pakistan* to the United Nations Office at Geneva

Mr. *José María Otegui*
First Secretary of Embassy
Ministry of Foreign Affairs
Buenos Aires, Argentina

Mr. *Alan Oxley*
Nuclear and Defence Division
Department of Foreign Affairs
Canberra A.C.T., Australia

Mr. *Anders I. Thunborg*
Ambassador Extraordinary and Plenipotentiary
Permanent Representative of *Sweden* to the United Nations

Mr. *Gheorghe Tinca*
First Secretary
Ministry of Foreign Affairs
Bucharest, Romania

Mr. *M. A. Vellodi*
Adviser
Department of Atomic Energy
Bombay, India

Der Bericht wurde zwischen Juli 1979 und Juli 1980 erarbeitet. In diesem Zeitraum hielt die Gruppe fünf Tagungen ab, vom 9.–13. Juli 1979 in New York, vom 15.–19. Oktober 1979 in Genf, vom 23. Januar bis 1. Februar 1980, vom 21.–25. April 1980 und vom 7.–12. Juli 1980 in New York.

An den ersten beiden Sitzungsperioden der Gruppe haben Herr *Nacereddine Haffad* als Experte aus *Algerien* und Professor *Owen Harries* als Experte aus *Australien* teilgenommen.

Die Mitglieder der Expertengruppe möchten für die wertvolle Hilfe und Unterstützung, die sie von Mitgliedern des Sekretariats der Vereinten Nationen erhielten, ihren Dank aussprechen. Insbesondere möchten sie Herrn *Alessandro Corradini* vom Centre for Disarmament (Zentrum für Abrüstung) danken, der die Aufgabe des Sekretärs in den ersten beiden Sitzungsperioden übernommen hatte, und Herrn *Sohrab Kheradi,* ebenfalls vom Centre, der diese Aufgabe in den drei folgenden Sitzungsperioden wahrgenommen hat; ebenso gilt der Dank Professor *Richard L. Garwin,* der mit seinen Fachkenntnissen dem Sekretariat als Berater für die Kapitel II und III dieses Berichts zur Verfügung stand.

Als Vorsitzender wurde ich von der Expertengruppe gebeten, Ihnen diesen von allen einstimmig angenommenen Bericht vorzulegen.

Nehmen Sie bitte die Versicherung meiner vorzüglichen Hochachtung entgegen

Anders I. Thunborg
Vorsitzender der Expertengruppe
für die umfassende Untersuchung
über Nuklearwaffen

I. Einführung

1. Das Schlußdokument der 10. Sondertagung der Generalversammlung der Vereinten Nationen wurde unter allseitiger Zustimmung am 30. Juni 1978 angenommen (Resolution S-10/2). Dieses Dokument stellt zum ersten Mal in der Geschichte der Vereinten Nationen ein verabschiedetes Aktionsprogramm zur Abrüstung dar. Es enthält Prioritäten und Maßnahmen, die die Staaten mit besonderer Dringlichkeit ergreifen sollten. An erster Stelle der Prioritäten und der mit höchster Dringlichkeit empfohlenen Maßnahmen steht die nukleare Abrüstung. Die in Paragraph 47 des Schlußdokuments dafür angegebenen Gründe sind:

> „Die Kernwaffen stellen die größte Gefahr für die Menschheit und für das Überleben der Zivilisation dar. Es ist unerläßlich, in all seinen Aspekten das Wettrüsten mit Kernwaffen einzustellen und diesen Prozeß in die umgekehrte Richtung zu lenken, um die Gefahr eines Krieges mit Kernwaffen abzuwenden. Das Endziel ist in diesem Rahmen die vollständige Beseitigung aller Kernwaffen."

2. Während der 10. Sondertagung hat die Generalversammlung auf die besondere Notwendigkeit hingewiesen, daß die Vereinten Nationen in voller Zusammenarbeit mit ihren Mitgliedsstaaten die Bemühungen verstärken, über das Wettrüsten und alle mit der Abrüstung zusammenhängenden Fragen zu informieren. In diesem Zusammenhang kommt gerade der Frage der nuklearen Abrüstung eine herausragende Bedeutung zu. Deshalb kann der vorliegende Bericht als ein konkreter Versuch betrachtet werden, eine wichtige Bestimmung des Schlußdokuments zu erfüllen.

3. Die für die Durchführung maßgeblichen Paragraphen der später von der Generalversammlung angenommenen Resolution 33/91 D lauten wie folgt:

> „1. Der Generalsekretär wird aufgefordert, mit Unterstützung qualifizierter Experten[1] eine umfassende Studie zu erarbeiten, die Sachinformationen zur Verfügung stellen soll über die heute vorhandenen nuklearen Arsenale, über Tendenzen der technologischen Entwicklung von Kernwaffensystemen, über die Wirkungen ihres Einsatzes

und über die Folgen für die internationale Sicherheit wie auch für Abrüstungsverhandlungen. Dabei sind zu berücksichtigen:

a) die Abschreckungsdoktrinen und andere die Kernwaffen betreffende Theorien sowie

b) die fortschreitende quantitative Zunahme und qualitative Weiterentwicklung der Kernwaffensysteme.

2. Es wird empfohlen, daß sich die Untersuchung bei allem Bemühen um Vollständigkeit auf offen zugängliches Material stützt und auf darüberhinausgehende Informationen, soweit sie die Mitgliedsstaaten für den Zweck dieser Untersuchung zur Verfügung zu stellen wünschen.

3. Alle Regierungen werden eingeladen mit dem Generalsekretär zusammenzuarbeiten, damit die Zielsetzungen der Untersuchung erreicht werden können.

4. Der Generalsekretär wird aufgefordert, den endgültigen Bericht der Generalversammlung zu ihrer 35. Sitzungsperiode vorzulegen."

4. Die vorliegende Studie ist die Verwirklichung der Resolution 33/91 D. Sie folgt einer vorausgegangenen Untersuchung der Vereinten Nationen, die vor mehr als zwölf Jahren durchgeführt wurde unter dem Titel *Effects of Possible Use of Nuclear Weapons and the Security and Economic Implications for States of the Acquisition and Further Development of these Weapons.*[2]

An dieser Stelle sollen die Schlußfolgerungen jenes Berichts in Erinnerung gerufen werden:

„91. Es ist das Gefühl der Unsicherheit, das die Nationen zum Rüstungswettlauf treibt. Doch gerade durch das Wettrüsten wird die Unsicherheit noch erhöht. Da Kernwaffen am Ende eines Spektrums stehen, das mit herkömmlichen Waffen beginnt, erfordert die Aufgabe, den Trend der sich rapide verschlechternden Weltlage umzukehren, eine grundlegende Neubewertung aller damit zusammenhängenden Faktoren. Die Lösung für das Problem der Gewährleistung unserer Sicherheit kann weder darin gefunden werden, die Zahl der Kernwaffenstaaten zu erhöhen, noch darin, daß die Staaten, die bereits Kernwaffen besitzen, diese behalten. Ein Abkommen zur Verhütung der Weiterverbreitung von Kernwaffen, wie es die Vereinten Nationen empfohlen haben, würde, frei ausgehandelt und auch wirklich eingehalten, einen bedeutsamen Schritt in die richtige Richtung darstellen, ebenso wie ein Abkommen über die Verringerung der bestehenden Kernwaffenarsenale. Sicherheit für alle Länder der Welt kann aber nur durch die Beseitigung aller Kernwaffenbestände und durch ein Verbot ihrer Anwendung erreicht werden, also durch eine allgemeine und umfassende Abrüstung.

92. Ein umfassender Test-Stopp-Vertrag (comprehensive test ban treaty, CTBT), der auch unterirdische Kernwaffenversuche verbietet, würde ebenfalls dazu beitragen, die Weiterverbreitung von Kernwaffen zu verhindern und das nukleare Wettrüsten zu verlangsamen. Dem gleichen Zweck würden wirksame Maßnahmen zur Gewährleistung der Sicherheit der Nicht-Kernwaffenstaaten dienen. Weitere kernwaffenfreie Zonen, zusätzlich zu denen in der Antarktis und in Lateinamerika, und mit größtmöglichem geographischen Umfang, könnten ebenso hilfreich sein, wie die Berücksichtigung anderer Rüstungskontroll- und Abrüstungsmaßnahmen.

93. Diese Maßnahmen wurden weder angeführt, um sie besonders herauszustreichen, noch um ihnen irgendeinen Vorrang zuzuschreiben. Die Analyse des Gesamtproblems zeigt jedoch, daß jede einzelne Maßnahme wie auch jedes Maßnahmenbündel helfen können zu verhindern, daß sich die Zahl der Kernwaffenmächte erhöht oder daß die bestehenden Kernwaffenarsenale weiter entwickelt werden. Damit handelt es sich um einen Beitrag, die nationale wie auch die weltweite Sicherheit besser zu gewährleisten. Man muß sich allerdings darüber im klaren sein, daß diese Maßnahmen der Rüstungsbeschränkung, so erstrebenswert sie auch sein mögen, keineswegs allein und aus eigener Kraft ausreichen, die Gefahr eines Kernwaffenkonflikts zu beseitigen. Sie sollten nicht an sich schon als Endzweck betrachtet werden, sondern lediglich als Mittel zur Verringerung der atomaren Rüstung sowie der Spannungen in der Welt, damit schließlich die nukleare Rüstung ganz abgeschafft wird. Alle Staaten haben ein deutliches Interesse am Aufbau einer Welt, die eine friedliche und stabile Koexistenz zuläßt. Staaten ohne Kernwaffen und Kernwaffenstaaten müssen zusammenarbeiten, um Bedingungen zu schaffen, unter denen der freie Zugang zu den Materialien, Ausrüstungen und Informationen möglich ist, die die friedliche Nutzung der Kernenergie erlauben und die die internationale Sicherheit fördern.

94. Dieser Bericht gibt einen ungeschminkten Überblick über die Verheerungen, die mit dem Einsatz von Nuklearwaffen verbunden

sein können. Er erörtert die Art und die Vielfalt der wirtschaftlichen Lasten, die sie uns aufbürden. Und er zieht aus den angestellten Überlegungen ohne zu zögern den Schluß, daß – welche Wege es auch immer zur Erreichung der nationalen und internationalen Sicherheit in der Zukunft geben mag – dieser Weg sicher nicht darin liegen kann, Kernwaffen weiter zu verbreiten und weiter zu entwickeln. Die Gefahr, daß die Menschheit von den unermeßlichen Verheerungen eines Atomkrieges heimgesucht wird – ob dieser nun auf Grund einer Fehlkalkulation oder in wahnsinniger Absicht ausgelöst wird, spielt dabei keine Rolle –, ist so realistisch, daß wohlinformierte Leute in aller Welt aus verständlichen Gründen immer ungeduldiger zusätzliche Abrüstungsmaßnahmen fordern, die über die wenigen bisher erreichten hinausgehen: das begrenzte Test-Stopp-Abkommen, das Verbot der Stationierung von Kernwaffen im Weltraum und die kernwaffenfreie Zone in Lateinamerika. Internationale Abkommen gegen die Weiterverbreitung von Kernwaffen und Vereinbarungen über Maßnahmen der Rüstungskontrolle und der Abrüstung erhöhen die Sicherheit aller Staaten. Die Vereinten Nationen tragen in höchstem Maße Verantwortung für diesen Bereich. Je wirksamer sie handeln, desto mehr wächst ihre Autorität und desto gesicherter wird die Zukunft der Menschheit. Je länger jedoch die Welt zögert, desto stärker wachsen die Nuklearwaffenarsenale und desto umfangreicher und schwieriger wird diese Aufgabe."

5. In den zwölf Jahren, die seit der Vorlage jenes Berichtes verstrichen sind, wurde der nukleare Rüstungswettlauf unvermindert fortgesetzt. Sieht man einmal davon ab, daß einige Rüstungskontrollmaßnahmen vereinbart wurden, so hat man doch nichts auf dem Gebiet der nuklearen Abrüstung erreicht. Dazu kommt, daß zahlreiche wichtige technologische und andere Entwicklungen stattgefunden haben, die nicht nur eine Aktualisierung, sondern eine völlig neue und umfassende Betrachtung des gesamten Problembereichs fordern. Unter diesen Entwicklungen seien genannt: die Abwehrraketen gegen ballistische Flugkörper (anti-ballistic missile, ABM), mehrfach unabhängig zielprogrammierbare Wiedereintrittsflugkörper (multiple independently targetable re-entry vehicle, MIRV), Marschflugkörper (cruise missile, CM), mobile landgestützte Raketen, die „Neutronenbombe" (‚neutron bomb', enhanced radiation weapon, ERW), die wachsende Kernkraftindustrie, die Miniaturisierung der Nuklearwaffen

und die vereinfachten Produktionsverfahren, das erhöhte Risiko der Weiterverbreitung dieser Waffen an verschiedene Staaten oder nicht-staatliche Gruppen, etc. Diese Liste ließe sich fortsetzen. Im gleichen Zeitraum hat die Gesamtzahl der amerikanischen strategischen Nuklearsprengköpfe von 4500 auf mindestens 9200 zugenommen und die der Sowjetunion von 1000 auf mindestens 6000. Damit also scheint es genügend starke Gründe für einen neuen Bericht über alle Aspekte der Kernwaffen zu geben, um einer möglichst großen Öffentlichkeit zutreffende und glaubwürdige Informationen zur Verfügung zu stellen.

6. Angesichts dieser Tatsachen muß mit Bedauern und Besorgnis festgehalten werden, daß die Kernwaffenstaaten, insbesondere die beiden Supermächte, sich einer Teilnahme an der Arbeit der Expertengruppe entzogen haben. Dennoch hat der Vorsitzende der Gruppe die Supermächte über die Vorbereitung des Berichts laufend informiert.

7. Eine grundlegende Schwierigkeit bei der Erarbeitung dieses Berichtes war in vielen Fällen das Fehlen an offiziell verfügbaren Daten über Kernwaffen und damit zusammenhängende Fragen. Folglich hat sich die Gruppe in etlichen Fällen auf anderweitig verfügbare Daten verlassen, wobei jeweils die Quellen angeführt werden, um dem Leser ein Urteil über die Datenbasis des Berichts zu erleichtern.

8. Der vorliegende Bericht ist in acht Kapitel gegliedert. Die Kapitel II bis IV sind technischer Natur und behandeln die vorhandenen und zukünftigen Kernwaffenpotentiale wie auch die Wirkungen dieser Waffen. Die Kapitel V bis VII beschreiben und analysieren die tiefe Bedeutung der Fortentwicklung der Kernwaffen und ihrer Einsatzdoktrinen für die internationale Sicherheit und Fragen der Abrüstung. Kapitel VIII gibt einen zusammenfassenden Überblick. Anhang I enthält technische Beschreibungen der Wirkungen von Nuklearwaffen und Anhang II gibt „Sicherheitszusagen" der Kernwaffenstaaten wieder, die dem Genfer Abrüstungsausschuß (Committee on Disarmament, CD) im Jahre 1980 gegeben wurden. Anhang III gibt eine tabellarische Übersicht der Charakteristika einiger wichtiger Kernwaffensysteme.

II. Sachinformationen über heute vorhandene Kernwaffenarsenale

9. Die genaue Zahl der nuklearen Sprengköpfe, die es heute in der Welt gibt, kennt vermutlich kein einzelner noch irgendeine Institution. Für Schätzungen kann man von offizieller Seite keine Bestätigung bekommen. Veröffentlichte Daten zeigen allerdings, daß ihre Gesamtzahl 40 000 übersteigen dürfte. Es heißt, daß der Detonationswert dieser Sprengköpfe von 100 t bis mehr als 20 Mill. t hochexplosiven chemischen Sprengstoffs reicht. Die stärkste je getestete Bombe setzte ungefähr viertausendmal mehr Energie frei als diejenige, die Hiroshima dem Erdboden gleichmachte. Und prinzipiell sind der erreichbaren Sprengkraft keine Grenzen gesetzt. Die gesamte Zerstörungskraft der in den heutigen Arsenalen lagernden Nuklearwaffen entspricht etwa 1 Million Hiroshima-Bomben, das sind ca. 13 Mrd. t TNT (Trinitrotoluol). Mehrfach wurde darauf hingewiesen, daß somit auf jeden Mann, jede Frau und jedes Kind mehr als drei Tonnen Sprengstoff kommen. In den Arsenalen der Vereinigten Staaten und der Sowjetunion lagert die größte Zahl dieser Waffen; der Rest entfällt – soweit bekannt – auf China, Frankreich und Großbritannien.

10. Ein Maß für die von den Rüstungsprogrammen beanspruchten Ressourcen ist die Menge des dabei verbrauchten natürlichen Urans. Schätzungen gehen dahin, daß 4 bis 5% der bekannten Uranvorkommen der USA und Kanadas (zwischen 2 und 3 Mill. metrischer Tonnen) bereits für die Gewinnung des für militärische Zwecke nutzbaren, angereicherten Uran-235 verarbeitet wurden. Weiteres Uran ist zu Plutonium umgewandelt worden, von dem der größte Teil bisher für die Herstellung von Nuklearwaffen verwendet wurde.

11. In den USA erreichen die Kosten für die Ausrüstung und den Arbeitsaufwand zur Herstellung dieser großen Zahl nuklearer Sprengköpfe jährlich einen Anteil am Verteidigungshaushalt in der Größenordnung von 2 bis 2,5 Mrd. $, und es wird angenommen, daß etwa das gleiche für die Sowjetunion gilt. Das mag zwar weniger als 1% des gesamten Verteidigungshaushalts der beiden Supermächte sein, doch die Trägersysteme beanspruchen zehnmal soviel, und wenn die Forschungs- und Entwicklungs-

kosten miteinbezogen werden, so steigt – nach Schätzungen der Vereinigten Staaten – der Aufwand für die Nuklearstreitkräfte auf etwa 20% des gesamten Verteidigungsbudgets.

A. Die Kernwaffe

12. Die Energie, die von einer Kernwaffe freigesetzt wird, stammt aus dem Atomkern. Der bei Atombomben (Fissionswaffen) ablaufende Vorgang beruht auf der Spaltung von Uran- oder Plutoniumkernen in leichtere Bruchstücke, die Spaltprodukte. In einer thermonuklearen Waffe oder Wasserstoffbombe (Fusionswaffe) werden die Kerne schwerer Wasserstoff-Isotope – Deuterium und Tritium – bei sehr hohen Temperaturen miteinander verschmolzen, ein Vorgang, der von einem Kernspaltungsprozeß (Fission) ausgelöst wird.

13. Diese Kernreaktionen laufen ungeheuer schnell ab. Sowohl bei Fissionswaffen (A-Bomben) wie auch bei Fusionswaffen (H-Bomben) wird die gesamte Kernenergie etwa in einer Millionstel Sekunde (1 Mikrosekunde) freigesetzt. Mit der Technik von heute ist es somit möglich geworden, mit einer einzigen Bombe innerhalb einer Mikrosekunde mehr Energie freizusetzen als mit allen herkömmlichen Waffen sämtlicher Kriege der Geschichte zusammengenommen.

14. Um die Kettenreaktion einer Kernspaltungsexplosion in Gang zu bringen, braucht man eine Mindestmenge spaltbaren Materials, die kritische Masse. Diese Mindestmenge hängt von der Reinheit und Dichte des Materials, seiner geometrischen Form, dem Vorhandensein von Materialien, die Neutronen reflektieren, und anderen Faktoren ab. Das spaltbare Material muß ungeheuer rasch zusammengebracht werden, wenn die Bombe eine hohe Sprengkraft erhalten soll. Für diesen Zweck werden herkömmliche Sprengstoffe verwendet. Das spaltbare Material wird dann mit oder ohne Kompression auf eine Größe gebracht, die im Falle einer Plutonium-Bombe nicht größer sein muß als die Faust eines Menschen. In diesem Moment wird die Kettenreaktion ausgelöst. Die Studie der Vereinten Nationen über Nuklearwaffen aus dem Jahr 1968 (siehe Absatz 4 oben) setzte 8 kg Plutonium mit einem Anteil von 90 bis 95% an Plutonium-239 oder 25 kg hoch angereichertes Uran-235 als die notwendige Menge an, um eine Explosion mit einer Sprengkraft zu erzielen, die 20 KT (Kilotonnen) herkömmlichen Sprengstoffs entspricht. Je nach technischem

Entwicklungsstand des Aufbaus und der Qualität des Materials kann die dafür benötigte kritische Masse für Uran-235 in einem Bereich zwischen 15 und 25 kg liegen und bei Plutonium-239 in einem Bereich zwischen 4 und 8 kg.[3]

15. Wenn die Anlage einer Kernspaltungswaffe (A-Bombe) mit schweren Wasserstoff-Isotopen ergänzt wird, können die durch die Explosion erzeugte hohe Temperatur und der entstehende Druck eine Kernverschmelzung dieser Isotope zu schwereren veranlassen, wobei eine ungeheuer hohe Energiemenge freigesetzt wird. Auch wenn eine Kernverschmelzungsreaktion weniger Energie freisetzt als eine Kernspaltungsreaktion, so kann die pro Kilogramm nuklearen Sprengstoffs freigesetzte Energie bei H-Bomben (Kernverschmelzungsbomben) mehr als viermal so groß sein wie bei A-Bomben (Kernspaltungsbomben).

16. Die Explosions-Energie [Detonationswert] wird gewöhnlich in Maßeinheiten von Kilotonnen (KT) oder Megatonnen (MT) angegeben. Diese Maßeinheiten stehen für die Energie, die von 1000 bzw. 1 Mill. Tonnen TNT (Trinitrotoluol) freigesetzt wird. Die am 6. August 1945 über Hiroshima abgeworfene Atombombe entwickelte ihre Sprengkraft aus einer Kettenreaktion von Kernspaltungen der Uran-235-Atome und hatte einen Detonationswert von 13 KT. Die kritische Masse wurde dadurch erreicht, daß nach einem „Kanonenprinzip" ein Teil des Urans in das andere „geschossen" wurde. Im Gegensatz dazu benutzte die Nagasaki-Bombe vom 9. August 1945 Plutonium-239 und hatte eine Sprengkraft von 22 KT. Das Plutonium war dabei als eine Hohlkugel angeordnet, die durch eine sie umgebende Hülle aus chemischem Sprengstoff plötzlich stark zusammengepreßt wurde. Dieses Verfahren wird als „nukleare Implosions-Waffe" bezeichnet.

17. Die Einzelheiten des Aufbaus einer thermonuklearen Bombe sind öffentlich weit weniger bekannt. Die freigesetzte Energie stammt hier sowohl von dem Kernspaltungs-„Zünder" als auch von den Fusionsmaterialien. Die Spaltungsenergie kann zusätzlich noch beträchtlich erhöht werden, wenn die Fusionsbombe mit einer Hülle aus Uran-238 umgeben wird. Der Kernspaltungsprozeß erzeugt weit mehr Radioaktivität als der Kernverschmelzungsprozeß. Aus diesem Grunde spricht man bei thermonuklearen Waffen zuweilen von „sauberen" oder „schmutzigen" Bomben, je nachdem wie groß der Anteil der Kernspaltungsprodukte an der gesamten freigesetzten Energie ist. Aber selbst eine „saubere" Bombe erzeugt eine bestimmte Menge an Radioaktivität, sowohl als „Abfallprodukt" des

Kernspaltungs-„Zünders“ und des Tritiums als auch auf Grund der künstlichen Radioaktivität, die von dem durch die Explosion erzeugten sehr hohen Neutronenfluß herrührt. [Vgl. Absatz 155 unten]

B. Trägersysteme mit großer Reichweite

18. Kernsprengköpfe können mit verschiedenen Trägersystemen in das vorgesehene Ziel gebracht werden. Unter diesen Systemen werden die landgestützten ballistischen Interkontinentalraketen (intercontinental ballistic missile, ICBM) als besonders zuverlässig und zielgenau angesehen. Das bedeutet, daß ständig ein großer Teil dieser Systeme zum Startschuß bereitsteht und Ziele erreichen und zerstören kann. Diese Träger sind mehrstufige Raketen mit interkontinentaler Reichweite von bis zu 13 000 km oder 7000 nm (1 nm = nautische Meile entspricht 1,852 km). Sie sind in „gehärteten“ Silos (unterirdischen Abschußrampen) stationiert und an ein hochentwickeltes Führungs- und Befehlssystem angeschlossen. Die Bezeichnung „ballistisch“ bezieht sich auf die Art der Flugbahn des Wiedereintrittskörpers (re-entry vehicle, RV), die nach Abtrennung von der Träger-Rakete von den Gesetzen der Trägheit und der Schwerkraft bestimmt wird. Die äußere Form des Wiedereintrittskörpers ist so gewählt, daß der Luftwiderstand beim Wiedereintritt in die Atmosphäre möglichst gering ist, damit die Zielgenauigkeit bei unterschiedlichen Windbedingungen erhalten bleibt und damit eine Abwehr des äußerst schnellen Wiedereintrittskörpers sich möglichst schwierig gestaltet. Die Flugzeit einer Interkontinentalrakete beträgt über ihre volle Distanz etwa 30 Minuten. Abbildung 1 zeigt die Grenzen der Gebiete, die von solchen Langstreckenraketen erreicht werden können.

19. Die Rakete kann einen oder mehrere Sprengköpfe tragen, die unabhängig zielprogrammiert werden können. Das System der mehrfach unabhängig zielprogrammierbaren Wiedereintrittskörper (multiple independently targetable re-entry vehicle, MIRV) wurde von den USA in den späten 60er Jahren entwickelt und wurde von der Sowjetunion ebenfalls eingeführt. In einem mit MIRV ausgestatteten System werden die einzelnen RVs gewöhnlich in einem „Bus“ [auch Post-Boost Vehicle, PBV bezeichnet; dt.: Muttergefechtskopf] befördert, der sie einzeln „aussteigen“ läßt nach vorprogrammierten Wechseln der Geschwindigkeit und der Richtung, so daß die RVs auf Bahnen gebracht werden, auf denen sie ihre jeweiligen Einzel-

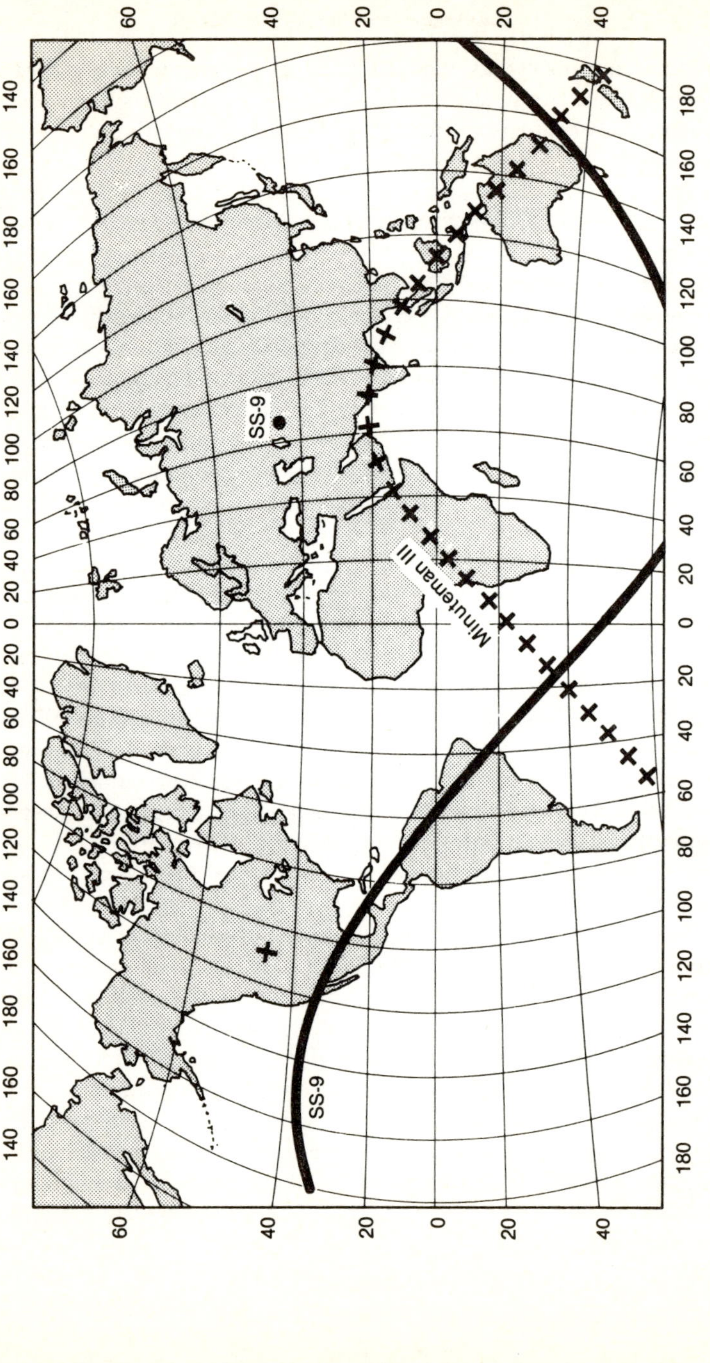
SS-9
SS-9
Minuteman III

ziele erreichen. Berichten zufolge können die verschiedenen RVs einer einzelnen Trägerrakete in einem Zielgebiet von 150 mal 500 km niedergehen. Das bedeutet, daß sie in Hinsicht auf Zielraum und Zeitpunkt nicht so unabhängig von einander sind wie die Einzel-RVs getrennt gestarteter ICBMs. Somit erlauben sie weniger Flexibilität in der Zielplanung.

20. Mit zunehmender Zielgenauigkeit und erhöhter Anzahl von Sprengköpfen pro Rakete hat das MIRV-System die Angstvorstellung hervorgerufen, daß ein Bruchteil der Interkontinentalraketen (ICBM) einer Seite in einem „Erstschlag" („first strike") die noch in ihren gehärteten Startrampen [Silos] befindlichen ICBMs des Gegners zerstören könnte. Dies wäre in der Tat bei entsprechend ausreichender Zielgenauigkeit und Zuverlässigkeit der angreifenden Einzelsprengköpfe möglich und unter der Voraussetzung, daß die zu zerstörenden ICBMs nicht schon vorher ihrerseits gestartet worden sind. Eine solche Situation wird deshalb als potentiell instabil angesehen, weil in Krisenzeiten beide Seiten eher den Einsatz ihrer Raketen erwägen könnten als deren Zerstörung zu riskieren.

21. Wenn ein Ziel durch eine bestimmte Druckwelle zerstörbar ist, dann kann seine Zerstörung nur innerhalb eines begrenzten Gebietes um den Detonationspunkt [bezeichnet den Ort, an dem ein Atomsprengkörper detoniert, z. B. Luftdetonation, Boden- oder Oberflächendetonation etc.] erfolgen. Die Größe dieses Bereiches wächst mit dem Detonationswert der Waffen (z. B. um das Vierfache bei einer achtfachen Erhöhung der Sprengkraft oder um das Hundertfache bei einem tausendmal höheren Detonationswert). Andererseits wächst das Gebiet der Zerstörung durch die Druckwelle im Verhältnis zu der Zahl der eingesetzten Sprengköpfe. Das bedeutet in der Praxis, daß das Ausmaß der Zerstörung mit der Erhöhung der Zahl der Waffen bei gleichzeitiger Verringerung der einzelnen Detonationswerte gesteigert werden kann. Mit anderen Worten, ein einziger großer Sprengkopf ist nicht so wirkungsvoll wie viele kleine Sprengköpfe mit insgesamt der gleichen Sprengkraft, die auf das Zielgebiet verteilt eingesetzt werden. Dieses wird in Abbildung 2 illustriert.

Abbildung 1. Beispiele für die Reichweite von Interkontinentalraketen (ICBM)

Die eingezeichneten Kurven zeigen ungefähr die Abgrenzung der Gebiete, die zwei ausgewählte Interkontinentalraketen (ICBM) von hypothetisch in den USA [Minuteman III] und in der Sowjetunion [SS-9] angenommenen Startrampen aus erreichen können.

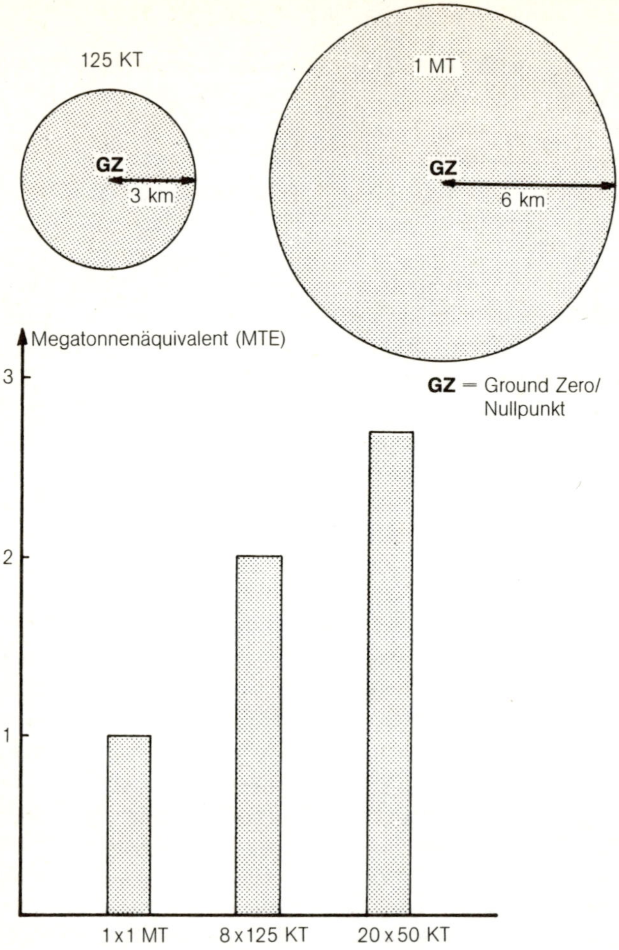

Abbildung 2. Verhältnis zwischen dem Detonationswert einer Bombe und der Größe des durch die Druckwelle zerstörten Gebietes

Die Kreise zeigen, wie das von der Druckwelle zerstörte Gebiet mit dem Detonationswert zunimmt. Dieser Tatsache trägt die Einführung des Begriffs „Megatonnenäquivalent" Rechnung (MTE, von engl. equivalent megatonnage, EMT; siehe auch Anmerkung 22). Der untere Teil des Schaubilds zeigt drei Beispiele für Megatonnenäquivalente. Der nominelle Gesamt-Detonationswert von 1 MT wird dabei in drei verschiedenen Aufteilungen eingesetzt.

22. Will ein Angreifer ein „gehärtetes" Ziel zerstören, so muß er einen starken Sprengkopf einsetzen, es sei denn, er verfügt über Raketen mit hoher Zielgenauigkeit. Die Zielgenauigkeit der Raketen wird üblicherweise mit CEP (circular error probable, Streukreisradius) angegeben, definiert als die Distanz vom Zielpunkt, innerhalb derer durchschnittlich die Hälfte der Sprengköpfe auftreffen, wenn sie direkt auf den Zielpunkt gerichtet sind. Um ein bestimmtes gehärtetes Ziel mit einer Rakete zu zerstören, deren CEP-Wert (Streukreisradius) 1 km beträgt, bedarf es vermutlich eines Sprengkopfes mit einer Sprengkraft von 1 MT. Das gleiche Ergebnis könnte auch mit einem Sprengkopf von 125 KT erzielt werden, wenn der CEP 0,5 km beträgt, oder mit einem 40 KT Sprengkopf bei einem CEP von 0,33 km. Zur Messung des Zerstörungspotentials einer Seite sind daher Megatonenangaben für sich genommen sehr irreführend. Von gleicher oder größerer Bedeutung ist die Treffgenauigkeit der Raketen.

23. Präzise CEP-Werte sind für die verschiedenen Raketensysteme nicht verfügbar. Die Gründe dafür liegen zum einen in der Geheimhaltung und zum anderen vermutlich auch am Mangel an Berechnungsgrundlagen. Dennoch geben verschiedene öffentlich zugängliche Quellen Schätzungen über diese Systeme. Die Hinweise deuten darauf hin, daß sowohl die USA wie auch die Sowjetunion sich CEP-Werten von etwa 200 m nähern.

24. Ein anderes Trägersystem für Nuklearwaffen sind die U-Boot gestützten ballistischen Raketen (submarine launched ballistic missile, SLBM). Auch wenn ein einzelnes U-Boot gegenüber einem Angriff verwundbar sein mag, hat das System insgesamt doch den Vorteil praktischer Unverwundbarkeit, so lange die U-Boote sich unentdeckt in getauchter Fahrt bewegen. Gegenwärtig ist nichts darüber bekannt, daß irgendeine Nation eine U-Boot-Abwehrfähigkeit entwickelt hätte, die diese Unverwundbarkeit in Frage stellen würde. Im Vergleich zu Interkontinentalraketen (ICBM) nimmt man bei SLBMs an, daß die Fernmeldeverbindungen zu den nationalen Kommandozentren noch sehr zu wünschen übrig lassen, insbesondere unter Kriegsbedingungen. Außerdem sind die U-Boot gestützten Raketen derzeit weniger zielgenau als die vergleichbaren landgestützten Systeme. Dies liegt zum Teil an der weniger exakten Bestimmbarkeit des Standorts, der Richtung und der Geschwindigkeit. Somit sind die SLBMs gegenwärtig nicht dazu geeignet, kleine gehärtete Ziele anzugreifen (z. B. Raketensilos), sie können jedoch gegen größere und „weichere" Ziele eingesetzt werden, wie Militärstützpunkte, Flugplätze und Bevölkerungszentren. SLBMs werden deshalb als nicht destabilisierend angesehen,

wie es für die mit Mehrfachsprengköpfen ausgestatteten (ge„MIRV'ten) ICBMs der Fall ist. Da jedoch die Möglichkeit besteht, daß angreifende U-Boote sich dicht ihren Zielen nähern, können sich die Vorwarnzeiten im Vergleich zu den ICBMs beträchtlich verringern. SLBMs werden deshalb als eine ernsthafte Bedrohung für Bombenflugzeuge angesehen, die bei einem ICBM-Angriff noch genug Zeit haben würden, rechtzeitig zu starten.

25. Langstreckenbomber sind das dritte Mittel, Kernwaffen ins Ziel zu bringen, das von den USA stärker berücksichtigt wird als von der Sowjetunion. Bei hinreichender Vorwarnzeit können die amerikanischen Bomber zwischen einem Viertel und einem Drittel aller amerikanischen strategisch-nuklearen Waffen tragen; in Megatonnen gerechnet ungefähr die Hälfte. Die strategisch-nuklearen Sprengladungen der Sowjetunion sind dagegen auf ihre Interkontinentalraketen konzentriert. Die Bomber können entweder Bomben, verschiedene Gleitflugkörper oder Cruise Missiles (CM, Marschflugkörper) mit sich führen. Letztere können aus einer „stand-off" Position abgeschossen werden, d. h. ohne daß der Bomber die gegnerische Luftabwehr überwinden muß, wodurch die Chance des Systems, einsatzfähig zu bleiben, erhöht wird. Die bemannte Bomberflotte kann, auch wenn sie schon mit einem bestimmten Auftrag in Marsch gesetzt wurde, wieder zurückgerufen werden oder sie kann unterwegs noch auf andere Ziele angesetzt werden. Zusätzlich zur Möglichkeit der hohen Nutzlast wird diese Flexibilität als Hauptvorteil der strategischen Bomberflotte betrachtet, während ihre Verwundbarkeit und ihre im Vergleich zu den ICBMs geringe Geschwindigkeit als Nachteil angesehen werden.

26. Cruise Missiles (CM, Marschflugkörper) sind nach der Definition des SALT-II-Abkommens (Strategic Arms Limitation Talks, Gespräche über die Begrenzung strategischer Waffen) „unbemannte gelenkte Trägersysteme mit eigenem Antrieb, die ihre Flugbewegung für den größten Teil ihres Fluges auf aerodynamischen Auftrieb stützen". Ausgestattet mit einem fortschrittlichen Navigations- und Lenksystem, wie es in Kapitel III beschrieben wird, haben die Cruise Missiles vermutlich einen CEP-Wert von unter 100 m. Bei einem nuklearen Sprengkopf mittleren Detonationswerts könnten sie in der Lage sein, auch die härtesten Ziele zu zerstören. Die Geschwindigkeit der Cruise Missiles liegt unter der Schallgeschwindigkeit, und der Flug kann etliche Stunden dauern. Aus diesem Grund wird die Ansicht vertreten, daß Cruise Missiles nicht als Waffen für einen „Erstschlag" (first strike weapon) betrachtet werden sollten.

27. Die technologische Entwicklung innerhalb der letzten zwölf Jahre, d. h. seit Erscheinen des früheren Berichts der Vereinten Nationen (vgl. Absatz 4 oben), hat die Wirksamkeit der Kernwaffen erhöht, teilweise im Bereich der technischen Verbesserung der Kernsprengkörper, vorwiegend jedoch durch die Erhöhung der Zielgenauigkeit und Flexibilität der Trägersysteme. Um im Jahre 1980 die gleiche Zerstörungsfähigkeit, insbesondere von harten Zielen, wie im Jahre 1968 zu erhalten, würden somit weniger Kernwaffen gebraucht. Wie bereits dargelegt wurde, hat sich dennoch seit 1968 die Zahl der Nuklearwaffen drastisch erhöht.

C. Nachrichtengewinnung, Führung, Befehlsgebung und Fernmeldeverbindungen

28. Die Kernwaffenstaaten (nuclear weapon states) haben wie verlautet hochentwickelte [Aufklärungs- und Führungs-]Systeme eingerichtet, um ihre umfangreichen Atomstreitkräfte beherrschen zu können. Diesen Systemen kommt eine doppelte Aufgabe zu: sie sollen einen unbeabsichtigten und nicht-autorisierten Einsatz von Kernwaffen verhindern und sie haben sicherzustellen, daß die Entscheidung zum Einsatz der Nuklearwaffen nicht auf falschen Informationen beruht. Ebenso haben sie zu gewährleisten, daß eine solche Einsatzentscheidung, wenn sie einmal gefallen ist, rasch und zuverlässig ausgeführt wird.

29. Weder die Grundstruktur noch die technischen Details dieser Systeme von Nachrichtengewinnung, Führung, Befehlsgebung und Fernmeldeverbindung [command, control and communications, häufig als C^3 bezeichnet, Anm. d. Übs.] sind öffentlich bekannt. Es ist jedoch offensichtlich, daß sie daraufhin angelegt sind, einer entweder zentralisierten oder dezentralisierten Befehlsgebung zu dienen. Aus Presseberichten und Fehlalarmen der letzten Jahre ist klar geworden, daß diese Systeme nicht unfehlbar sind. Aus diesem Grund wächst die Besorgnis darüber, daß eines Tages die Kontrollsysteme versagen könnten, z. B. unter dem Einfluß einer falschen Nachricht oder eines mißverstandenen Befehls, und daß damit ein Atomkrieg versehentlich ausgelöst wird.

D. Die wesentlichen strategischen Arsenale der Supermächte

30. Der nicht ratifizierte SALT-II-Vertrag[5] zwischen den Vereinigten Staaten und der Sowjetunion sieht einen Austausch von Daten über die strategischen Nuklearstreitkräfte beider Seiten vor. Die Streitkräfte, auf die es dabei ankommt, sind diejenigen, die das jeweilige ‚Mutterland' (homeland) der Supermächte bedrohen. Sie werden manchmal auch als „zentrale strategische Systeme" bezeichnet. Im „Memorandum über das Einverständnis bezüglich der Erstellung einer Datenbasis" haben die beiden Staaten zum ersten Mal öffentlich am 18. 6. 1979 erklärt, die folgende Anzahl solcher strategischer Waffen zu besitzen:

	USA	UdSSR
Abschußanlagen für ICBMs (Interkontinentalraketen)	1054	1398
Feste Abschußanlagen für ICBMs	1054	1398
Abschußanlagen für ICBMs mit MIRVs (Mehrfachsprengköpfen)	550	608
Abschußanlagen für SLBMs (U-Boot gestützte ballistische Raketen)	656	950
Abschußanlagen für SLBMs mit MIRVs (Mehrfachsprengköpfen)	496	144
Schwere Bomber	573	156
Schwere Bomber mit Cruise Missiles mit einer Reichweite von mehr als 600 km	3	0
ASBMs (Air to surface ballistic missiles, ballistische Luft-Boden-Raketen)	0	0

31. Von den 1054 Abschußanlagen der amerikanischen Interkontinentalraketen (ICBM) sind 550 mit MIRV ausgerüsteten Minuteman III-Raketen ausgestattet, die jeweils drei Sprengköpfe mit einem Detonationswert von 170 KT haben. Alle übrigen ICBMs besitzen einen Sprengkopf. Davon sind 450 Minuteman II-Raketen mit einem Detonationswert zwischen 1 und 2 MT und 54 Titan II-Raketen, deren Sprengköpfe Detonationswerte zwischen 5 und 10 MT haben.

32. Die Minuteman III ist die zielgenaueste Rakete im amerikanischen Arsenal mit einem vermuteten CEP-Wert von unter 300 m. Wenn 300 der Minuteman III-Raketen mit neuen 350-KT-Sprengköpfen ausgerüstet und außerdem die Verbesserungen am Lenksystem abgeschlossen sein werden, können die Raketen mit größerer Wahrscheinlichkeit die gehärteten Silos (Startanlagen) des Gegners zerstören. Trotzdem wird gesagt, daß diese Treffer-Wahrscheinlichkeit immer noch „bescheiden" ist.

33. Auf sowjetischer Seite gibt es viele Klassen von Interkontinentalraketen, wie Anhang III zeigt. Sie tragen bis zu 8 Sprengköpfe mit einem Detonationswert von jeweils 500 KT, so im Fall der mit Mehrfachsprengköpfen (ge,MIRV'ten) ausgerüsteten SS-18, Modell 2.[6] Den stärksten Einzel-Sprengkopf mit einem Detonationswert von 20 MT trägt die SS-18. Man nimmt an, daß der CEP-Wert der SS-18 ungefähr dem der Minuteman III gleicht.

34. Während einiger Jahre verfügten die Vereinigten Staaten über 41 mit SLBMs (submarine launched ballistic missiles) ausgestattete U-Boote, die insgesamt 656 Raketen trugen. Darunter sind ungefähr 500 mit Mehrfachsprengköpfen (MIRV) ausgestattete Poseidon-Raketen, die durchschnittlich 10 Sprengköpfe mit jeweils einem Detonationswert von 40 KT haben. Die übrigen Raketen älterer Bauart sind mit Mehrfachsprengköpfen bestückt, doch sind diese nicht unabhängig voneinander zielprogrammierbar. Das bedeutet, daß sie sich im Flug voneinander trennen und verschiedene Auftreffpunkte haben, die jedoch nicht entsprechend ihrer strategischen Bedeutung vorausbestimmt werden können. Jeder dieser Sprengköpfe hat einen Detonationswert von 200 KT. Die Reichweite dieser Raketen liegt bei 4000 bis 5000 km.

35. Die neuen Trident-U-Boote werden erstmals Ende 1980 oder Anfang 1981 in Dienst gestellt. Sie tragen Trident I (auch als Trident C-4 bezeichnete) ge,MIRV'te Raketen mit einer Reichweite von über 7000 km, die auch die in den Poseidon-U-Booten ersetzen werden. Diese Trident-U-Boote tragen 24 ge,MIRV'te Raketen, sind leiser und schneller und haben ein größeres Einsatzgebiet. Gleichzeitig brauchen sie ein geringeres Operationsgebiet, um in Reichweite ihrer Ziele zu bleiben.

36. Die meisten SLBMs (U-Boot gestützte Raketen) der Sowjetunion haben gegenwärtig keine Mehrfachsprengköpfe, mit Ausnahme der SS-N-18, die drei Sprengköpfe mit einem Detonationswert von je 200 KT haben. Man nimmt an, daß ihre Reichweite ähnlich ist wie die der Trident-Raketen. Die mit diesen Raketen ausgestatteten sowjetischen Raketen-U-Boote haben sehr weit ausgedehnte Operationsgebiete, und sie sind durch die U-Boot-Abwehr (anti-submarine warfare, ASW) weniger verwundbar.

37. Auf amerikanischer Seite gibt es eine Bomberflotte mit 300 bis 350 B-52-Langstreckenbombern. Die amerikanische Bomberflotte wird in hoher Alarm-Startbereitschaft gehalten, da sie durch einen SLBM-Angriff verwundbar ist, der eine Vorwarnzeit von nur wenigen Minuten zuläßt. Auf sowjetischer Seite heißen die entsprechenden Langstreckenbomber

Tupolev 95 und Myasishchev, im Westen besser als Bear und Bison bekannt. Es gibt ungefähr 150 dieser Flugzeuge.

38. Nach offiziellen Schätzungen des amerikanischen Verteidigungsministeriums (Department of Defense, DOD) summieren sich die unabhängig zielprogrammierbaren Sprengköpfe der ICBM und SLBM und der Langstreckenbomber auf amerikanischer Seite auf über 9000 und auf sowjetischer Seite auf etwa 6000. (Die Gesamtzahl der Waffen in den strategischen Arsenalen könnte, wie Tabelle 1 zeigt, beträchtlich höher liegen. Tabelle 1 folgt nach Absatz 66 am Ende dieses Kapitels.) Es wird erwartet, daß diese Zahlen sich in den nächsten Jahren bei fortdauernder Ausrüstung mit Mehrfachsprengköpfen (MIRV), der Einführung neuer Marschflugkörper (Cruise Missile) und der Indienststellung der Trident-U-Boote um wenigstens 40% erhöhen.

39. Die Stärke und Anzahl dieser strategischen Waffen sind schwer zu erfassen. Man bedenke nur, daß ein einziges Poseidon-U-Boot mit seinen 16 mit Mehrfachsprengköpfen ausgerüsteten Raketen 160 verschiedene Ziele angreifen kann und daß diese Sprengköpfe einen Gesamt-Detonationswert von 6,4 MT haben – eine höhere Explosionskraft als die gesamte im Zweiten Weltkrieg abgefeuerte Munition. Dennoch entspricht diese Detonationskraft nur einem oder wenigen Tausendstel der Detonationsgewalt, die in den amerikanischen und sowjetischen strategischen Arsenalen lagert.

E. Regionale Atomstreitkräfte (Kernwaffen mittlerer Reichweite)

40. Zusätzlich zu diesen zentralen strategischen Streitkräften verfügen beide Supermächte über viele Waffensysteme kürzerer Reichweite. Diese Systeme (und ähnliche Waffen anderer Kernwaffenstaaten) werden manchmal als „Grauzonenwaffen“ oder aus europäischer Sicht als „eurostrategische Waffen“ bezeichnet. Wenn das Wort „strategisch“ in seinem gewöhnlichen militärischen Sinn verwendet wird, dann können in der Tat die meisten Atomwaffen für strategische Zwecke eingesetzt werden. Wenn manchmal gemeint wird, daß „Grauzonenwaffen“ eine besondere Kategorie darstellen, dann liegt es daran, daß diese nicht nur Ziele außerhalb des Territoriums der Supermächte, sondern – bei entsprechender Vorne-Dislozierung – auch Ziele auf dem Territorium der Supermächte selbst erreichen können.

41. Es gibt keine klare Trennung zwischen diesen Waffen und z. B. den bereits beschriebenen U-Boot gestützten ballistischen Raketen (SLBM). Es ist jedoch allgemein üblich geworden, zwischen folgenden Typen zu unterscheiden: MRBM (medium range ballistic missiles) mit einer Reichweite von 800 bis 2400 km und IRBM (intermediate range ballistic missiles) mit Reichweiten zwischen 2400 und 6400 km, sowie Mittelstreckenbombern, die besonders für den nicht-zentral-strategischen Einsatz von Bedeutung sind.

42. Die Sowjetunion hat etwa 700 Mittelstreckenraketen im westlichen Teil der Sowjetunion und östlich des Urals stationiert. Zu ihnen gehört die mobile SS-20 Rakete mit drei Sprengköpfen. Es wird angenommen, daß davon über 100 stationiert sind. [Ende 1981 spricht man von 250 bis 275 SS-20, die auf sowjetischer Seite stationiert sind, Anm. d. Übers.] Weiter besitzt die UdSSR ungefähr 500 Mittelstreckenbomber, z. B. der Typen Tu-16 „Badger" und Tu-22-M „Backfire", die für nukleare Einsätze verwendet werden können. Die Vereinigten Staaten verfügen ihrerseits über 65 FB-111A Mittelstreckenbomber und 300 bis 400 vorne stationierte (forward based), für nukleare Einsätze geeignete Kampfflugzeuge der Typen F-4, F-111 und andere. Die Vereinigten Staaten haben keine Mittelstreckenraketen (IRBM) in ihren Arsenalen.

F. Die strategischen Arsenale anderer Länder

43. Großbritannien hat vier U-Boote, die ballistische Raketen mit nuklearen Sprengköpfen tragen und einen Einsatzradius von 3000 km haben. Jedes hat 16 Polaris A-3-Raketen (3 × 200 KT), die nicht unabhängig zielprogrammierbar sind. Die Bomberflotte, die mit Vulkan ausgerüstet ist und früher als Bestandteil der strategisch-nuklearen Waffen betrachtet wurde, wird inzwischen jedoch nicht mehr als solche in den verfügbaren Quellen aufgeführt. Kürzlich wurde berichtet, daß die britische Regierung entschieden habe, amerikanische Trident C-4-SLBMs zu kaufen, die mit britischen Chevaline Sprengköpfen ausgerüstet werden sollen.

44. Frankreich besitzt gegenwärtig 64 SLBMs in vier kernkraftgetriebenen U-Booten, 18 Mittelstreckenraketen (IRBM) und 6 Staffeln mit etwa 30 Mirage IV A Mittelstreckenbombern. Die Indienststellung eines fünften mit SLBMs ausgerüsteten U-Boots ist noch vor 1985 geplant. Die U-Boot gestützten ballistischen Raketen (SLBM) haben eine Reichweite von etwa

5000 km und Einzelsprengköpfe mit einem Detonationswert von 1 MT; die Mittelstreckenraketen (IRBM) haben eine Reichweite von etwa 3000 km und tragen nur einen einzigen Sprengkopf mit einem Detonationswert von 150 KT.

45. Man nimmt an, daß China 50 bis 70 IRBMs, 40 bis 50 MRBMs Mittelstreckenraketen und zwei ICBMs (Interkontinentalraketen) mit begrenzter Reichweite stationiert hat. Mitte Mai 1980 hat China einen Flugtest einer chinesischen Interkontinentalrakete durchgeführt. Zu Chinas strategischem Potential zählen ferner noch Tu-16 und Tu-4 Mittelstreckenbomber. Chinas Kernwaffenlager umfaßt wahrscheinlich etwa 225 bis 300 A-Bomben mit Detonationswerten zwischen 20 und 40 KT und H-Bomben mit 3–4 MT Sprengköpfen.

G. Taktische Kernwaffen

46. Taktische Kernwaffen ist eine übliche Bezeichnung für solche Kernwaffensysteme, die sowohl auf Grund ihrer Reichweite und ihres Detonationswerts als auch wegen der Art, in der sie im Rahmen militärischer Verbände disloziert sind, für einen Einsatz gegen militärische Ziele auf einem bestimmten Kriegsschauplatz vorgesehen sind oder eingesetzt werden können.[7] Solche Waffen sind Artilleriegeschosse, bodengestützte mobile Raketen und Flugkörper, von Flugzeugen eingesetzte Bomben, Raketen und Flugkörper (wobei die Flugzeuge von Flugzeugträgern oder von Landstützpunkten aus eingesetzt werden können) und atomare Bodensprengkörper (atomic demolition munition, ADM). Seestreitkräfte dieser Art umfassen SLCMs (submarine launched cruise missiles, U-Boot gestützte Marschflugkörper) oder SLBMs (U-Boot gestützte ballistische Raketen), Torpedos und U-Boot gestützte Kurzstreckenraketen für die U-Boot-Abwehr. Die landgestützten Systeme haben Reichweiten von ungefähr 15 km (Artillerie) bis zu mehreren hundert km (schwere Raketen). Ihre Detonationswerte schwanken zwischen weniger als 0,1 KT bis zu mehr als 100 KT.

47. An ballistischen Kurzstreckenraketen (unter 800 km) (short range ballistic missile, SRBM) haben die Vereinigten Staaten 108 Pershing im oberen KT-Bereich und 36 Lance im unteren KT-Bereich in Europa stationiert. Die Sowjetunion dagegen verfügt über etwa 1300 ‚Frog' 7, SS-1 b, SS-1 c, SS-12 und SS-21. Von einigen nimmt man an, daß sie Sprengköpfe

mit Detonationswerten im MT-Bereich haben. Frankreich hat eine taktische Nuklearstreitmacht, die mit 32 ‚Pluton' genannten ballistischen Kurzstreckenraketen (etwa 120 km) ausgerüstet ist. Man nimmt an, daß ihre Sprengköpfe Detonationswerte von etwa 20 KT haben.

48. Einige der Nicht-Kernwaffenstaaten, Mitglieder der NATO wie des Warschauer Pakts, haben in ihren Streitkräften ballistische Kurzstreckenraketen, die auch für den Einsatz von Nuklearsprengköpfen verwendet werden können. Dies sind etwa 200 Pershing, Honest John und Lance-Raketen auf seiten der NATO und ungefähr 330 SS-1 b, SS-1 c und Frog 7-Raketen auf seiten des Warschauer Pakts. Jedoch stehen alle Kernsprengköpfe für diese Raketen unter der Kontrolle der Vereinigten Staaten bzw. der Sowjetunion.

49. Abgesehen von den bereits genannten strategischen U-Boot gestützten Raketen hat die Sowjetunion ungefähr 80 ältere U-Boot gestützte ballistische Kurzstreckenraketen der Typen SS-N-4 und SS-N-5, die Sprengköpfe mit Detonationswerten im Megatonnenbereich tragen. Außerdem besitzt sie auch ein oder einige hundert Marschflugkörper (SS-N-3 mit Sprengköpfen im KT-Bereich), die auf Kreuzern und U-Booten stationiert sind. Soweit bekannt ist, besitzt kein anderer Staat Waffensysteme dieser Art.

50. Die Vereinigten Staaten haben etwa 1000 aerodynamische luftgestützte Kurzstreckenraketen mit Sprengköpfen, deren Detonationswerte zwischen 100 und 200 KT liegen. Sie werden als SRAM (short range attack missile, Kurzstrecken-Angriffs-Flugkörper) bezeichnet. Auf sowjetischer Seite gibt es seit langem etwa die gleiche Anzahl von AS-3 Kangaroo, AS-4 Kitchen und AS-6 Kingfish-Raketen mit Detonationswerten im KT-Bereich. Sie sind vermutlich für Einsätze gegen Schiffe vorgesehen.

51. Zusätzlich zu den bereits aufgezählten Mittelstreckenbombern gibt es in vielen Staaten die verschiedensten Flugzeugtypen, die bereits für Einsätze mit Kernwaffen im Kurzstreckenbereich geeignet sind oder dazu umgerüstet werden können. Die in Europa stationierten amerikanischen landgestützten Kampfflugzeuge umfassen 300 bis 400 für Kernwaffeneinsätze geeignete Flugzeuge, während die Sowjetunion ungefähr über 1000 verfügt. Die Vereinigten Staaten besitzen auch 100 bis 200 auf Flugzeugträgern stationierte Kampfflugzeuge, die in der Lage sind, Kernwaffen gegen See- und Landziele einzusetzen. Es ist nicht bekannt, wieviele F-104 und F-4 der anderen NATO-Staaten oder wieviele der Su-7 und der Su-20 auf seiten des Warschauer Pakts tatsächlich nukleare Aufgaben haben.

52. Grundsätzlich sind alle Artilleriegeschütze mit einem Kaliber von 155 mm oder höher für den Einsatz von nuklearen Gefechtsköpfen verwendbar. Sowohl die Vereinigten Staaten wie auch die Sowjetunion haben in ihren regulären Heeresverbänden Hunderte solcher Artilleriegeschütze, die jedoch in erster Linie dafür vorgesehen sind, konventionelle Munition abzufeuern. Nukleare Artilleriegeschosse wurden in den USA für Geschütze mit 155 mm und 203 mm entwickelt und sind auch in Europa stationiert. Man nimmt allgemein an, daß ihre Detonationswerte von einem Bruchteil einer KT bis zu einigen wenigen KT reichen. Einige Quellen geben ohne jede Einschränkung an, daß die Sowjetunion ebenfalls über diese nukleare Munition verfügt.

53. Atomare Bodensprengkörper (atomic demolition munition, ADM) sind so konstruiert, daß sie ähnlich wie konventionelle Sprengmittel Krater und andere Hindernisse für einen vorrückenden Gegner schaffen. Bisher weiß man nur von den Vereinigten Staaten, daß sie nukleare Sprengkörper dieser Art herstellen, doch jede nukleare Sprengladung von geeigneter Stärke kann vermutlich in kurzer Zeit solchen Aufgaben angepaßt werden. Soweit bekannt sind solche Systeme bisher nicht disloziert worden.

54. Nur sehr wenige Daten sind über einige Nuklearwaffensysteme der Marine vorhanden, von denen man seit vielen Jahren sagt, daß es sie zumindest in den Arsenalen der Vereinigten Staaten gibt. Am häufigsten werden die amerikanischen ASROC [anti-submarine rockets, von Schiffen einsetzbare Flugkörper zur U-Boot-Bekämpfung, Anm. d. Übers.] und SUBROC [submarine rockets, U-Boot-Raketen, von getauchten U-Booten abschießbar, Anm. d. Übers.] Raketentorpedos zur U-Boot-Bekämpfung mit einem angeblichen Detonationswert von 1 KT genannt.[8] Wie berichtet wird, gibt es auch nukleare Wasserbomben mit Detonationswerten zwischen 5 und 10 KT. Ob gegenwärtig irgendwo nukleare Seeminen zur Verfügung stehen oder nicht, ist ungewiß.

55. Europa ist eine Zone mit einer sehr hohen Konzentration an taktischen Nuklearwaffen. Die meisten Schätzungen gehen dahin, daß die Vereinigten Staaten über 7000 solcher Waffen in Europa verfügen, die auf viele Depots in den Territorien einiger Länder verteilt sind. Von der Sowjetunion glaubt man, daß sie mehr als 3000 Waffen dieser Art für den Einsatz in Europa besitzt.

H. Methoden und Kosten des Erwerbs von Kernwaffen

56. Die vorangegangene Untersuchung der Vereinten Nationen über Nuklearwaffen enthielt eine Analyse der Kosten für den Erwerb und die [technische] Weiterentwicklung solcher Waffen. Seither wurden einige weitere Studien mit Daten über die Verfügbarkeit von Nuklear-Technologie zugänglich, bemerkenswerterweise von der „International Conference on Nuclear Power and its Fuel Cycle" [Internationale Konferenz über Kernenergie und ihren Brennstoffkreislauf], die 1977 in Salzburg, Österreich, abgehalten wurde unter der Schirmherrschaft der Internationalen Atomenergie-Organisation (International Atomic Energy Agency, IAEA) und von der Konferenz für die internationale Bewertung des Nuklearen Brennstoffkreislaufs (International Nuclear Fuel Cycle Evaluation, INFCE, 1980). Diese Studien wurden dazu benutzt, die früheren Angaben zu aktualisieren.[9]

57. Um ein Nuklearwaffenstaat zu sein, muß ein Staat notwendigerweise einen Sprengkörper, der auf der Basis der Kernspaltung von Uran oder Plutonium beruht, besitzen. Das natürliche Uran ist eine Mischung verschiedener Isotope, die sich in ihrem Gewicht nur um etwa 1%, jedoch stark in ihren nuklearen Eigenschaften unterscheiden. In dieser Form des Urans beträgt der Anteil des spaltbaren Isotops Uran-235 nur 0,7%, der Rest ist Uran-238. Letzteres ist nur durch sehr energiereiche Neutronen spaltbar und kann nicht zur Herstellung einer Kernspaltungsbombe (Atombombe) verwendet werden. Der Anteil an Uran-235 muß deshalb in einer Anreicherungsanlage erhöht werden, im Prinzip auf mehr als 5%, in der Praxis jedoch auf 20% oder mehr. Aus technischen und wirtschaftlichen Gründen enthält das Uran, das in Kernwaffen verwendet wird, zu 90 bis 95% Uran-235. Der Anreicherungsprozeß ist sehr teuer und erfordert eine hochentwickelte Technologie. Als Beispiel für die Kosten seien die drei amerikanischen Trennanlagen (auf der Grundlage der Gas-Diffusion) genannt, die Investitionen von ungefähr 4,5 Mrd. $ (Dollarwert von 1980) erforderten. Die jährlichen Unterhalts- und Betriebskosten werden auf 500 bis 600 Mill. $ geschätzt. Diese amerikanischen Anlagen können jährlich 100000 kg 90% angereichertes Uran-235 produzieren, eine Menge, die für den Bau von etwa 4000 Spaltbomben ausreicht. Es sollte allerdings angemerkt werden, daß diese Anlagen auch Uran für die friedliche Nutzung der Kernenergie anreichern. Anreicherungsanlagen vergleichbarer

Größe bestehen in der Sowjetunion, und kleinere wurden in Frankreich, Großbritannien und China gebaut. Eine Großanlage wird gegenwärtig in Frankreich unter Beteiligung von Belgien, Italien und Spanien errichtet. Sie soll schwach angereichertes Uran für die friedliche Nutzung in Kernreaktoren zur Energiegewinnung herstellen.

58. Uran-235 kann auch mittels anderer Gas-Verfahren angereichert werden, von denen die Zentrifugenverfahren die wichtigste Rolle spielen. Für die Herstellung einiger weniger Kernwaffen pro Jahr braucht man eine Zentrifugen-Anreicherungsanlage, die Investitionen von ungefähr 50 Mill. $ erfordert. Für einen Staat ohne vorangegangene Erfahrungen mit dieser Technologie kann die Bauzeit für eine derartige Anlage auf etwa 5 bis 7 Jahre geschätzt werden. Eine größere Anlage, die Material für 200 Atombomben jährlich erzeugen soll, erfordert für eine Industrienation Investitionen in Höhe von 500 Mill. $ und 6 bis 7 Jahre Bauzeit. Unterhalts- und Betriebskosten liegen hierbei bei etwa 25 bis 30% der Kapitalkosten. In den Vereinigten Staaten, der Sowjetunion, Großbritannien, Japan und den Niederlanden bestehen bereits Gas-Zentrifugen-Anreicherungsanlagen oder sind im Bau. Die Anlage in den Niederlanden ist ein Gemeinschaftsprojekt verschiedener europäischer Länder, darunter Großbritannien und die Bundesrepublik Deutschland. Eine Versuchsanlage auf der Grundlage eines anderen Konzepts, des sog. Helikon-Trennverfahrens [Helikon-Trennverfahren: Zentrifugenprozeß mit stationärer Wand und umlaufendem Gasstrom; Anm. d. Übers.], besteht in Südafrika. Unter den übrigen Methoden gewinnt die Laser-Anreicherung zunehmend an Interesse.

59. Plutonium-239 wird normalerweise in Kernreaktoren erzeugt. Eine Herstellungsanlage für Plutonium erfordert die Fähigkeit, Uran zu gewinnen (aufzubereiten und zu reinigen), die Herstellung von Reaktor-Brennstoff, einen Kernreaktor und eine Anlage zur chemischen Plutonium-Extraktion aus den abgebrannten Brennelementen (Wiederaufarbeitung).

60. Es ist einfacher, einen Reaktor für die Gewinnung von Plutonium zu bauen und zu betreiben, als einen zur Erzeugung von elektrischer Energie. Die Investitionskosten für den einfachsten Typ eines graphit-moderierten Reaktors, der genügend Plutonium-239 für ein bis zwei Bomben im Jahr (10 kg Plutonium) erzeugt, werden auf 13 bis 26 Mill. $ (Dollarwert von 1976) geschätzt. Die Kapitalkosten für eine Wiederaufarbeitungsanlage für die Plutoniumgewinnung aus dem bestrahlten Brennstoff würden einen zusätzlichen Aufwand von 25 Mill. $ (Dollarwert von 1976) erfordern.

Der Personalaufwand für Bau und Betrieb ist gering; die Plutoniumherstellung könnte bereits 4 Jahre nach Baubeginn anlaufen. Um ausreichend Plutonium für den Bau von 10 bis 20 Bomben pro Jahr in einem sicheren und zuverlässigen Reaktor zu gewinnen, wären Investitionskosten in der Größenordnung von 250 bis 500 Mill. $ nötig. Dazu benötigte man 50 bis 75 Ingenieure und 150 bis 200 erfahrene Techniker. Der Zeitaufwand bis zur Erzeugung des ersten Plutoniums würde 5 bis 7 Jahre betragen.

61. Weltweit wird die seit dem Zweiten Weltkrieg produzierte Gesamtmenge sog. waffenreinen Urans, das zur Bombenherstellung geeignet ist, auf 1000 bis 2000 Tonnen geschätzt. Die Gesamtmenge des zum Bombenbau geeigneten, sog. waffenreinen Plutoniums wird weltweit 100 bis 200 Tonnen betragen.

62. Ein Problem, das wachsende Sorge bereitet, ist die Möglichkeit, daß das normalerweise in Kernkraftwerken erzeugte Plutonium als Sprengstoff in Atombomben verwendet werden könnte. Kern dieses Problems ist das Vorhandensein anderer Plutonium-Isotope, insbesondere von Plutonium-240, das mit der Dauer der Bestrahlung im Reaktor an Menge zunimmt. Obwohl unbestreitbar ist, daß das sog. reaktorreine Plutonium (Plutonium mit Reaktorqualität, d. h. mit einem Gehalt an Plutonium-240 von mehr als 10%) dazu benutzt werden kann, einen nuklearen Sprengkopf herzustellen, so ist jedoch ebenso unbestreitbar, daß ein solcher Sprengkopf recht schwierig zu entwerfen und herzustellen ist. Außerdem wird ein solcher Sprengkopf einen geringeren Detonationswert haben, der auch nicht mit der gleichen Zuverlässigkeit vorausbestimmt werden kann wie bei der Benutzung von zur Bombenherstellung geeignetem, sog. waffenreinen Plutonium. Obwohl man die Verwendung von reaktorreinem Plutonium für militärische Kernwaffen für weniger geeignet hält, kann eine solche Waffe dennoch eine sehr zerstörerische Wirkung haben.

63. In diesem Zusammenhang sollte auf die Möglichkeit hingewiesen werden, daß der Betrieb von einigen Kernkraftwerken so manipuliert werden könnte, daß zur Bombenherstellung geeignetes, sog. waffenreines Plutonium erzeugt wird. Allerdings dürfte wohl ein Land, das die Herstellung von Kernwaffen erwägt, es einfachheitshalber und aus Kostengründen vorziehen, gesonderte Reaktoren für die Gewinnung von zur Bombenherstellung geeignetem Plutonium zu bauen. Ebenso muß darauf hingewiesen werden, daß einige Forschungsreaktoren geringe, aber hinreichende Mengen von waffenreinem Plutonium herstellen und daß in einigen anderen Forschungsreaktoren Uran mit Waffenqualität als Brennstoff verwendet

Tabelle 1. Grobe Schätzungen der gegenwärtigen Kernwaffenarsenale[a]
(Gesamtzahl der Sprengköpfe und Gesamt-Detonationswert in MT)

	„Zentrale strategische Systeme"		*Andere Systeme*		*Gesamt*[b]	
Land	*Sprengköpfe*[c]	*MT*[d]	*Sprengköpfe*[d]	*MT*[d]	*Sprengköpfe*	*MT*
USA	9000–11000	3000–4000	16000–22000	1000–4000	25000–33000	4000– 8000
UdSSR	6000– 7500	5000–8000	5000– 8000	2000–3000	11000–15000	7000–11000
Großbritannien					200– 1000	200– 1000
China					<300	200– 400
Frankreich					<200	<100
			Gerundete Gesamtzahl		37000–50000	11000–20000

[a] Diese Schätzungen wurden für diesen Bericht von dem ‚Swedish National Defence Research Institute' in Zusammenarbeit mit dem ‚Institute for Defense and Disarmament Studies' Brookline, Mass., erarbeitet. Sie beruhen auf offen zugänglichen Quellen. Darunter sind: *SIPRI Yearbook 1980* wie auch *The Military Balance, 1979–1980.* Wie aus der Tabelle deutlich hervorgeht, bestehen hinsichtlich aller Schätzungen beträchtliche Ungewißheiten. Die größte einzelne Unsicherheit besteht in der mangelhaften Kenntnis der Zahl und der Detonationswerte von Waffen, die von Flugzeugen transportiert werden. Dazu kommt noch, daß einige dieser Waffen offenbar veränderbare Detonationswerte haben. Weitere Unsicherheiten schleichen sich dadurch ein, daß verschiedene Quellen sich auf verschiedene Zeitpunkte beziehen und daß hinsichtlich der Einsatzbereitschaft unterschiedliche Annahmen gemacht werden, auf Grund von Umrüstungen bzw. Modernisierungen etc. Mehrfachsprengköpfe (MRV) wurden einzeln gerechnet. Bei gewissen Waffensystemen wurde mit Annahmen über eventuelle Reserven gearbeitet. Es muß angemerkt werden, daß Kalkulationen auf der Grundlage von Schätzungen des spaltbaren Materials, das möglicherweise produziert worden ist, zu beträchtlich höheren Zahlen für vorhandene Sprengköpfe führen könnten.

[b] Die Zahlenangaben für die Supermächte wurden auf Tausend abgerundet, die der anderen Staaten auf Hundert.

[c] Die Angaben sind auf jeweils =500 gerundet.

[d] Die Angaben sind auf Tausend gerundet.

wird. Schließlich muß noch angemerkt werden, daß es nicht möglich ist, aus dem Urangehalt des Kernbrennstoffs für kommerzielle Leichtwasser-Reaktoren Kernwaffen zu bauen, weil dieser nur 3% des Isotops Uran-235 enthält und damit niemals eine sog. schnelle kritische Masse hergestellt werden kann.

64. Uran-233, das durch Neutronenbestrahlung von Thorium erzeugt werden kann, ist ein drittes spaltbares Isotop, das theoretisch für Kernspaltungsbomben (A-Bomben) geeignet ist. Doch ist bisher nicht bekannt geworden, daß Sprengköpfe aus Uran-233 gebaut worden wären, teilweise wohl wegen der Risiken, die von der Gammastrahlung eines Materials ausgehen, das Uran-233 enthält.

65. Bei der Herstellung von Kernwaffen fallen noch weitere Kosten für den Zusammenbau der Sprengköpfe und für Versuche mit diesen Sprengköpfen an. Die frühere Studie der Vereinten Nationen (siehe Absatz 4 oben) schätzte, daß ein Plutoniumwaffenprogramm, das innerhalb von 10 Jahren zehn Sprengköpfe mit Detonationswerten von 20 KT herstellt, ungefähr 200 Mill. $ bzw. 20 Mill. $ pro Sprengkopf kosten würde. Ein Programm zur Herstellung von 100 solcher Sprengköpfe würde 375 Mill. $ kosten, also ungefähr 3,8 Mill. $ pro Sprengkopf.

66. Die Kosten für ein hochentwickeltes Trägersystem für die Sprengköpfe liegen üblicherweise in der Größenordnung von vielen Tausenden von Millionen Dollar. Die Notwendigkeit, die Zuverlässigkeit der Trägersysteme zu gewährleisten und sie gegen Angriffe zu schützen, kann zusätzlich erhebliche Geldmittel verschlingen. Auf der anderen Seite können Staaten, die sich ein kleines, vielleicht geheimes Kernwaffenpotential aufbauen wollen, einfachere und billigere Lösungen in Erwägung ziehen. Auf Grund der technologischen Entwicklung im Kernkraftbereich, der Elektronik, der Industriechemie und anderer verwandter Gebiete sind die realen Kosten für die Entwicklung von Kernwaffen heute geringer als im Jahre 1945.

III. Tendenzen der technologischen Entwicklung von Kernwaffensystemen[10]

A. Hauptmerkmale der Entwicklung in Vergangenheit und Gegenwart

67. Die fortlaufende technologische Weiterentwicklung von Kernwaffensystemen wird manchmal mit der Bedrohung der nationalen Sicherheit erklärt und als zwangsläufige Folge besserer Theorien oder Doktrinen des Kernwaffeneinsatzes angesehen. Es wird jedoch allgemein angenommen, daß nicht irgendwelche militärischen oder sicherheitspolitischen Erwägungen neue Waffensysteme entstehen lassen, sondern daß oft die Technik selbst der Politik die Initiative aus der Hand nimmt und Waffen entwikkelt, für die dann nachträglich ein Bedarf erfunden und Einsatztheorien neu formuliert werden müssen. Es ist ebenfalls eine Tatsache, daß ein beträchtlicher Teil der gesamten wissenschaftlichen und technischen Arbeitskraft der Welt auf militärbezogene Forschung und Entwicklung gerichtet ist, einschließlich der Verbesserung bestehender Waffen und der Entwicklung neuer Waffensysteme. Offenkundig müssen Anstrengungen derartigen Ausmaßes zwangsläufig zu neuen Waffen mit größerer Zerstörungskraft führen. Zu bedenken ist ferner, daß die lange Entwicklungsdauer für neue Kernwaffensysteme den Aktions-Reaktions-Prozeß der Beteiligten qualitativ einschneidend verändert. Wenn beide Seiten gleichziehen wollen, sind sie gezwungen, mögliche zukünftige Entwicklungen der jeweils anderen Seite auf lange Sicht in ihr Kalkül mit einzubeziehen.

68. In den 50er und frühen 60er Jahren war das Wettrüsten von der Entwicklung immer stärkerer Waffen gekennzeichnet. Die erste thermonukleare Explosion der Vereinigten Staaten im Jahre 1952 soll einen Detonationswert von ungefähr 10 MT gehabt haben. Zwei Jahre später testeten die USA eine 15 MT-Waffe. 1961 zündete die UdSSR eine Kernwaffe mit einem geschätzten Detonationswert von 60 MT. Später ging die Entwicklung in Richtung kleinerer, jedoch zahlreicherer Waffen. Man kann zum Beispiel den großen Gefechtskopf eines Flugkörpers durch mehrere kleine ersetzen, die zusammen das gleiche Gesamtgewicht erreichen. In vielen Fällen ergibt sich dann ein niedrigerer nominaler Gesamt-Detonations-

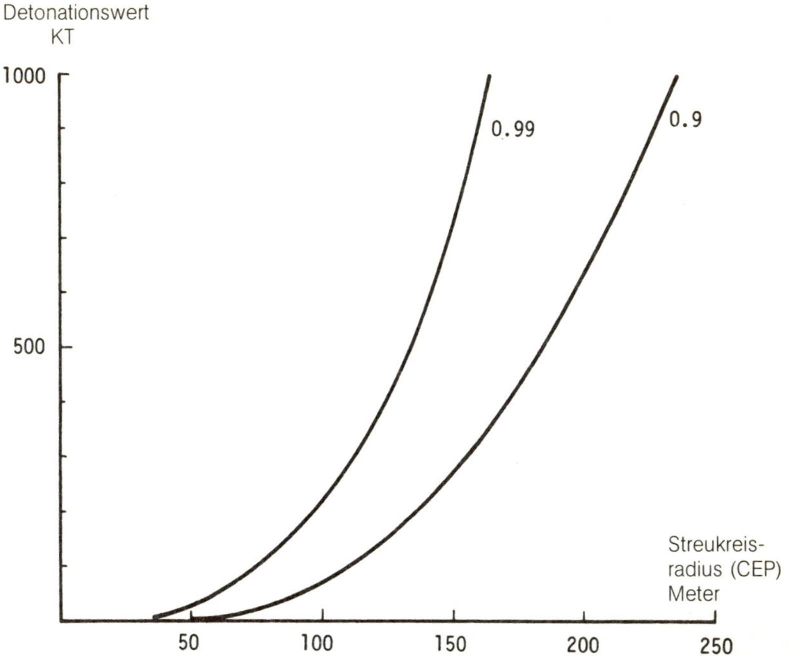

Abbildung 3. Der Zusammenhang von Detonationswert und Zielgenauigkeit

Bei zunehmender Zielgenauigkeit der Sprengköpfe, d. h. bei einem kleineren Streukreisradius, ist ein deutlich geringerer Detonationswert erforderlich, um ein gegebenes Ziel mit einer bestimmten Wahrscheinlichkeit zu zerstören. Das Schaubild verdeutlicht diesen Zusammenhang an Zerstörungswahrscheinlichkeiten von 0.99 und 0.9 unter der Annahme, es solle ein Ziel durch die Druckwelle einer bodennahen Explosion zerstört werden, das gegen einen Überdruck von 10 Mega Pascal (100 Atmosphären oder 1,450 PSI, pounds per square inch; Pfund durch Quadratzoll) gehärtet ist.

wert, obwohl die Zahl der Sprengköpfe zunimmt. Der 20 MT Sprengkopf der sowjetischen SS-18 Rakete kann zum Beispiel gegen eine Nutzlast ausgetauscht werden, die aus 10 Sprengköpfen von ca. 500 KT besteht. Ähnlich haben die luftgestützten Marschflugkörper (cruise missile, CM), welche die USA bis zum Jahre 1982 in Dienst stellen werden, Detonationswerte von unter 200 KT und damit wesentlich weniger als die Fliegerbomben, die sie in der Bomberflotte ersetzen.

69. Wie in Kapitel II gezeigt, kann das Tötungspotential der Waffen bei geringerem nominalen Detonationswert zunehmen, weil die Treffgenauigkeit der Trägersysteme verbessert wurde [siehe Absatz 20ff. oben]. Man kann den Einfluß, den diese Steigerung der Treffgenauigkeit auf das Wettrüsten mit strategischen Kernwaffen ausübt, kaum überschätzen. Wenn nämlich jede Supermacht über die Möglichkeit verfügt, die Kernwaffenbasen des anderen zu treffen, entsteht eine „Duell"-Situation bei den strategischen Waffen. Es wächst die Furcht, der Gegner könne die Fähigkeit erlangen, einen entwaffnenden ersten Schlag (first strike) zu führen. Diese Gefahr wurde etwa als Begründung für die Einführung U-Boot-gestützter ballistischer Flugkörper (SLBM) angeführt.

70. Weil die Zahl immer treffsicherer Kernwaffen zunimmt, selbst wenn ihr Detonationswert niedrig bleibt, wird es zunehmend schwieriger, landgestützte Kernwaffen gegen einen Angriff zu schützen, d. h. gegen einen ersten Schlag, der diese Kernwaffen ausschalten soll. Selbst gehärtete Silos [Abschußanlagen] dürften keinen ausreichenden Schutz mehr bieten. Folglich suchten und suchen militärische Planer noch immer nach neuen Abwehrmethoden und -systemen, die vor einem Angriff sicher sind und so eine „stabile Abschreckung" gewährleisten. Diese Suche schließt auch die Weiterentwicklung von Systemen zur genauen Erfassung und Identifizierung des Zieles mit ein, um rechtzeitig vor einem nahenden Angriff gewarnt zu sein. Dieser neue Aspekt des Kernwaffen-Wettrüstens wird in den folgenden Absätzen beschrieben.

71. Die bisher vereinbarten Rüstungskontrollmaßnahmen haben diese Entwicklung letztlich nicht entscheidend einschränken können. Zwar setzte das SALT-I-Abkommen zwischen den Vereinigten Staaten und der UdSSR der Errichtung eines bestimmten Abwehrsystems, nämlich den Abwehrraketen zur Bekämpfung von ballistischen Flugkörpern (anti-ballistic missile, ABM) eine enge Grenze. Jedoch konnte SALT-I die Entwicklung bereits bestehender Vorkehrungen, welche das ABM-System aufbrechen oder umgehen sollten, vor allem die Einführung von MIRVs, nicht wirklich verhindern. Dieser Aspekt könnte im SALT-II-Abkommen, sollte es je ratifiziert [d. h. rechtsverbindlich] werden, von Wichtigkeit sein. Zusammen mit den Implikationen denkbarer Begrenzungen von Kernwaffensystemen wird dieser Punkt weiter unten behandelt.

72. Obwohl auch auf dem Gebiet der Kernwaffen für den Kriegsschauplatz oder der nuklearen Gefechtsfeldwaffen die technische Entwicklung voranschreitet, hat dies bisher weniger öffentliche Aufmerksamkeit auf

sich gezogen als der gleiche Trend bei den strategischen Kernwaffen. Allgemein gesprochen tendiert die Entwicklung dazu, taktische Kernwaffen flexibler und differenzierter einsetzen zu können. Wie in Kapitel II gezeigt, hat dies bereits zu einer Überfülle von Waffentypen geführt, die als Mehrzweckwaffen dienen sollen oder für ganz bestimmte Ziele gedacht sind. Auch diese Überlegungen werden bis zu einem gewissen Grade im folgenden angesprochen.

B. Konstruktionsmerkmale und Eigenschaften von Sprengköpfen

73. Das auffälligste Kennzeichen der Entwicklung von Gefechtsköpfen bis zum heutigen Tag ist die Verringerung von Größe und Gewicht der Gefechtsköpfe im Verhältnis zu ihrem Detonationswert. Dieser Prozeß hat die Entwicklung strategischer Flugkörper mit Mehrfachsprengköpfen ebenso ermöglicht wie die Entwicklung von einigen der als taktisch bezeichneten Waffen.

74. Jene Bomben, die Hiroshima und Nagasaki dem Erdboden gleich machten, wogen ungefähr 5 Tonnen und konnten von keinen anderen Trägern als von schweren Bombern ins Ziel gebracht werden. Die U-Boot gestützte Poseidon-Rakete trägt im Vergleich dazu bei einer gesamten Nutzlast von 1000 kg zehn Sprengköpfe, von denen jeder drei mal so stark ist wie die Hiroshima-Bombe. Dies entspricht einer 150-fachen Verbesserung des Verhältnisses Gewicht zu Detonationswert.

75. Ein anderes Beispiel geben die bereits in Kapitel II erwähnten nuklearen Artilleriegeschosse. Sie zeigen, daß man Nuklearsprengsätze so klein bauen kann, daß der Durchmesser der Geschoßhülse nur 155 mm beträgt. Ihr Gewicht ist so gering, daß der Sprengsatz mitsamt seiner Sicherheits-, Entsicherungs- und Zündungsmechanismen und seiner Metall-Kartusche nicht viel mehr als 40 kg wiegt. Dies entspricht ungefähr dem Gewicht einer konventionellen 155 mm Granate.

76. Die verfügbaren Informationen über MIRVs und andere Systeme lassen vermuten, daß zumindest in den Vereinigten Staaten diese „Miniaturisierung" nuklearer Sprengköpfe an die Grenzen des physikalisch Möglichen stößt. Andere Kernwaffenstaaten dürften sich dem gleichen Grad an Kompaktheit der Waffen nähern oder könnten ihn bereits erreicht haben, doch sie können ebenso andere Prioritäten setzen. Wie weiter oben gezeigt

wurde, verfügt jedenfalls die Sowjetunion über eine entwickelte MIRV-Technologie.

77. Andere Verbesserungen beziehen sich auf die Sicherheit, Zuverlässigkeit und Vielseitigkeit der Sprengköpfe und darauf, sie gegen schädliche Umwelteinflüsse zu schützen. Sicherheitsmaßnahmen sollen sowohl das Unfallrisiko bei der Handhabung der Waffen als auch die Möglichkeit eines unbefugten Einsatzes auf ein Minimum beschränken. Die Waffe kann zum Beispiel eine Vorrichtung enthalten, die nur durch ein ganz bestimmtes verschlüsseltes Funksignal scharf zu machen ist. Die Zuverlässigkeit kann man auf mehreren Wegen steigern, angefangen von speziellen Baustoffen, die ein Verrotten der Waffenteile verhindern sollen, bis hin zu speziellen Bauformen, die der enormen Beschleunigung in einem Abschußrohr widerstehen können. Die Vielseitigkeit kann erhöht werden, wenn die Sprengköpfe so ausgelegt sind, daß sich wahlweise unterschiedliche Detonationswerte leicht einsetzen lassen.

78. Die technische Weiterentwicklung von Sprengköpfen erfolgt auch unter wirtschaftlichen Gesichtspunkten. Wenn man sicherstellt, daß Sprengköpfe die längste mögliche Lebensdauer auch tatsächlich erreichen, kann man unter Umständen kostspielige Wartungsarbeiten oder den Austausch von Teilen hinauszögern oder gar vermeiden. Wo große Waffenarsenale gehalten werden, entstehen wahrscheinlich erhebliche Kosten für Wartungs- und Instandsetzungsarbeiten.

79. Im Arsenal der Vereinigten Staaten scheint es seit langer Zeit Waffen mit geringen Detonationswerten von etwa 1 KT oder darunter zu geben, die zum Beispiel in Europa stationiert sind. Es ist jedoch möglich, Kernwaffen mit extrem niedrigen Detonationswerten zu entwickeln und einzusetzen – bis hinab zu Werten, die wenigen Tonnen herkömmlichen Sprengstoffs entsprechen. Derartige „Mini-Kernwaffen" („mini-nukes") könnten mit ausreichender Treffsicherheit kleine Ziele zerstören. Sie würden allerdings keinen erkennbaren Vorteil etwa in Form geringerer Kosten oder in Form einer höheren Zerstörungswahrscheinlichkeit des bekämpften Zieles bieten. Man würde sie eher einsetzen, um Zerstörungen gering zu halten, die von der Druckwelle auf die Umgebung des Zieles ausgehen. Dieser begrenzbare Radius für Sachschäden ließ die Frage nach einer möglichen „Konventionalisierung" dieser „Mini-Kernwaffen" aufkommen, d. h. danach, ob man sie nicht einsetzen könne, ohne eine weitere Eskalation befürchten zu müssen. Nach internationaler Diskussion dieser Frage erklärten jedoch die UdSSR, Großbritannien und die Vereinigten Staaten,

sie würden derzeit keine Kernwaffen mit so geringen Detonationswerten auf eine Weise einsetzen, daß dadurch die atomare Schwelle verwischt würde.

80. Die Entwicklung von Kernwaffen schreitet weiter sehr schnell voran. In letzter Zeit befaßte man sich nicht nur damit, Sprengköpfe unterschiedlicher Detonationswerte zu entwickeln, sondern auch mit der Veränderung anderer Eigenschaften der Waffen. So kann die Energiemenge, die von Kernspaltung und Kernverschmelzung freigesetzt wird, in weiten Grenzen variiert werden. Wenn man den Geschoßmantel unterschiedlich gestaltet, lassen sich Strahlungseigenschaften verändern. So nimmt die Anfangsstrahlung allgemein ab, wenn man den Geschoßmantel stärker auslegt, während die Rückstandsstrahlung dabei sowohl niedriger gehalten als auch erhöht werden kann.

81. Das am ausgiebigsten diskutierte Beispiel hierfür ist die sogenannte Neutronenbombe, die in offiziellen Verlautbarungen der Vereinigten Staaten als Waffe mit „verstärkter Strahlung" („enhanced radiation", ER-weapon) bezeichnet wird. Die Neutronenbombe folgt einem relativ alten Konzept. Ein Großteil ihrer Explosionskraft stammt aus einer Verschmelzung von Deuterium mit Tritium. Dieser Vorgang setzt mehr schnelle Neutronen frei als eine durch Kernspaltung verursachte Kettenreaktion. Dabei ist die Waffe so angelegt, daß von der Neutronenenergie möglichst wenig in Druck und Hitze umgesetzt wird. Bei einer hypothetischen Neutronenbombe von 1 KT wäre die Gefahrenzone aufgrund der Neutronenwirkung erheblich größer als die Zone, in der Schäden von der Druckwelle zu erwarten sind. Dies wird als ein Vorteil gewertet, wenn die Waffe gegen gepanzerte Kräfte eingesetzt wird, weil gepanzerte Fahrzeuge der Druck- und Hitzewelle gut widerstehen können, aber wenig Schutz gegen Neutronen bieten. Folglich kann die tödliche Strahlung dieser Waffen ungeschützte Menschen noch in beträchtlicher Entfernung treffen. Viele würden noch dort getötet, wo Gebäude, Fahrzeuge usw. den Druck der Explosion überstehen. Die Produktion einer Neutronenbombe würde mehr kosten als eine 10 KT-Bombe mit vergleichbarer Strahlungsreichweite, aber mit stärkerer Druckwirkung. Beide, Mini-Kernwaffen und Neutronenbombe, können als Ausdruck der Bemühungen betrachtet werden, die von den Bomben verursachten Sachschäden im Umfeld des eigentlichen Zieles gering zu halten. Damit, so meinen die Verfechter dieses Konzepts, könne man die nukleare Abschreckung im taktischen Bereich glaubhafter machen.

82. Die Vereinigten Staaten verfolgen ihre Pläne, die Neutronenbombe zu bauen und in Europa zu stationieren, zur Zeit nicht mehr. [Die amerikanische Regierung hat im August 1981 die Entscheidung getroffen, Neutronenbomben zu bauen, sie derzeit jedoch nicht in Europa zu stationieren. Anm. d. Übers.] Die französische Regierung hat kürzlich verlauten lassen, daß Frankreich Neutronenbomben entwickelt und getestet habe und daß Entscheidungen über deren Produktion und Stationierung in den nächsten Jahren fallen würden. Die sowjetische Führung hat ihrerseits erklärt, daß die Sowjetunion eine Neutronenbombe entwickelt und getestet habe, aber entschieden hat, sie gegenwärtig nicht einzuführen.

83. Als weiterer Typ einer „maßgeschneiderten" Waffe wird in den Vereinigten Staaten die „Waffe mit verminderter Rückstandsstrahlung" (reduced residual-radiation, RRR-weapon) oder auch „Waffe mit äußerst geringer Rückstandsstrahlung" (minimum residual-radiation, MRR-weapon) diskutiert. Wie die Neutronenbombe würde diese Waffe einen wesentlichen Teil ihrer Energie aus einer Kernverschmelzung gewinnen, aber der Geschoßmantel wäre so konstruiert, daß Neutronen nur in geringem Umfang freigesetzt würden. Derartige Waffen hätten wahrscheinlich erheblich höhere Detonationswerte als die vorgesehenen Neutronenbomben. Sie würden sich für Bodendetonationen oder für unterirdische Explosionen eignen, etwa um gewaltige Krater zu schaffen, und zwar mit einem wesentlich geringeren radioaktiven Niederschlag als bei einer gewöhnlichen Kernspaltungswaffe.

84. Viele Spekulationen und ernsthafte Forschungen haben sich mit der Möglichkeit befaßt, einen thermonuklearen Sprengkörper zu bauen, der keine Kernspaltungsexplosion als Initialzündung braucht. Besonders versuchte man, Kernverschmelzungsprozesse mit Hilfe von Laserstrahlen in Gang zu setzen. Jedoch scheint man auf diesem Wege keine Aussicht zu haben, eine einsatzfähige Kernwaffe herzustellen.

85. Obwohl Erforschung und Entwicklung spezialisierter Typen von Sprengköpfen fortschreiten, ist bei den grundlegenden Konstruktionsprinzipien der Kernsprengkörper vermutlich keine entscheidende Änderung zu erwarten. Dagegen dürfte die Weiterentwicklung von Trägersystemen für die Zukunft praktisch noch wichtiger werden, als sie es bereits in den letzten Jahren war.

C. Kernwaffenversuche

86. Es ist eine entscheidende Frage, welchen Einfluß Kernwaffentests auf die weitere Entwicklung der Sprengköpfe ausüben können, weil die Antwort hierauf von zentraler Wichtigkeit ist für die Bestrebungen, einen umfassenden Test-Stopp zu erreichen. Die Anzahl durchgeführter Kernwaffentests ist noch immer beträchtlich. Seit der ersten Atomexplosion von 1945 haben die Nuklearmächte mehr als 1200 Tests unternommen. Die genaue Zahl ist offizieil nicht bekannt; einige ausführlichere Angaben enthält Kapitel IV.

87. Nach amerikanischen Quellen[11] galten die Kernwaffenversuche der Vereinigten Staaten während der späten 70er Jahre folgenden Hauptzielen:

a) Verbesserung des Verhältnisses von Detonationswert und Gewicht;
b) Senkung der Kosten des Sprengkopfes sowie der Kosten und des Verbrauchs von Kernmaterial;
c) Erhöhung der Sicherheit des Sprengkopfes;
d) Verbesserter Schutz gegen einen unbefugten Einsatz der Waffe;
e) Anpassung der Waffen an spezifische militärische Erfordernisse;
f) Erforschung der langfristigen chemischen und baulichen Stabilität.

Die oben beschriebenen technologischen Trends finden sich hier wieder. Die Aufzählung enthält Ziele für weitere Entwicklungen und Versuche, die im Hinblick auf die Möglichkeit eines umfassenden Test-Stopps von Interesse sind. Kernwaffentests verfolgen im allgemeinen vor allem die Absicht, nukleare Sprengköpfe neuen bzw. veränderten Waffensystemen oder Waffenträgern anzupassen.

88. Die in den Vereinigten Staaten von Ende 1963 bis 1971 durchgeführten Tests sind nach offiziellen Angaben[12] prozentual wie folgt aufgegliedert (ohne 21 „Pflugschar"-Versuche [plowshare-tests] für nicht-militärische Zwecke):

65%	Waffenentwicklungsversuche
16%	Überprüfen der Waffenfunktionen
9%	Überprüfen der Waffenwirkung
5%	Waffenentwicklungsversuche zusammen mit Funktionsprüfungen
5%	Überprüfen sowohl der Waffenwirkung als auch der Waffenfunktion.

Mit „Funktionsüberprüfungen" sind hauptsächlich die abschließenden Einsatztests bereits fertiger Waffen gemeint, sofern diese notwendig sind, während sich „Entwicklungsversuche" auf frühe Stadien der Waffenentwicklung beziehen. Zu beachten ist, daß „Depotwaffen-Tests" (stockpile testing), d. h. stichprobenweise Funktionsprüfungen der im Depot lagernden Waffen, nicht erwähnt werden. Es gibt jedoch Anzeichen dafür, daß zumindest die Vereinigten Staaten sehr wenige Versuche durchgeführt haben, die ausschließlich der Überprüfung von Depotwaffen dienten.

89. Die Befürworter eines umfassenden Test-Stopps argumentieren, daß dieser zum einen bei den bereits vorhandenen Atommächten die weitere Entwicklung der Kernwaffentechnologie behindern werde, daß er außerdem dazu beitragen werde, die Weiterverbreitung von Kernwaffen an Nationen zu unterbinden, die gegenwärtig keine Kernwaffen besitzen, und daß schließlich ganz allgemein die Bedeutung der Nuklearrüstung gemindert werde.

90. Die Gegner des umfassenden Test-Stopps meinen, daß man sich dann auf die Kernwaffendepots weniger verlassen könne und auf die Entwicklung von Kernwaffen verzichten müsse, die weniger empfindlich gegen Unfälle und besser kontrollierbar sind. Weiter wird die Meinung vertreten, daß die Kernwaffenstaaten schon allein deshalb ihre Versuche fortsetzen müßten, um gegenüber jenen im Vorteil zu bleiben, die den teilweisen Test-Stopp-Vertrag (partial test-ban treaty, PTBT) nicht unterzeichnet haben.

91. Es dürfte einer Kernwaffenmacht technisch möglich sein, ein Waffendepot zu halten (ohne es zu verbessern), indem sie nicht-nukleare Versuche durchführt und Teile ersetzt, die veralten, verrotten oder sonstwie für eine Verwendung im Depot unbrauchbar werden. Solange es allerdings Kernwaffen gibt, wird es immer auch Stimmen geben, die auf Veränderungen in der Zusammensetzung des Depots drängen, was dann Kernwaffenversuche notwendig machen könnte.

92. Aus dieser Diskussion kann man den Schluß ziehen, daß ein umfassender Test-Stopp den etablierten Atommächten die weitere Entwicklung hochspezialisierter Waffen erschweren und auf diesem Wege einen hemmenden Einfluß auf das Wettrüsten ausüben würde. Ein umfassender Test-Stopp wäre ferner von Nutzen, um die Zahl der Kernwaffenstaaten nicht weiter zu erhöhen (horizontale Proliferation): insbesondere könnte er die politische Verpflichtung zur Nichtverbreitung von Kernwaffen unterstreichen, welche die Vertragsstaaten im Zusammenhang mit dem Nichtver-

breitungs-Vertrag (Treaty on the Non-Proliferation of Nuclear Weapons) eingegangen sind. Es mag vielen Staaten technisch möglich sein, einfache Kernspaltungswaffen herzustellen und ohne Tests einigermaßen auf deren Zuverlässigkeit zu vertrauen. Es ist jedoch unwahrscheinlich, daß Staaten – langfristig – ihre nationale Sicherheit Kernwaffensystemen anvertrauen wollen, ohne sie getestet zu haben. Denn einer allgemeinen technischen Erfahrung folgend wäre die Entwicklung fortgeschrittener Systeme wie etwa thermonuklearer oder ausschließlich für militärische Zwecke gedachter Waffen sehr ungewiß, wenn keine Versuche durchgeführt werden können. Ein Teil der Diskussion um einen Versuchs-Stopp hat sich darauf konzentriert, die gegenwärtige Testschwelle von 150 KT herabzusetzen, weil sie bisher die technische Entwicklung von Kernwaffen nicht besonders stark gedämpft zu haben scheint.

D. Allgemeine Bemerkungen zu Waffensystemen

93. Jedes moderne Waffensystem besteht außer dem Sprengkopf aus mehreren größeren Baugruppen. Zu diesen Gruppen zählen: der Waffenträger (z. B. ein Flugkörper), der den Sprengkopf ins Ziel bringt; das Startgerät (z. B. ein Unterseeboot oder ein Silo), von dem aus der Waffenträger abgeschossen wird; die Führungs- und Befehlsgebungssysteme sowie die Fernmeldeverbindungen [command, control and communications, C^3], welche das Waffensystem aktivieren und in einigen Fällen zum Ziel lenken, sowie die besonderen Verschlüsselungsvorrichtungen, die die Waffe entsichern. Alle oder einige dieser Baugruppen können sehr eng untereinander verbunden sein, sie können aber ebenso Mehrfachfunktionen übernehmen, indem sie für mehrere Waffensysteme gleichermaßen arbeiten.

94. Alle diese Baugruppen und ihre Elemente befinden sich in einer ständigen Weiterentwicklung, die zu komplex ist, um sie in all ihren Kombinationsmöglichkeiten zu untersuchen. Unterschiedliche Grundprinzipien können, jedes für sich oder miteinander verbunden, für ähnliche Zwecke eingesetzt werden. Unterschiedliche technische Varianten für bestimmte Baugruppen können auf mehrfache Art miteinander verknüpft werden. Und, dies ist vielleicht am wichtigsten, jeder neue Schritt kann mehrere potentielle Gegenmaßnahmen hervorrufen, die ihrerseits wiederum verschiedenartige Gegen-Gegenmaßnahmen nach sich ziehen. Auf diese Art

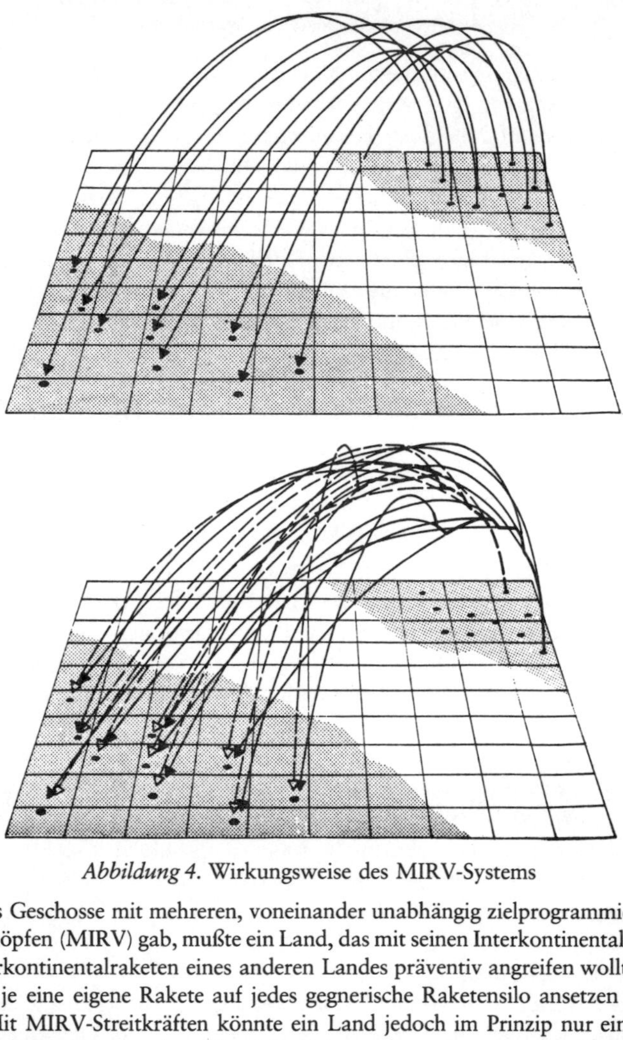

Abbildung 4. Wirkungsweise des MIRV-Systems

Bevor es Geschosse mit mehreren, voneinander unabhängig zielprogrammierbaren Sprengköpfen (MIRV) gab, mußte ein Land, das mit seinen Interkontinentalraketen die Interkontinentalraketen eines anderen Landes präventiv angreifen wollte, mindestens je eine eigene Rakete auf jedes gegnerische Raketensilo ansetzen (oberes Bild). Mit MIRV-Streitkräften könnte ein Land jedoch im Prinzip nur einen Teil seiner Raketen für einen Angriff auf die Raketen des anderen Landes einsetzen und dennoch damit rechnen, die meisten, wenn nicht gar alle zu zerstören, während die meisten eigenen Raketen sicher im Silo bleiben (unteres Bild). In diesem Sinn kann es offensichtlich vorteilhaft sein, als Erster anzugreifen. Im Bild sind die Mehrfachsprengköpfe (MIRVs) einer Startanlage (silo) auf jeweils verschiedene Ziele gerichtet (cross-targeted), in diesem Fall jeweils zwei Sprengköpfe, die aus verschiedenen Startanlagen kommen, auf ein gegnerisches Silo. (*Scientific American,* Nov. 1979)

wird es zunehmend schwieriger, alle Möglichkeiten umfassend zu beschreiben.

95. Lenksysteme für Waffenträger (und für einige Typen beweglicher Startanlagen) sind von besonderem Interesse. Hier muß man unterscheiden: nach ballistischen Raketen, die hauptsächlich während des Abschusses gelenkt werden, d. h. zu Beginn des Fluges, solange der Raketenantrieb arbeitet; nach Waffenträgern wie den Marschflugkörpern (cruise missile, CM), die während des gesamten Fluges angetrieben werden und für die aus Lenkung Navigation wird; und nach Waffen jeder Art im Endanflug auf das Ziel, wobei Vorrichtungen zur Zielansteuerung benutzt werden können, die für konventionelle Sprengladungen entwickelt wurden.

96. Um die Langstreckennavigation zu verbessern, müssen die bisher lange Zeit eingesetzten Trägheits-Lenksysteme regelmäßig mit genauen Positionsangaben versorgt werden. Man kann dies durch eine Reihe stationärer Erdsatelliten erreichen, zum Beispiel durch das amerikanische „Weltweite Standortbestimmungssystem" (Global Positioning System, GPS) oder auch durch das „Zeit und Entfernung messende Navigationssystem" (Navigation System using Time and Range, NAVSTAR). Bei Marschflugkörpern und anderen tieffliegenden Waffen ist es möglich, die überflogene Erdoberfläche abzutasten und die Ergebnisse mit entsprechenden Informationen im EDV-Speicher des Flugkörpers zu vergleichen. Dabei ist es möglich, entweder nur die vertikalen Oberflächenprofile zu erfassen, z. B. Terrain Contour Matching, TERCOM, oder auch einige andere Geländemerkmale zu berücksichtigen, z. B. Map Matching, MM. Die Entwicklung von GPS und NAVSTAR ist vermutlich abgeschlossen. Sie soll aber noch nicht eingesetzt worden sein, weil anscheinend noch einige technische Probleme bestehen. TERCOM befindet sich in einem fortgeschrittenen Entwicklungsstadium, während MM noch in der Versuchsphase steht.

97. Um eine Waffe ins Ziel zu bringen, wurde eine Reihe von Sensoren entwickelt, welche die Steuermechanismen im Geschoß leiten. Diese zielsteuernden Systeme [Homing systems, d. h. auf Impulse des Zieles reagierende Systeme] bestehen aus verschiedenartigen Radar-, Infrarot- und Laser-Instrumenten. Einige davon können so verändert werden, daß sie in strategischen Waffenträgern einsetzbar sind. Andere könnten benutzt werden, um die Zielgenauigkeit verschiedener taktischer Kernwaffen zu erhöhen. Es ist nicht bekannt, in welchem Ausmaß die Kernwaffenstaaten von den genannten Möglichkeiten bereits Gebrauch gemacht haben – für die

Wiedereintrittskörper ihrer ballistischen Raketen setzten sie jedenfalls keine besonderen Leitsysteme ein.

98. Wie in jüngster Zeit das Beispiel des Marschflugkörpers (CM) gezeigt hat, berühren auch Fortschritte in der Antriebstechnik die Entwicklung von Nuklearstreitkräften in hohem Maße. Düsengetriebene aerodynamische Flugkörper kamen zuerst im Zweiten Weltkrieg zum Einsatz und wurden seitdem von vielen Nationen in vielfachen Varianten (mit konventionellen Sprengköpfen) verwendet. Die in späteren Jahren einsetzende Entwicklung extrem leichter, hoch leistungsfähiger Düsentriebwerke in Verbindung mit besseren Navigationssystemen und mit Kernsprengköpfen hat den Marschflugkörper (CM) in den Bereich der strategischen Waffen rücken lassen und damit gleichzeitig seine Bedeutung als Waffe für den Kriegsschauplatz erweitert.

99. Die Kernwaffenstaaten nutzen vermutlich eine große Anzahl von Führungs-, Befehlsgebungs- und Fernmeldesystemen (C^3), um die beiden folgenden Forderungen zu erfüllen: ein unbefugtes Starten von Kernwaffen zu verhindern und zum anderen dann, wenn eine entsprechende Entscheidung gefallen ist, den jeweiligen Befehlsstellen den Start von Kernwaffen freizugeben. Jedoch dürften die für diese Zwecke vorgesehenen Führungs-, Befehlsgebungs- und Fernmeldesysteme nicht in der Lage sein, sich den unterschiedlichen Stufen der nuklearen Vergeltung anzupassen. Dies könnte sehr ernste Probleme heraufbeschwören, die zudem in einer Zeit, in der ohnehin äußerste Verwirrung und ungeheure Zerstörung herrschen, zu lösen wären. Diese Probleme sind besonders schwerwiegend im Falle jener Kernwaffen, die weit entfernt in Unterseebooten stationiert sind, weil diese Waffen ständig einsatzbereit sein müssen. In diesem Zusammenhang sei daran erinnert, daß Interkontinentalraketen 30 Minuten bis zum Ziel brauchen, während Kurzstreckenraketen in einer noch kürzeren Zeit, zwischen 5 und 7 Minuten, ihr Ziel erreichen. Aus diesen Gründen machen die Techniken zur schnellen Entdeckung und Identifizierung von Flugkörpern einen wichtigen Teil des technologischen Wettlaufs der Supermächte aus. Die im Weltraum stationierten Systeme sind für dieses Problem von besonderem Interesse.

100. Es gibt zahlreiche Satelliten, die für die Nachrichtenübertragung, Navigation und vor allem für die Überwachung internationaler Vereinbarungen wichtig sind. Diese letzteren, die in den SALT-I- und SALT-II-Abkommen genau festgelegt worden sind, haben von den Signatarmächten einen besonderen Status erhalten und genießen einen besonderen Schutz

gegen Störungen. Es gibt jedoch viele weitere nützliche Satelliten, die nicht zur Überwachung der SALT-Vereinbarungen eingesetzt sind und denen daher kein besonderer Schutz gegen Störungen oder gar Zerstörungen garantiert ist.

E. Strategische Trägersysteme

101. Lenksysteme sind heute so weit entwickelt, daß sich die Zielgenauigkeit von Interkontinentalraketen von einigen Kilometern in den 50er Jahren bis hin auf zuverlässig erreichbare 200 m (0,1 nautische Meilen) in der heutigen Zeit verbessert hat. Würde man die Raketen während des Abschusses (oder während des Endanfluges auf das Ziel) mit einer leistungsstarken Funklenkung versehen, könnte die Zielgenauigkeit erheblich über die gegenwärtige 200 m-Grenze hinaus erhöht werden, vielleicht bis zu einem Streukreisradius (CEP) von nur 50 m. Bei den notwendigen Vorbereitungsarbeiten vor dem Start und bei der Handhabbarkeit der Interkontinentalraketen (ICBM) hat es eine ähnliche Entwicklung gegeben. Die Flüssiggasraketen konnten nur mit Schwierigkeiten innerhalb von 10 Minuten abgefeuert werden, wohingegen mit lagerfähigen Flüssigkeiten aufgetankte Raketen und Feststoffraketen wenige Sekunden nach Empfang eines Befehls gestartet werden können.

102. Zu den in jüngster Zeit besonders häufig diskutierten Interkontinentalraketen gehört die mobile MX-Rakete. Im Juni 1979 ordnete der Präsident der Vereinigten Staaten an, diese Rakete bis zur Einsatzreife zu entwickeln. Sie soll 10 Mehrfachsprengköpfe (MIRV) tragen, die einen unter dem Megatonnen-Niveau liegenden Detonationswert und eine Reichweite von 11000 km haben. Hauptmerkmal dieser Rakete ist, daß sie sich in einer Hülse befindet, wobei Rakete und Behälter zusammen ungefähr 175 Tonnen wiegen. Für die MX-Rakete wählte man später eine Stationierungsmethode, die einer „Rennstrecke" („race-track") nachempfunden ist. Ein derartiges Stationierungssystem würde aus 200 „racetracks" bestehen, von denen jedes in einem Umkreis von 45 km mit 23 Bunkern und mit nur einer MX-Rakete auf einer transportablen Senkrechtstart-Lafette (transporter-erector-launcher, TEL) ausgerüstet ist. Ein „Täuschungsfahrzeug" („shield vehicle") würde jeden der 23 Bunker abwechselnd aufsuchen. Dieses Täuschungsfahrzeug würde entweder die Rakete und ihr TEL oder nur eine Attrappe befördern, so daß selbst scharfe

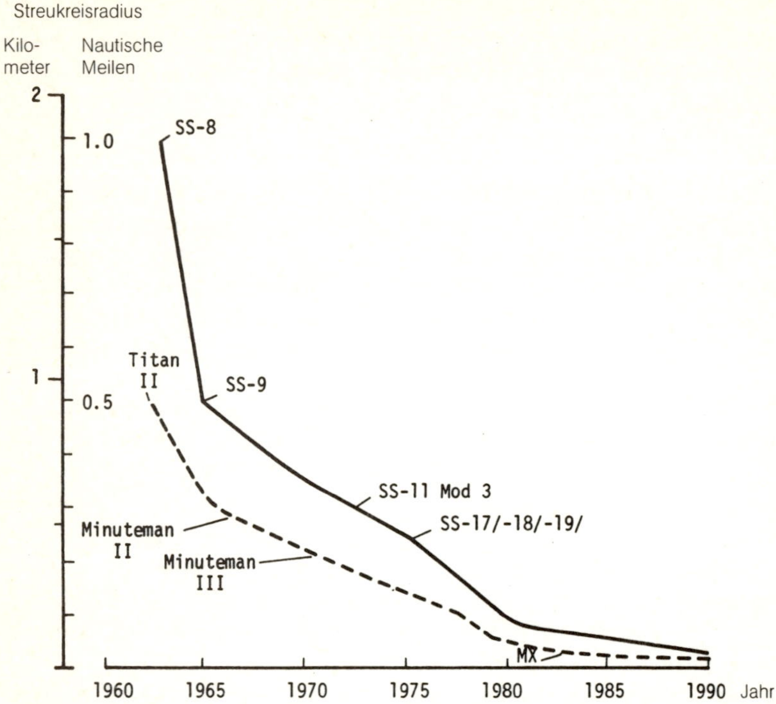

Abbildung 5. Tatsächliche und zukünftig mögliche Entwicklung der Zielgenauigkeit von Raketen

Geschätzte Entwicklung der Zielgenauigkeit von ballistischen Interkontinentalraketen 1960–1990. (Aus Gray, Colin S.: *The Future of Land-Based Missile Forces,* Adelphi Paper No. 140, International Institute of Strategic Studies, London 1978) Zu beachten ist, daß die geschätzten Angaben im Kurvendiagramm auf Prognosen aus dem Jahr 1977 zurückgehen. Die Kurvenverläufe geben daher nicht unbedingt die tatsächliche Entwicklung nach diesem Jahr wieder.

Beobachter nicht sagen könnten, in welchem Bunker sich die Rakete wirklich befindet. Ferner hätte der automatische TEL die Fähigkeit, sich auf eine entsprechende Warnung hin selbsttätig in Bewegung zu setzen. Wenn man also erfahren hätte, daß Interkontinentalraketen gegen MX-Raketen gestartet wurden, würden alle 200 TEL oder ein Teil von ihnen die Bunker rasch verlassen und die MX in anderen Bunkern verbergen. [Ende 1981 entschied die Reagan-Administration über ein deutlich reduziertes MX-Programm. Die ersten MX-Raketen sollen nun zunächst in Silos aufgestellt werden, die für Minuteman-Raketen gebaut wurden. Bis Juli 1983 soll die Entscheidung über die endgültige Form der Stationierung fallen. Anm. d. Übers.]

103. Schätzungen der für dieses System erforderlichen Ausgaben reichen von 30 bis 60 Milliarden US-Dollar und mehr, wovon nur etwa 3 Milliarden auf die eigentliche Beschaffung der Raketen entfallen. Es sind Stimmen laut geworden, die meinen, ein Waffensystem, dessen Stationierung 30 Milliarden US-Dollar oder mehr kostet, während die Beschaffung der Raketen „nur" 3 Milliarden erfordert, würde dazu anregen, die Zahl der Raketen in den gehärteten Silos um das Achtfache zu erhöhen und dabei die gesamten Kosten dieses Systems vielleicht nur um 50% zu erhöhen. Eine Supermacht, die eine derartige Stationierung erwägt, würde allerdings bei ihrem Gegner (und bei den Nationen der Welt) den Argwohn wecken, sie werde irgendwann sehr viel mehr Raketen und Kernsprengköpfe einsetzen, als ursprünglich für das System geplant waren. Dem Vernehmen nach will man daher Kontrollmöglichkeiten vorsehen, die es erlauben, die tatsächliche Zahl der Raketen in einem System festzustellen.

104. Die Entwicklung der sowjetischen Interkontinentalraketen war bis heute durch die Einführung vieler neuer Raketenmodelle in rascher Reihenfolge gekennzeichnet, wobei die meisten der älteren Modelle beibehalten wurden. Man nimmt an, daß alle älteren Raketen Sprengköpfe mit einem Detonationswert von einer Megatonne oder von mehreren Megatonnen tragen, während die in jüngster Zeit eingeführten Raketen bei einem geschätzten Streukreisradius (CEP) von 300 bis 400 m mit bis zu acht Wiedereintrittskörpern (re-entry vehicle, RV) bestückt sind, von denen jeder einen Detonationswert im oberen Kilotonnen-Bereich hat. Es zeigt sich also, daß die Sowjetunion ihre Kapazitäten in ähnlicher Richtung verbessert wie die Vereinigten Staaten, wobei allerdings die UdSSR im Vergleich zu den Vereinigten Staaten über eine größere Nutzlast zu verfügen scheint.

105. Die gegenwärtigen Tendenzen in der Entwicklung U-Boot-gestützter Raketen (submarine launched ballistic missile, SLBM) gehen nicht nur in Richtung neuer Raketen mit mehr Wiedereintrittskörpern und höherer Treffgenauigkeit – teilweise als Ergebnis verbesserter U-Boot-Navigationssysteme –, sondern ebenso in Richtung auf eine Modernisierung der

U-Boote, um sie geräuschärmer zu machen und ihnen eine größere Operationsweite zu verschaffen. Die Vereinigten Staaten beginnen damit, die Trident I-Raketen in Dienst zu stellen. Mit einer Reichweite von über 7000 km und einer größeren Nutzlast als die Poseidon-Raketen werden sie diese in den 31 Poseidon-U-Booten ersetzen. Die Trident I soll außerdem auf 10 Trident-U-Booten mit je 24 Abschußrohren stationiert werden, sobald diese Boote einsatzbereit sind. Großbritannien erwägt die Anschaffung von Trident I-Raketen sowie von modernen atomgetriebenen U-Booten, um seine 4 Polaris-U-Boote zu ersetzen. Frankreich baut gerade ein fünftes U-Boot für den Einsatz von SLBMs, das vermutlich den vier bereits vorhandenen Booten ähnlich sein wird. Die Programme für die technische Entwicklung der sowjetischen SLBMs sind nur wenig bekannt; jedoch wurden seit dem letzten Bericht der Vereinten Nationen mehrere neue Raketen in Dienst gestellt. Dazu gehören 64 SS-N-Raketen (Sowjetische Bezeichnung: RSM-50) mit 3 MIRVs und einem Detonationswert von etwa 200 KT.

106. Einzeln lenkbare Wiedereintrittskörper [manoeuvring re-entry vehicle, MaRV; üblicherweise als manoeuvrable RV, MARV, bezeichnet, Anm. d. Übers.] werden schon seit der Zeit vor dem SALT-I-Abkommen diskutiert. Die dafür erforderliche Technologie steht wahrscheinlich zur Verfügung, doch ist bis jetzt nicht bekannt, daß MARVs in Dienst gestellt wurden. Ursprünglich waren MARVs als Hilfe gedacht, um ein ABM-System (anti ballistic missile defense, Raketen zur Abwehr von Raketen) zu durchbrechen. Da die ABMs vertraglich untersagt sind, geht die Diskussion nun darum, MARVs dafür einzusetzen, die Treffgenauigkeit auf unbewegliche Ziele zu erhöhen, um bewegliche Ziele, wie etwa Schiffe oder Flugzeuge, anzugreifen oder um andere Arten von Verteidigungssystemen zu umgehen. [Im ABM-Vertrag, der Kernstück des aus mehreren Teilverträgen bestehenden SALT-I-Abkommens von 1972 ist, wurde die Zahl der ABM-Systeme auf je zwei für die USA und die UdSSR begrenzt; später wurde in einem zum Abschluß des Gipfeltreffens in Moskau am 3. 7. 74 unterzeichneten Protokoll die erlaubte Zahl von ABM-Systemen auf je eines pro Land vereinbart. Anm. d. Übers.]

107. Neben den MARVs gibt es weitere Einflughilfen. Dazu gehören eine erhebliche verbesserte Härtung der Kernwaffe oder des eigentlichen Wiedereintrittskörpers sowie der Einsatz von Attrappen, deren Radar- und Infrarot-Reflexe denen der wirklichen RVs ähnlich sind. Beispielsweise kann man Wiedereintrittskörper im Weltraum gegen Radarortung schüt-

zen, indem man jeden RV mit einem aufgeblasenen Ballon aus aluminierter Außenhaut umgibt und gleiche (leere) Ballons als Attrappe verwendet.

108. Eine wichtige Entwicklung beim Kernwaffeneinsatz mit Flugzeugen zeichnet sich bei den geplanten Flugzeug-gestützten Langstrecken-Marschflugkörpern ab (long-range, air-launched cruise missile, ALCM). Die Vereinigten Staaten wollen zum Beispiel ihre B-52 Bomber mit 2400 km weit reichenden ALCMs ausrüsten und etwa 3000 ALCMs mit einem Detonationswert im Bereich von 200 KT einführen. Weil ein ALCM sehr viel kleiner ist als das Flugzeug selbst, kann es durch Radar, durch Infrarot-Geräte und mit anderen Aufklärungsmitteln nur schwer entdeckt werden. Seiner geringen Größe wegen würde es durch Abwehrwaffen wie Kanonen, Fliegerabwehrraketen und dergleichen weniger verwundbar sein. Weil ein ALCM in sehr niedrigen Höhen fliegen kann, wäre es darüberhinaus schwer zu orten und anzugreifen. Weil schließlich die gegnerische Abwehr 20 ALCMs statt eines anfliegenden Bombers zu bekämpfen hätte, wären mehr Boden-Luft-Raketen (surface to air missile, SAM) und größere Anstrengungen in der Luftverteidigung erforderlich als es bei einem lediglich verbesserten Bomber der Fall wäre.

109. Das SALT-II-Abkommen zwischen den Vereinigten Staaten und der UdSSR (vgl. auch Kapitel VII) schreibt beiden Länder bei der Stationierung offensiver Systeme zahlenmäßig nahezu gleiche Begrenzungen vor. Das Abkommen hätte [würde es ratifiziert werden, Anm. d. Übers.] ferner einigen Einfluß auf die weitere Entwicklung der Waffentechnologie, weil es bei ICBMs, SLBMs und ASBMs nur noch soviele Wiedereintrittskörper erlaubt, wie in den Waffentests vorgesehen waren. Dies ist als eine wichtige Bestimmung des Abkommens zu werten, weil damit die weitere „vertikale" Verbreitung von Nuklearsprengköpfen [vertikale Proliferation; Vermehrung der Anzahl der Sprengköpfe bei den Nuklearmächten, Anm. d. Übers.] begrenzt würde. Zusätzlich würde das Abkommen neue schwere Interkontinentalraketen verbieten und auch eine sonstige Verbesserung dieser Raketen begrenzen, indem es beiden Seiten nur noch gestattet, mit je einem neuen Modell einer leichten Interkontinentalrakete Testflüge durchzuführen und es in den Dienst zu stellen. Jedoch würden qualitative Verbesserungen von SLBMs keiner Beschränkung unterliegen.

110. Die Sowjetunion müßte 254 strategische Waffenträger verschrotten, um die Obergrenze einzuhalten. Die Vereinigten Staaten bewegen sich derzeit innerhalb der von SALT-II gezogenen Höchstgrenzen. Trotzdem setzen beide Seiten ihre Modernisierungsprogramme fort. Das Abkommen

würde den sowjetischen Streitkräften im Jahre 1985 6200 Sprengköpfe für Interkontinentalraketen (ICBM), sowie 2000–3000 Sprengköpfe für U-Boot-gestützte Raketen (SLBM) erlauben. Zur gleichen Zeit wären den Vereinigten Staaten 2100 Sprengköpfe für Interkontinentalraketen, 6300 für U-Boot-gestützte Raketen und vielleicht 3000 Sprengköpfe für Flugzeug-gestützte Marschflugkörper (ALCM) gestattet.

111. Zur Zeit ist nicht abzusehen, in welche Richtung die strategischen Streitkräfte sich langfristig entwickeln werden. Einige Experten meinen zum Beispiel, daß sich jene technischen Bedingungen geändert haben könnten, welche die Supermächte dazu veranlaßt haben, große U-Boote zu bevorzugen. Denn man kann jetzt Flugkörper konstruieren, die nicht von einem Jahr zum anderen gewartet werden müssen. Darüberhinaus bedeutet der Einsatz von Satelliten-Navigationssystemen sowie die Möglichkeit, diese direkt an die Lenkcomputer der Flugkörper zu koppeln, daß selbst kleine Flugkörper (in die keine schweren Lenksysteme eingebaut werden können) in hohem Maße treffgenau sein können und daß ihre Trägheitsnavigationssysteme nicht mehr so teuer zu sein brauchen wie früher. Um sich der Vorteile dieser Entwicklungen zu bedienen, befürworten einige Experten den Bau kleiner U-Boote, von denen jedes zwei oder vier Flugkörper in hermetisch geschlossenen Behältern mit sich führen soll, die außerhalb des U-Boot-Druckkörpers angebracht sind.

F. Strategische Abwehrmaßnahmen und Abwehrsysteme

112. Will man versuchen, der Bedrohung durch strategische Waffen zu begegnen, bietet sich als direktester Weg eine passive Verteidigung an, indem man gefährdete Objekte härtet. Die Raketensilos in der Sowjetunion und in den Vereinigten Staaten wurden nach und nach gegen einen Überdruck gehärtet, der schätzungsweise bei einem Niveau von über 100 Atmosphären liegt, womit vermutlich im praktisch Anwendbaren die Grenze für derartige Schutzeinrichtungen erreicht ist. Bestimmte Kommando- und Führungsstellen dürften Härtungen im Bereich von 200 Atmosphären (fast 3000 pounds per square inch, PSI) aufweisen. Jedoch bliebe jede derartige Schutzeinrichtung bei einem Volltreffer verwundbar, es sei denn, sie läge so tief unter der Erdoberfläche, daß die von einem unmittelbar darüber entstehenden Krater ausgehenden Störungen nicht genug Bewegungen und Verwerfungen des Erdreichs verursachen würden,

um die Schutzanlage zu zerstören. Wahrscheinlich sind dafür Tiefen im Bereich von 2 km erforderlich; allerdings sind keine Anlagen oder Pläne dafür bekannt, die sich einer derartigen Super-Härtung bedienen.

113. Es ist praktisch unmöglich, der nuklearen Bedrohung ziviler Ziele zu begegnen oder sie völlig auszuschalten, indem man genügenden Schutzraum für die Bevölkerung bereitstellt und Industrieanlagen härtet. Dieses Problem wird ausführlicher in Kapitel IV behandelt.

114. Das Problem einer aktiven Verteidigung gegen Kernwaffen besteht vor allem darin, angreifende Waffen zu entdecken, ihre Positionen so genau zu bestimmen, daß gegen sie Abwehrwaffen eingesetzt werden können und genügend viele Verteidigungswaffen bereitzustellen, die einem Angriff begegnen können.

115. Grundsätzlich kann man dieser Sachlage entsprechen, indem man die Waffensysteme mobil macht. Man darf davon ausgehen, daß dies in der zukünftigen Entwicklung von ballistischen Raketensystemen eine größere Rolle spielen wird.

116. Wie schon früher angemerkt, verbietet der SALT-I-Vertrag zwischen den Vereinigten Staaten und der UdSSR tatsächlich eine ausgedehnte Stationierung eines Raketenabwehrsystems auf unbegrenzte Zeit. Darüberhinaus untersagt er insbesondere mobile Abwehrraketen, einschließlich jener, die im Weltraum stationiert werden könnten.

117. Auf der anderen Seite haben die beteiligten technischen Faktoren in vielen Fällen gemeinsam dazu geführt, daß Kernwaffen in der Verteidigung weniger wirkungsvoll sind als nicht-nukleare Waffen. Müßte man zum Beispiel einen Angriff abwehren, wenn die Flugkörper bereits unterwegs sind, stünde man vor der äußerst schwierigen Aufgabe, Tausende von einzelnen Wiedereintrittskörpern zerstören zu müssen. Mit einem Einsatz von Kernwaffen ist dies praktisch unmöglich. Militärische Planer beschäftigen sich daher mit weiteren Abwehrmethoden, zu denen unter anderem hochenergetische Laserstrahlen und Strahlen neutraler Teilchen [zum Beispiel Neutronenstrahlen, Anm. d. Übers.] gehören. Diese müßten im Weltraum stationiert werden, entweder in einer erdnahen oder in einer synchronen Umlaufbahn, so daß der Strahl innerhalb der wenigen für die Zerstörung zur Verfügung stehenden Minuten auf die Vielzahl der Ziele gerichtet werden kann. In jedem Fall hätte man viele hundert Ziele innerhalb von wenigen hundert Sekunden zu vernichten.

118. Laserstrahlen können die Außenhaut eines Flugkörpers im Weltraum beschädigen, während energetische Partikelstrahlen tief in den Flug-

körper eindringen, die Elektronik stören und spaltbares Material zum Schmelzen bringen können. Es ist jedoch eine offene Frage, ob man in den wenigen Minuten, die für die Bekämpfung Hunderter von offensiven Waffen zur Verfügung stehen, genügend Energie bereitstellen kann, um Wiedereintrittskörper oder Trägerraketen zu beschädigen. Ein solches Vorhaben würde außerdem ein ganzes System von Einrichtungen zur Warnung, Lagebeurteilung, Zielerfassung, zur Führung und Befehlsgebung, zur Energieversorgung und dgl. erfordern. Zudem müßte man beim Betreiben dieser Einrichtungen immer damit rechnen, höchstwahrscheinlich angegriffen zu werden.

119. Sowohl Laserstrahlen als auch energetische Partikelstrahlen befinden sich gegenwärtig erst in einem frühen Forschungsstadium. Es sind jedoch starke Zweifel laut geworden, ob irgendeine dieser Techniken je für eine brauchbare Verteidigung gegen Raketen von Nutzen sein wird.

120. In den letzten 15 Jahren haben sich die Qualität und die Verwendbarkeit von Flugabwehrsystemen in großem Maße verbessert. Dies betrifft sowohl Boden-Luft-Raketensysteme (surface-to-air missile, SAM) als auch Jagdflugzeuge, die mit Luft-Luft-Raketen (air-to-air-missile, AAM) bewaffnet sind. In beiden Fällen werden die Raketen mit Hilfe von Infrarot- oder Radarstrahlen an das Ziel herangeführt, wobei einige über ein eigenes aktives Radar, andere lediglich über Detektoren verfügen, mit denen sie die Radarreflexe des Zieles aufnehmen, die entweder von einem Ortungsstrahl einer Bodenstation oder vom angreifenden Flugzeug selbst ausgesandt werden.

121. Die Frage, ob diese neuen Systeme kernwaffentragende Flugzeuge abwehren können, läßt sich nur im Zusammenhang mit der Zahl der noch beherrschbaren Angreifer und mit der Zahl der darauf anzusetzenden Abwehrwaffen beantworten. Es wäre recht schwierig, ein Luftverteidigungssystem zu unterhalten, das in der Lage ist, die geplanten 3000 ALCMs der Vereinigten Staaten abzuwehren, wenn sie gegen Industrieziele in der Sowjetunion gerichtet sind. Es wäre dagegen eine viel leichtere Aufgabe, sich gegen bemannte Bomber zur Wehr zu setzen, wenn sie die Gebiete überfliegen und angreifen, in denen sich die Startanlagen der Interkontinentalraketen befinden.

122. U-Boote mit SLBMs an Bord sind im Hafen äußerst verletzbar. Gefährdet sind sie ferner, wenn die offene See systematisch abgesucht und wenn geortete Boote systematisch verfolgt werden. Man stelle sich zum Beispiel den nicht ungewöhnlichen Fall vor, daß sich 3 U-Boote gleichzeitig

in einem bestimmten Hafen aufhalten mit je 16 Raketen an Bord, jede davon mit 10 MIRVs bestückt. Diese 480 Sprengköpfe könnten durch eine einzige Megatonnenbombe zerstört werden – was einem Austauschverhältnis von 480 Gefechtsköpfen gegen einen gleichkäme. Auf offener See bleiben U-Boote dagegen weitgehend unverwundbar trotz sehr hoher jährlicher Ausgaben für die Erforschung und Entwicklung neuer U-Boot-Abwehrtechniken (ASW). Dies ist hauptsächlich auf die Schwierigkeiten zurückzuführen, U-Boote aufzuspüren und ihre Position zu bestimmen.

123. Wie bereits erwähnt, dürften Satelliten für navigatorische Aufgaben und andere Zwecke noch wichtiger werden und daher im Falle eines Konfliktes zwischen den Supermächten in zunehmendem Maße Objekt feindlicher Angriffe werden. Systeme, die Satelliten direkt zerstören oder mit ihnen zusammenstoßen sollen, können entweder auf das Ziel geschossen werden oder von einer Erdumlaufbahn aus eingesetzt werden. Direkt gezielte Systeme erfordern viel weniger Antriebskraft, setzen aber sehr genaue Zeitabstimmung und Lenkung voraus, weil die Geschwindigkeit, in der die Laufbahn des Geschosses die des Satelliten kreuzt, 10 km pro Sekunde betragen kann. Systeme in der Erdumlaufbahn lassen viel mehr Zeit. Sie arbeiten mit einer Mehrstufenrakete, die sich auf der gleichen Umlaufbahn wie der Zielsatellit bewegt und an diesen heranmanövriert wird, um ihn zu zerstören.

124. Man könnte sich auch den Einsatz von Lasern vorstellen, die von der Erde aus mit großen Teleskopspiegeln Strahlungsenergie auf Satelliten richten, die in niedrigen Erdumlaufbahnen die Laserstellungen überfliegen. Es ist durchaus vorstellbar, daß man von der Erde aus mit Laserstrahlen die Sensoren in Satelliten beschädigen kann, obwohl die Voraussetzungen für einen Treffer schwer zu erfüllen sind. Denn die notwendige Bestrahlungszeit ist lang (viele Sekunden), und man muß vielleicht mehrere Tage warten, bis sich die Laserstellung innerhalb einer Entfernung von wenigen hundert Kilometern zu der Bahn des Satelliten befindet.

125. Die Sowjetunion hat bereits ein Anti-Satelliten-System (ASAT), das in einer erdnahen Umlaufbahn operiert, getestet und vorgeführt. Es handelt sich um ein nicht-nukleares System, bei dem ein Killersatellit den Zielsatelliten treffen und zerstören soll. Die Vereinigten Staaten haben ein Programm zur Herstellung von Anti-Satelliten-Systemen gestartet. Daneben setzen die Vereinigten Staaten und die UdSSR ihre Gespräche fort mit dem Ziel, die Satellitenbekämpfung zu verbieten oder unter Kontrolle zu halten.

126. Seit Funk und Elektronik für die Kriegführung eingesetzt werden, sind auch elektronische Gegenmaßnahmen wichtig, die etwa Radar täuschen oder Funkverbindungen stören sollen. Viele der hierbei möglichen Aktionen werden als Geheimnis unter Verschluß gehalten. Es ist jedoch bekannt, daß in vielen Fällen Nachrichtenverbindungen unbrauchbar gemacht werden können, wenn man nur genügend Störkraft auf die Empfangsantenne konzentriert.

127. Es ist ebenfalls möglich, die Führungs-, Befehlsgebungs- und Fernmeldesysteme zu Kernwaffen zu stören oder zu unterbrechen sowie Flugabwehr- und Satellitenabwehrsysteme funktionsunfähig zu machen. Man kann in diesem Zusammenhang lediglich darauf hinweisen, wie wenig gesichert es ist, daß elektronische Gegenmaßnahmen die Treffgenauigkeit der Systeme beeinträchtigen können und daß Gegen-Gegenmaßnahmen ihrerseits Gegenmaßnahmen unwirksam machen können.

G. Systeme zur Entdeckung und Identifizierung von Zielen

128. Systeme zur Entdeckung und Identifizierung von Zielen sind nur von Nutzen, wenn man aufgrund ihrer Warnungen und ihres Lagebildes reagieren und aktive oder passive Abwehrmaßnahmen auslösen kann, etwa um Waffen und andere Zielobjekte aus ungeschützten in weniger verwundbare Stellungen zu verlegen, um auf die Warnung hin Waffen abzufeuern, die andernfalls zerstört werden könnten, und um die Herkunft und den Verantwortlichen eines Angriffes festzustellen. Dabei ist besonders darauf hinzuweisen, wie wenig Zeit für alle diese Maßnahmen tatsächlich zur Verfügung steht.

129. Landgestützte Systeme, die im Zielgebiet eines Angriffs stationiert sind, haben einem Angriff durch Interkontinentalraketen wenig entgegenzusetzen. In vorderster Linie eingesetzte Systeme wie das Raketen-Frühwarnsystem BMEWS (ballistic missile early-warning system) ermöglichen ebenso wie die hoch leistungsfähigen Frühwarn-Radaranlagen der Sowjetunion eine Vorwarnzeit von 15 Minuten. Ganz allgemein sind die Aufgaben, einfliegende Flugkörper zu entdecken, zu identifizieren und ihren Kurs zu verfolgen, einerseits auf Satelliten verteilt, die den Start von Raketen vor allem mit Infrarot-Sensoren orten, und andererseits auf verschiedenartige luft- oder landgestützte Radargeräte, welche die Flugbahnrichtung der Raketen verfolgen.

130. In ähnlicher Weise können die „PAVE PAWS" Küstenradarstellungen in den Vereinigten Staaten den Einschlag von Raketen, die vom Atlantik aus gestartet werden, mindestens 5 Minuten vorher melden. Das sogenannte OTH-Radar (over the horizon radar, Überhorizont-Radar), das die Reflexion elektromagnetischer Wellen von Schichten der Ionosphäre ausnutzt, könnte möglicherweise Raketen und auch tieffliegende Flugzeuge oder Marschflugkörper auf sehr weite Entfernungen ausmachen, allerdings mit geringer Genauigkeit. Vermutlich werden gegenwärtig unterschiedliche Typen von OTH-Radarsystemen betrieben. Die gegenwärtig eingesetzten bodengestützten Radargeräte der Luftverteidigung können in den eigenen Luftraum eindringende Flugzeuge feststellen und entsprechende Flugabwehrmaßnahmen auslösen. Fliegende und weltraumgestützte Warnsysteme sind allerdings leistungsfähiger.

131. Es ist allgemein bekannt, daß es Satellitensysteme in hohen Erdumlaufbahnen gibt, deren hauptsächliche Aufgabe darin besteht, Massenangriffe mit Interkontinentalraketen (ICBM) und mit U-Boot gestützten Raketen (SLBM) aufzuspüren und zu melden. Diese Satelliten arbeiten mit einem gegen Infrarotstrahlen empfindlichen Detektor, der die Flugbahnen von Raketen schon in der Startphase ermitteln und melden soll, die an der vom Raketentriebwerk ausgehenden Hunderte von Kilowatt starken Infrarotstrahlung erkennbar ist. Die Beobachtung derartiger Angriffe muß vom Satelliten an Bodenstationen übermittelt und von dort zu den nationalen Kommandostellen weitergegeben werden. Wenn ein Gegner ICBMs und SLBMs abschießt, wird er vermutlich gleichzeitig versuchen, die Nachrichtenverbindungen zwischen dem auf die Infrarot-Strahlung angesetzten Satelliten und der Bodenstation zu unterbrechen. Daher muß sich ein derartiges System auf die Verteidigung gegen Störungsmaßnahmen und gegen einen physischen Angriff auf die Bodenstation einrichten.

132. An dieser Stelle sollte darauf hingewiesen werden, daß man sich in den letzten Jahren besonders intensiv um nationale technische Vorkehrungen bemüht hat, um die in den SALT-Verträgen zwischen den Vereinigten Staaten und der UdSSR getroffenen Vereinbarungen zu überwachen. Zu diesen Maßnahmen zählen unterschiedliche Typen von Beobachtungssatelliten (einschließlich Satelliten mit photografischer Ausrüstung), die Startgeräte für Flugkörper aufspüren, identifizieren und zählen, im Bau befindliche U-Boote beobachten können usw. Weil man mit dem SALT-II-Vertrag verschiedene qualitative Eigenschaften strategischer Kräfte kontrollieren will, müssen zu den nationalen technischen Mitteln ebenfalls

boden- und weltraumgestützte Sensoren gehören, die zum Beispiel helfen, die Menge von Flugkörpern und die Anzahl von MIRVs festzustellen.

133. Fliegende Systeme werden vor allem benutzt, um feindliche Bomber und Marschflugkörper aufzuspüren und zu identifizieren. Seit über zehn Jahren ist es möglich, mit Hilfe fliegender Radarsysteme Flugzeuge über Wasser auszumachen, aber erst seit wenigen Jahren kann man mit diesen Radarsystemen Flugzeuge auch auf dem Hintergrund der verwirrend vielfältigen Landflächen orten. Das in dieser Hinsicht am weitesten entwickelte System ist das sogenannte AWACS-Flugzeug der Vereinigten Staaten [airborne (early) warning and control system, luftgestütztes (Früh-) Warn- und Führungssystem, Anm. d. Übers.] Es ist ein umgerüstetes Zivildüsenflugzeug, das ein großes Mikrowellen-Radar trägt und über Leit- und Kontrolleinrichtungen verfügt. Im Prinzip kann ein AWACS aus 12000 m Höhe selbst niedrig fliegende Flugzeuge bis auf eine Entfernung von 400 km ausmachen; es kann Abfangjäger darauf ansetzen und feststellen, ob abgefeuerte Raketen ein eindringendes Flugzeug zerstört haben, usw. Um aber Bomber mit Kernwaffen an Bord oder Träger von Marschflugkörpern wirksam zu orten und zu identifizieren, würde man viele dieser Flugzeuge gleichzeitig einsetzen müssen

134. Es gibt seegestützte Systeme mit systematisch auf dem Meeresboden verteilten akustischen Detektoren, die vorbeifahrende U-Boote registrieren, jedoch ist öffentlich nicht viel über deren Leistungsfähigkeit bekannt. Doch bauen sowohl die Sowjetunion als auch die Vereinigten Staaten weiterhin U-Boote mit SLBMs an Bord und stellen diese in Dienst. Wenn sie nicht weiterhin darauf vertrauten, daß SLBMs in einem Nuklearkrieg einsatzfähig bleiben, würden sie dies nicht tun. Beide Seiten bemühen sich in intensiver Forschungsarbeit trotzdem darum, mit SLBMs ausgerüstete U-Boote orten zu können, aber auch darum, zu verhindern, daß die jeweils andere Seite die Fähigkeit erlangt, die eigene SLBM-Flotte zu gefährden. Fortgesetzt werden ebenfalls Untersuchungen über nicht-akustische Techniken, die sich Störungen von Magnetfeldern und des Wasserdrucks zunutze machen und dgl.

135. Die Technologie der U-Boot-Abwehr (anti-submarine warfare, ASW) hat zusehends Fortschritte gemacht. In erster Linie gehen sie zurück auf eine passive akustische Ortung des vom U-Boot ausgehenden Geräusches. Man bedient sich dabei der Hilfe von Unterwasserhorchgeräten, die entweder auf dem Meeresboden liegen oder an Sonarbojen vom Flugzeug abgeworfen werden. Sie können ebenso mit Sonaren an Überwasserschif-

fen oder an U-Booten montiert sein oder von diesen geschleppt werden. Die verbesserte U-Boot-Abwehr geht auf Fortschritte in der Elektronik und in der Informationsverarbeitung zurück und wird nur teilweise durch die Programme kompensiert, geräuscharme U-Boote zu bauen. In ähnlicher Weise hat der Einsatz moderner Wissenschaften auch die Leistungsfähigkeit von Magnetometern derart verbessert, daß U-Boote auf Entfernungen von nahezu einem Kilometer geortet werden können. Alle diese Möglichkeiten nützen jedoch eher der taktischen U-Boot-Abwehr, hingegen weniger, wenn eine große strategische SLBM-Flotte bei kurzer Vorwarnzeit zu jagen und zu bekämpfen ist.

136. Bis zum gegenwärtigen Zeitpunkt scheint man noch keine wirksame Ortungstechnik gefunden zu haben, die der SLBM-Flotte gefährlich werden könnte. Wenn eine derartige Technik entdeckt würde, könnte man zudem in den meisten Fällen Gegenmaßnahmen ergreifen. Zum Beispiel könnte man eine akustische Ortungstechnik ausschalten, indem man eine große Menge von Geräuschquellen im Meer verteilt, entweder um den Geräuschpegel zu heben oder um die Anwesenheit von U-Booten vorzutäuschen. In Kriegszeiten etwa könnte man die Geräuschechos von Kernexplosionen in den Meeresbecken benutzen, um für eine Reihe von Tagen die Anwesenheit strategischer U-Boote zu tarnen.

H. Regionale Nuklearstreitkräfte

137. Auch die mit Mittelstreckenraketen vom Typ IRBM (intermediate range ballistic missile) und MRBM (medium-range-ballistic missile, vgl. Absatz 41 oben) ausgerüsteten Kräfte werden ständig weiterentwickelt. Die UdSSR hat ihre Mittelstreckenraketen SS-20 mit je drei MIRVs ausgerüstet und auf mobile Lafetten montiert. Im Jahre 1979 faßte die NATO den grundsätzlichen Entschluß, die Pershing-Rakete wie auch den bodengestützten Marschflugkörper (ground-launched cruise missile, GLCM) weiterzuentwickeln und in die Truppe einzuführen. Sowohl die ershing als auch die GLCM hofft man effektiver zu machen, indem man sie auf mobile Lafetten montiert und so die Gefahr ihrer Entdeckung verringert und ihre Reichweite vergrößert.

138. Generell gesprochen dürften sich aerodynamische Flugkörper von unterschiedlicher Größe, mit unterschiedlichen Reichweiten und Stationierungsmethoden auf dem Gebiet der Kernwaffen für den Kriegsschauplatz

(TNF) weiter sehr stark ausbreiten, wenn diese Entwicklung nicht kontrolliert wird. Es gibt bereits viele seegestützte aerodynamische Flugkörper, hauptsächlich für konventionelle Angriffe auf Schiffe, die jedoch ebensogut für einen nuklearen Angriff auf Landziele verwendet werden können. Nicht nur die Vereinigten Staaten und die UdSSR, sondern auch Frankreich, Israel und andere Länder verfügen über derartige seegestützte Marschflugkörper.

140. Es gibt Anzeichen dafür, daß mit der Einführung hochwirksamer, präzise gelenkter konventioneller Flugkörper und anderer präzisionsgelenkter Waffen [„smart weapons"; meist als PGM, precision guided munition, bezeichnet; Anm. d. Übers.] in Zukunft bei führenden Militärs die Option für den Einsatz taktischer Kernwaffen weniger attraktiv sein dürfte. Umgekehrt könnte der Einbau kleiner Kernsprengköpfe in präzise gelenkte Trägersysteme die Wirksamkeit einer mit selektiven Nuklearschlägen („surgical" nuklear strikes) gegen Feldbefestigungen und ähnliche Ziele geführten Auseinandersetzung erhöhen.

141. In einer Welt, die Kernwaffen weiterverbreitet, wird sich eine Nation mit nur wenig Kernwaffen wahrscheinlich eine begrenzte Anzahl von Flugzeugen halten, die bei bescheidener Leistungsfähigkeit als Waffenträger dienen können. Diese Flugzeuge wären jedoch schon vor dem Start und im Anflug auf Ziele im feindlichen Luftraum dem Risiko eines ungeschützten Angriffs ausgesetzt. Eine hauptsächlich auf Flugzeuge gestützte Kernwaffenstreitmacht mit Fliegerbomben und einfachen Flugkörpern dürfte daher keine sehr stabile Abschreckung gewährleisten.

IV. Wirkungen des Einsatzes von Kernwaffen

142. Kernwaffen sind Massenvernichtungswaffen. Ihre verschiedenartigen Wirkungen können weite Gebiete abdecken, und die Zerstörung eines geplanten Zieles, sei es militärischer oder ziviler Art, kann durch die Wahl der Waffengröße und des Detonationspunktes in jedem gewünschten Umfang vorgenommen werden. Daher gibt es letztlich weder ein Ziel, das stark genug wäre, den intensiven Wirkungen der Kernwaffen zu widerstehen, noch gibt es eine wirksame Verteidigung gegen einen gezielten atomaren Angriff. Falls es überhaupt einen wirksamen Schutz in einem Nuklearkrieg geben kann, so nur dann, wenn die Stärke des Angriffs begrenzt ist. Insofern ist die Menschheit mit *der* absoluten Waffe konfrontiert.

143. Gleichzeitig ist es gerade die Gewalt der Wirkungen von Kernsprengköpfen, die es schwierig macht, sie als Kriegswaffen im traditionellen Sinne einzusetzen. In der Tat gibt es heute Kernwaffen im Megatonnenbereich, von denen jede einzelne mehr Energie freisetzt als alle seit der Erfindung des Schießpulvers vorhandenen konventionellen Explosivmittel zusammengenommen. Falls diese enorme Kraft jemals zum Einsatz käme, wären die Folgen im Hinblick auf menschliche Verluste und materielle Zerstörung tatsächlich unvorstellbar. Zahlen und grobe Schätzungen können zwar gegeben werden, wie es auch im Folgenden geschieht. Es gibt jedoch eine – wenn auch nicht genau bestimmbare – Grenze, jenseits derer solche Daten keinen Sinn mehr haben als den eines kategorischen Imperativs, daß ein Nuklearkrieg niemals stattfinden darf.

144. Die Folgen des Einsatzes von Kernwaffen sind noch lange nicht vollständig bekannt. Zwar hat es zahlreiche Atomversuche gegeben, die grundlegende physikalische Erkenntnisse über die Explosionen ermöglichten. Aber im Krieg wurden derartige Waffen bislang nur zweimal eingesetzt – am 6. August 1945 in Hiroshima und am 9. August 1945 in Nagasaki. Die Ergebnisse dieser (Kern-)Explosionen sind zwar mit großer Sorgfalt untersucht worden, insbesondere im Hinblick auf die Zahl der Toten und Verletzten. Dennoch werden in den verschiedenen Quellen voneinander stark abweichende Daten genannt, wie weiter unten gezeigt wird.

145. Weiterhin würde jegliche Einschätzung einer zukünftigen hypothetischen Situation auf der Basis der japanischen Daten nur eine Interpre-

tation und manchmal eine Extrapolation sein. Denn das heutige Arsenal enthält Bomben, die tausendmal wirkungsvoller als die beiden in Japan verwendeten sind, aber auch kleinere und teilweise spezialisierte (vgl. Kap. II). So gibt es Ungewißheiten schon im Hinblick auf eine einzige Explosion.

146. Es ist eine wohlbekannte Tatsache, daß die Detonation einer Kernwaffe verschiedene Schäden hervorruft, die Folgen ihrer unterschiedlichen Wirkungen sind: die gewaltige Druckwelle, die äußerst hohe Hitzestrahlung, sowie die Kernstrahlungen, die sowohl vom Feuerball wie auch vom radioaktiven Niederschlag ausgehen. Auch entsteht ein elektromagnetischer Impuls, der sich nicht unmittelbar schädigend auf Lebewesen auswirkt. Die Ausdehnung des betroffenen Gebietes, die Vernichtungskraft der einzelnen Wirkungsweisen – absolut und im Verhältnis zueinander betrachtet – sowie das Ausmaß der von ihnen verursachten Schäden hängen stark von dem Detonationswert, aber auch von einer Reihe weiterer Faktoren ab, die spezifisch für die jeweilige Situation sind. Zu ihnen zählen die Detonationshöhe über dem Boden, die Wetterbedingungen (besonders bei Detonationen dicht über dem Boden), die Windgeschwindigkeit und selbstverständlich auch die Art des Ziels. Schließlich hat auch die Konstruktionsart des Sprengkörpers Einfluß auf die Folgen.

147. Sollte jemals eine große Zahl von Kernwaffen eingesetzt werden, dann würde die Gesamtwirkung weit komplexer sein als die Summe der Einzel-Einsätze. Dies ergibt sich zum Teil aus den unmittelbaren physikalischen Wechselwirkungen, so zum Beispiel zwischen dem Elektrizitätsnetz und anderen Versorgungsnetzen. Doch die bedeutsamste zusätzliche Ungewißheit betrifft die gesamten gesellschaftlichen, wirtschaftlichen und politischen Folgen plötzlich eintretender, ausgedehnter Verwüstungen, die ein Nuklearkrieg mit sich bringt. Die folgenden Ausführungen sollten deshalb lediglich als wahrscheinliche Anhaltspunkte über das ungeheure Ausmaß der Auswirkungen eines Nuklearkrieges betrachtet werden.

148. Die Darstellung wird eingeleitet mit einem kurzen Überblick über die physikalischen Wirkungen einer Kernwaffen-Detonation, die ausführlicher in Anhang I behandelt werden. Um möglichst wenig abstrakt zu sein, werden einige Zahlen für Detonationswerte genannt, die denen der Bomben entsprechen, die gegen Japan eingesetzt wurden. Danach folgen einige Beispiele, die die Wirkungen erläutern, die bei einem Einsatz gegen Städte von Sprengkörpern mit höherem Detonationswert zu erwarten sind.

149. In den Abschnitten B und C dieses Kapitels wird die Vernichtungs-

gewalt von Kernwaffen innerhalb verschiedener Kriegsszenarios dargestellt. Abschnitt B behandelt einen begrenzten Kernwaffenangriff. Zunächst werden einige eher theoretische Fälle von Kernwaffen-Konflikten zwischen Kernwaffenstaaten [KWS] dargestellt, dann die möglichen Folgen eines Kernwaffen-Angriffs auf einen Staat, der über diese Waffen nicht verfügt [Nicht-Kernwaffenstaat – NKWS]. In Abschnitt C wird – anhand eines vereinfachten Beispiels – versucht, die Konsequenzen zu analysieren, die sich aus einem Konflikt der Supermächte ergeben würden, wenn diese die für einen Kriegsschauplatz vorgesehenen Nuklearwaffen in vollem Umfang einsetzten. [Im Originaltext „theatre nuclear weapons". Die Übersetzung „Gefechtsfeldwaffen" wäre im weiteren Verlauf des Textes nicht in jedem Fall zutreffend. Deshalb werden Umschreibungen gewählt, die den Tatbestand genauer erläutern. Anm. d. Übers.] Abschnitt D, der die umfangreiche amerikanische Literatur zu diesem Thema heranzieht, behandelt in gedrängter Form die Möglichkeit von Gegenschlägen innerhalb eines nuklearen Schlagabtausches der Supermächte. Dieser Abschnitt weist jedoch auch auf die weltweiten Konsequenzen hin, einschließlich der gesellschaftlichen und wirtschaftlichen Folgen, die sich aus einem unbegrenzt geführten Nuklearkrieg ergeben könnten. In einigen dieser Beiträge wird auf verschiedene Schutzmaßnahmen hingewiesen, vornehmlich auf den Zivil-Schutz. Dieser Gegenstand wird eingehender am Ende des Kapitels behandelt (Abschnitt G).

A. Wirkungen einer einzelnen Kernwaffen-Detonation

Sprengkörper von mittlerem Detonationswert

150. Wenn ein Kernsprengkörper über dem Boden gezündet wird, ist die erste wahrnehmbare Wirkung ein blendender, grell weißer Lichtblitz. Er ist stark genug, um Beobachter, die sich viele Kilometer vom Detonationsort entfernt aufhalten, vorübergehend blind zu machen oder stark zu blenden. Der allgemeine Eindruck ist der, daß der gesamte Himmel „strahlend" aufleuchtet. Das Licht wird von der Oberfläche des „Feuerballs" abgestrahlt, einem grob kugelförmigem Gebilde aus sehr heißer Luft (die Temperatur liegt in der Größenordnung von 10 Millionen Grad Celsius) und aus Rückständen des Sprengkörpers. Der Feuerball bildet sich schnell um den detonierten Sprengkörper und wächst ständig, bis er einen maximalen Durchmesser erreicht, der vom Detonationswert abhängt. Bei einer

Kernwaffe mit einem Detonationswert von 10 bis 20 KT, das entspricht den KT-Werten der Hiroshima- und der Nagasaki-Bomben, beträgt der Radius maximal annähernd 200 m; er wird innerhalb von einer Sekunde erreicht. Während dieser Sekunde und auch noch einige Zeit danach gibt der Feuerball thermische Strahlung ab, teilweise als Licht, vor allem aber in Form von Hitze. Schließlich versiegt die thermische Strahlung, da sich der Feuerball abkühlt und in die pilzförmige Detonationswolke übergeht. Bis zu diesem Zeitpunkt wird etwa ein Drittel der Detonationsenergie in Form von Hitze freigesetzt.

151. Alles, was sich innerhalb und dicht neben dem Feuerball befindet, verdampft oder schmilzt. In einiger Entfernung vom Detonationspunkt werden die beiden wichtigsten Wirkungen der thermischen Strahlung Verbrennungen auf ungeschützter Haut (Blitz-Verbrennungen) und Brände verursachen. Verbrennungen zweiten Grades können bei ungeschützter Haut noch in 3 km Entfernung auftreten, während Verbrennungen dritten Grades in 2 km Entfernung häufig sind. (Verbrennungen zweiten Grades erzeugen Schmerzen und Blasenbildung; Verbrennungen dritten Grades, bei denen Hautpartien zerstört werden, führen zu entstellenden Narben, die als Keloide bezeichnet werden.) In einer Entfernung von weniger als 2 km ist zu erwarten, daß die thermische Strahlung die meisten Menschen tötet, die ihr unmittelbar ausgesetzt sind. Leicht entzündbares Material wie dünne Gewebe, Papier oder trockenes Laub können auch in mehr als 2 km Entfernung vom Nullpunkt (GZ = Ground Zero) Feuer fangen. So können zahlreiche Brände entstehen, aus denen bei bestimmten Voraussetzungen sich ein ungeheurer Feuersturm entwickeln kann, der den größten Teil des Zielraums erfaßt und zusätzlich zu einer hohen Zahl weiterer Verluste führt. Dies war in Hiroshima der Fall; allerdings wird das bei modernen Städten für weniger wahrscheinlich gehalten.

152. Häufig ist die schwerstwiegende Wirkung einer Kerndetonation die Druckwelle, die ähnlich der einer chemischen Explosion ist, jedoch weit mehr Energie freisetzt. Die Druckwelle umfaßt etwa die Hälfte der Detonationsenergie (siehe Abbildung 6). Sie verbreitet sich wesentlich langsamer als die verschiedenen Formen der Strahlung. Doch bei dem hier als Beispiel angenommenen Detonationswert erreicht sie in etwa eineinhalb Sekunden einen Umkreis von 1 km vom Nullpunkt, und in 5 bis 6 Sekunden hat sie sich auf 3 km ausgedehnt. Die Ankunft der Druckwelle wird als plötzlicher und zerschmetternder Stoß erlebt, dem unmittelbar aus dem Explosionszentrum ein Wind in Hurrikan-Stärke folgt. Bis auf ca.

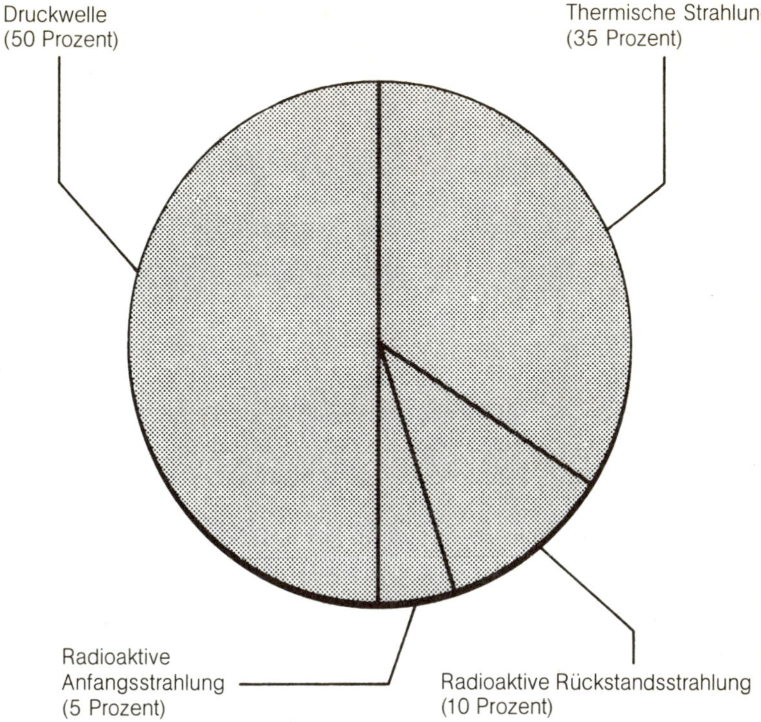

Abbildung 6. Aufteilung der Energie bei der Luftdetonation einer Kernspaltungsbombe (A-Bombe) in einer Höhe unter 30000 m.

1,5 km vom Nullpunkt entfernt, wo die Windgeschwindigkeit etwa 90 m/sec erreicht (fast das Dreifache der Windstärke 10 nach Beaufortgrad) kann der Winddruck Bäume entwurzeln, Telefonmasten und Versorgungsleitungen niederreißen und selbst schwere (Zivil-)Fahrzeuge umwerfen. Praktisch werden sämtliche Gebäude zerstört. Menschen, die sich im Freien aufhalten, werden vom Windstoß hochgeschleudert und über den Erdboden mitgerissen, wobei sie gegen andere Gegenstände geschleudert oder selbst von umherfliegenden Trümmern getroffen werden, die wie Geschosse wirken und Menschen töten oder verletzen. Im Umkreis von wenigstens 2 km werden die meisten Gebäude durch die Druckbelastung zertrümmert, da sie dem Überdruck und dem Windsog ausgesetzt sind. Menschen innerhalb der Gebäude können von der Last der zusammenstürzenden Häuser zermalmt, von umherfliegenden Trümmern zerbrochener Fenster, Einrichtungsgegenständen u. ä. verletzt werden oder sogar im dichten Ziegel- und Mörtelstaub ersticken. Vor allem in Häusern, die teilweise zerstört wurden, können Brände durch umgestürzte Herde und Öfen, durch zerborstene Gasleitungen u. ä. ausbrechen und so weitere Verluste unter der Bevölkerung fordern. Eine sehr grobe Schätzung ergibt, daß innerhalb des 1,5 km-Umkreises die Druckwelle aufgrund verschiedenartiger Auswirkungen praktisch alle Menschen töten wird, die sich im Freien oder in normalen Gebäuden aufhalten. Sämtliche primären Zerstörungen durch die Druckwelle erfolgen innerhalb weniger Sekunden.

153. Doch bevor noch irgendeine Wirkung sichtbar wird, beginnt der Sprengkörper einen intensiven Ausstoß von Neutronen- und Gammastrahlen. Diese Strahlung wird, da sie sich durch die Luft fortsetzt, mit der Entfernung schwächer. Bei einer 15 KT-Detonation ist sie jedoch bei 700 bis 800 m vom Nullpunkt noch stark genug, um Menschen, die sich nicht in Deckung befinden, innerhalb von Minuten bewußtlos zu machen. Die meisten würden ohnehin durch die Druck- und Hitzewelle getötet, doch auch ohne diese Wirkungen würden die Betroffenen in weniger als ein oder zwei Tagen an den Strahlenschäden sterben. Die in einer Entfernung von 1300 m bis 1400 m empfangene Strahlung wirkt ebenfalls tödlich, doch kann sich der Eintritt des Todes bis zu einem Monat hinauszögern. Auf größere Distanz nimmt das Strahlenrisiko rasch ab, und über 1800 m hinaus ist zu erwarten, daß – wenn überhaupt – nur noch wenige akute Strahlenschäden auftreten. Praktisch wird diese gesamte Strahlung in den ersten ein oder zwei Sekunden freigesetzt.

154. Gleichzeitig wird ein geringer Teil der Gamma-Strahlung beim Durchdringen der umgebenden Luft in elektromagnetische Energie umgesetzt. Ein starkes elektromagnetisches Feld baut sich um den Explosionsherd auf, bricht jedoch in weniger als einer Tausendstelsekunde wieder zusammen. Während seines kurzen Bestehens strahlt dieses Feld elektromagnetische Wellen aus, vergleichbar etwa mit einer Radio-Senderantenne. Jeder elektrische Leiter kann als Empfangsantenne wirken und einen Teil der elektromagnetischen Energie aufnehmen. Die auf diese Weise induzierten Ströme können verschiedenartiges elektrisches und insbesondere elektronisches Gerät zerstören.

155. Ein Teil der bei der Detonation freigesetzten Neutronen löst Kern-

reaktionen aus. Hierbei werden sowohl in den Rückständen des Sprengkörpers, in der Luft und auch im Erdboden um den Nullpunkt wie in einigen anderen Materialien, die von der Strahlung getroffen werden, radioaktive Atome erzeugt. Diese induzierte Radioaktivität ist im allgemeinen unbedeutend verglichen mit der, die im radioaktiven Niederschlag enthalten ist.

156. Mit dem Emporsteigen kühlt sich der Feuerball ab und bildet allmählich eine riesige Wolke. Säulenförmig vom Erdboden hochgerissener Staub und Rauch bilden den Stamm des „Pilzes". Wenn sich diese Wolke nach etwa 10 Minuten voll entwickelt hat, hat sie einen Durchmesser von etwa 4 bis 6 km, wobei die Basis vielleicht 6 km und der Gipfel 10 km über dem Erdboden liegen.

157. Der Feuerball und später die Detonationswolke enthalten den Hauptanteil der radioaktiven Atome, meist Spaltprodukte, die während der Detonation entstanden sind. Während das Gesamtgewicht dieser Teilchen mit etwa 1 kg gering ist, entspricht ihre gesamte Radioaktivität eine Stunde nach der Detonation der von einigen tausend Tonnen Radium (wobei sich allerdings die Art der ausgesandten Strahlungen etwas unterscheidet). Diese Radioaktivität nimmt jedoch schnell ab. Innerhalb der ersten beiden Wochen sinkt sie auf ein Tausendstel des Wertes, der eine Stunde nach der Detonation bestand. Ebenfalls in der Detonationswolke enthalten ist ein hoher Anteil des spaltbaren Materials, das für die Herstellung des Sprengkopfes verwendet wurde, vor allem Uran-235 oder Plutonium-239. Enthalten ist auch Radioaktivität, die aufgrund der Induktion im Sprengkopfmaterial oder in der Umgebung einschließlich der Luft entsteht. Da die Halbwertzeiten einiger dieser radioaktiven Stoffe von zehntausenden bis zu hunderten von Millionen Jahren reichen, bedeuten diese für längere Zeiträume eine bleibende Gefahr. Bei Bildung der Detonationswolke werden die radioaktiven Atome von größeren Teilchen aufgenommen, die aus kondensiertem Dampf vermischt mit Staub und Erde bestehen. Die Reichweite dieser Strahlung ist relativ gering im Vergleich zu der Höhe der Wolkenbasis oder zur Größe des verwüsteten Gebietes. Deshalb bilden die radioaktiven Teilchen innerhalb der Detonationswolke erst dann eine Gesundheitsgefahr, wenn sie sich als radioaktiver Niederschlag auf dem Erdboden ablagern.

158. Die radioaktive Wolke treibt, ihre Gestalt verändernd und schließlich unter Einfluß der Luftströmungen zerfließend, in jene Höhe, in der der Auftrieb ein Ende findet. Dann sinken die radioaktiven Partikel ab, und

zwar mit einer Geschwindigkeit, die stark von ihrer Größe abhängt. Im Fall einer Luft-Detonation werden die meisten Teilchen sehr klein sein, und es kann Tage bis Jahre dauern, bis sie den Erdboden erreicht haben. Dann haben sie die meiste Radioaktivität eingebüßt und wurden über ein weites Gebiet verstreut. Radioaktiver Niederschlag nach einem mittleren Zeitraum weist auf ein Herkommen aus der Troposphäre hin, während die sich sehr langsam vollziehende Ablagerung von Teilchen, die in die Stratosphäre gelangt sind, sich normalerweise als weltweiter Niederschlag zu erkennen gibt. Die Strahlung dieses Niederschlages verursacht keine akuten Krankheitserscheinungen, doch können sich über die folgenden Jahrzehnte (bei einer 10 bis 20 KT-Waffe) einige Fälle von „Spätschäden" einstellen (erhöhtes Auftreten von Krebserkrankungen und genetischen Schäden). Manchmal könnte auch wie in Nagasaki Radioaktivität durch Regen auf den Boden des Zielgebietes gelangen, der entweder durch die Detonation ausgelöst wurde oder mit dieser zeitlich zusammenfällt. In einem solchen Fall muß mit einem Ansteigen sowohl der akuten wie auch der Spätschäden gerechnet werden.

159. Wenn eine Kernwaffe am Boden oder so dicht darüber detoniert, daß der Feuerball die Erdoberfläche unmittelbar berührt, können mehrere tausend Tonnen Erde in die heiße Verdampfung emporgerissen werden. Große Partikel (mit einem Durchmesser von 1 Millimeter und mehr) werden dann zu Trägern eines bedeutenden Anteils der Rückstandsstrahlung. Diese Teilchen sinken innerhalb von Stunden oder gar Minuten zur Erde und erzeugen in der dem Wind abgewandten Umgebung des Nullpunktes ein radioaktiv hoch verseuchtes Gebiet. Nach einer Bodendetonation eines Sprengkörpers von 10 bis 20 KT führt dieser sogenannte Sofort-Niederschlag in einem Gebiet von 50 bis 100 km^2 zu einer Erhöhung der akut tödlichen Strahlen-Dosis für alle ungeschützten Menschen. Folglich ist die Gefahr von Spätschäden in diesem Gebiet auch viel größer als im Fall einer Luftdetonation.

160. Im gesamten Spektrum der gegen den Menschen gerichteten Wirkungen sind es, neben den starken Verbrennungen aufgrund der thermischen Strahlung, die akuten und die später auftretenden Strahlenschäden, die das Charakteristikum der Kernwaffen ausmachen. Hohe Strahlendosen führen bei den Betroffenen in wenigen Minuten zur Bewußtlosigkeit und nach einigen Tagen, in denen die Opfer das Bewußtsein wiedererlangt haben können, zum Tode. Bei niedrigeren, aber immer noch tödlichen Strahlendosen werden die Krankheitserscheinungen langsamer eintreten

und sich nicht so dramatisch äußern. Der Tod wird dann erst nach einigen Wochen eintreten. Eine akute Strahlenerkrankung, verursacht durch eine nicht tödliche Dosis, kann sich in Form allgemeiner Schwäche über Monate und Jahre dahinschleppen.

161. Diejenigen, die eine akute Strahlenerkrankung überlebt haben, müssen mit einem erhöhten Risiko gegenüber bestimmten Krebserkrankungen rechnen. Man nimmt an, daß die Höhe des Risikos im Verhältnis zur empfangenen Strahlendosis steht. Die Krankheit kann für Jahrzehnte latent sein, bevor sie offen zum Ausbruch kommt. Auch wenn die Strahlenbelastung nicht hoch genug war, um einen akuten Krankheitszustand hervorzurufen, kann dennoch ein Anwachsen des Risikos gegenüber späteren Krebserkrankungen die Folge sein. Dasselbe hält man für gesichert im Hinblick auf genetische oder Erb-Schäden, die durch Strahleneinwirkung auf die Fortpflanzungsorgane verursacht wurden. In beiden Fällen bestehen jedoch unter den Wissenschaftlern unterschiedliche Auffassungen über die zahlenmäßige Schätzung des Risikos.

162. Die Gesamtzahl der Verluste und der Umfang der Zerstörungen, die als Folge einer Kernwaffendetonation auftreten, können erheblich schwanken, da sie von einer Reihe von Faktoren abhängen, von denen einige nicht voll bekannt sind. Laut einer Quelle[13] verursachte die Hiroshima-Bombe, deren Detonationswert auf 13 KT geschätzt wird, den Tod von über 70000 Zivilpersonen innerhalb eines Monats. Weitere 80000 wurden verletzt. Die stärkere 22 KT-Bombe gegen Nagasaki hat 40000 Tote und 20000 Verletzte gefordert. Die Diskrepanz zwischen beiden Ergebnissen wird auf die unterschiedliche Topographie der beiden Städte zurückgeführt. In Nagasaki teilt eine Reihe von Höhenrücken die Stadt in verschiedene Gebiete. Dadurch wurde die Druckwelle in bestimmten Gebieten abgeschwächt und traf darüberhinaus auf eine geringere durchschnittliche Bevölkerungsdichte. Innerhalb des 1 km-Kreises um den Explosionspunkt betrugen die Verluste (Tote und Verletzte) in beiden Fällen etwa 95% der dort lebenden Bevölkerung, wobei in Nagasaki die Zahl der Toten geringfügig höher lag.

163. In dem Bericht, den die Bürgermeister von Hiroshima und Nagasaki 1976 schrieben, fanden sich die folgenden Angaben. In Hiroshima waren zwischen 310000 und 320000 Menschen den verschiedenartigen Wirkungen der Atomdetonation ausgesetzt. Bis Dezember 1945 erlagen zwischen 130000 und 150000 Menschen diesen Verletzungen. Bis 1950 waren es schätzungsweise 200000, wenn man die latenten Schädigungen

einbezieht. Für Nagasaki gelten dementsprechend folgende Zahlen: 270000 bis 280000, 60000 bis 80000; und 100000. Das Fehlen exakter Zahlen liegt einerseits an der Ungewißheit über die Zahl militärischen und anderen Personals, das sich in den Tagen der Angriffe in den Städten aufhielt. Andererseits wurden sachdienliche Unterlagen durch den Angriff vernichtet oder unbrauchbar gemacht. Fälle von genetischen Schäden und latente Krankheitsentwicklungen bei Menschen, die erst Tage nach den Angriffen die Städte betraten, werden ebenfalls berichtet. Noch 1979 stieg die Zahl der Todesopfer geringfügig an, wobei es allerdings nach so vielen Jahren nicht leicht ist, Zusammenhänge zwischen Ursache und Wirkungen herzustellen.

164. Wenn ein Sprengkörper gleichen Detonationswertes gegen eine große Stadt wie etwa New York eingesetzt würde, und diese Detonation ohne vorhergehende Warnung erfolgte, würden bei sehr grober Schätzung, basierend auf einer Fortschreibung der Hiroshima-Zahlen, die unmittelbaren Verluste zwischen 500000 und einer Million Menschen liegen. 200000 von ihnen würden möglicherweise sofort getötet (siehe Abbildung 7). Die wirklichen Zahlen würden von einer Reihe unbekannter Faktoren abhängen. Unter diesen sind wahrscheinlich die wichtigsten Tageszeit und Wochentag. Während der Bürostunden zum Beispiel könnten die Verluste weit über einer Million liegen.

Detonationen mit hohen KT- und MT-Werten über Städten

165. Alle oben genannten Zahlen, soweit sie sich auf Entfernungen, Umfangsangaben, Zeiträume u. ä. beziehen, verändern sich mit dem jeweiligen Detonationswert, allerdings nicht direkt proportional zur tatsächlichen Ab- oder Zunahme der Detonationswerte. Grob gerechnet führt eine zehn- oder hundertfache Steigerung des Detonationswertes zu einer fünfbzw. zwanzigfachen Ausdehnung des durch die Druckwelle verwüsteten Gebietes. Oder anders ausgedrückt: je größer der Detonationswert, umso größer ist auch der „overkill“ in der Nähe des Nullpunktes. Das bedeutet jedoch nicht, daß einzelne Explosionen mit hohen Detonationswerten nicht zu überaus schrecklichen Verwüstungen führen würden.

166. Wenn zum Beispiel eine niedrige Luftdetonation mit einem Detonationswert von 100 KT direkt über einer europäischen Stadt mit einer halben Million Einwohner erfolgen würde, könnte diese – wenn keine Warnung vorausgegangen ist – die Hälfte der Bevölkerung durch Sofort-

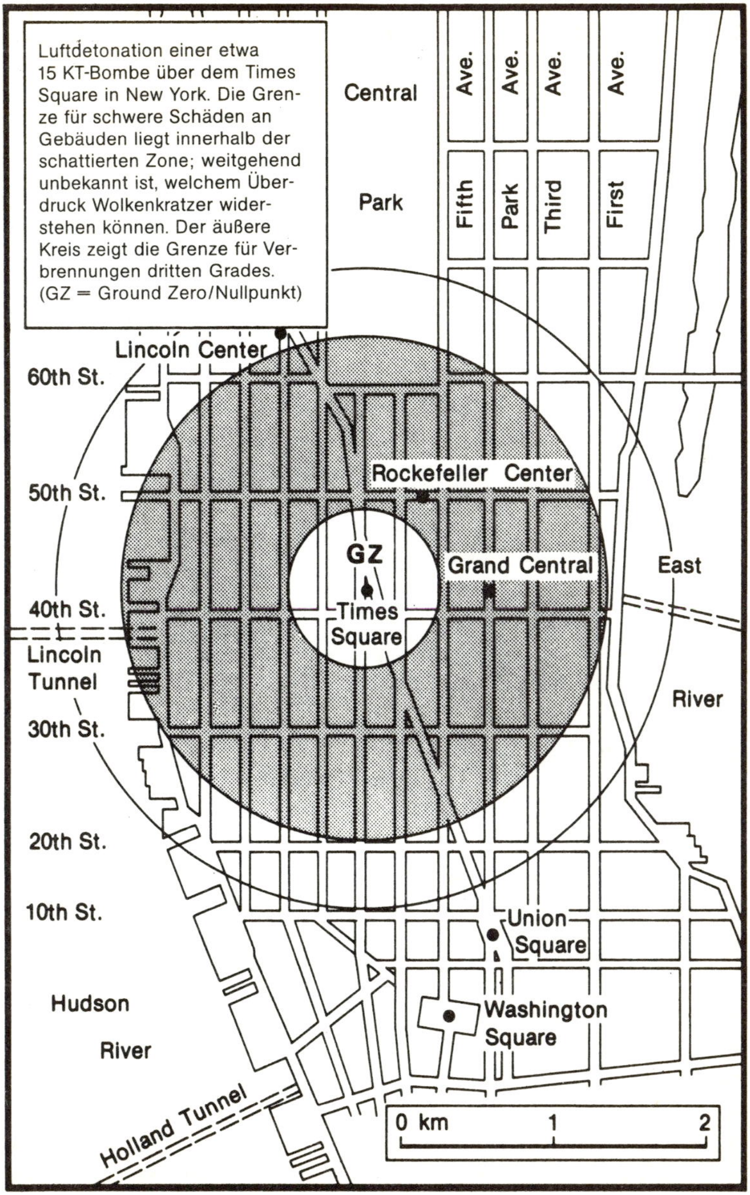

Abbildung 7. Wirkung einer Hiroshima-Bombe über New York

Wirkungen töten. Die Zone, in der mindestens 50% der Gebäude durch Druckwirkung zerstört würden, hätte einen Radius von 5 bis 6 km. Gegenüber kleinen Einfamilienhäusern, die häufiger in den Außenbezirken der Stadt liegen, könnte der Radius noch größer sein. Ungefähr bis zur gleichen Entfernung würde die thermische Strahlung Brände entfachen, von denen einige an Stärke zunehmen und sich ausbreiten würden, so daß es zu weiteren Verheerungen und zusätzlichen Todesopfern käme. Innerhalb weniger als einer Stunde nach der Detonation würden weite Teile der 2–6 km-Zone in Flammen stehen, während das Gebiet innerhalb der 2 km-Zone zu einer Fläche würde, in der sich Brände langsam durch die Schuttmassen fressen, die durch die Druckwelle entstanden sind. Verglichen mit den Folgen, die durch Druck und Hitze entstanden sind, wären die der anfänglichen Neutronen- und Gamma-Strahlung weniger von Bedeutung, da die Gefahrenzone der Anfangsstrahlung innerhalb des Kreises liegt, in dem in aller Regel die Menschen ohnehin durch Druck oder thermische Strahlung getötet wurden. Die radioaktive Strahlung kann jedoch die Verlustzahlen noch um einiges erhöhen. Gleichzeitig vermindert sie für die Überlebenden, die Verletzungen und Hautverbrennungen davontrugen, die Aussicht auf eine Genesung.

167. Die Zahl der Todesopfer und das Ausmaß der Zerstörungen bei einem Kernwaffenangriff auf eine Stadt hängen von zahlreichen Faktoren ab, von denen die, die zu den Vorkehrungen des Zivilschutzes zählen, später in diesem Kapitel erörtert werden. Andere wichtige Parameter sind Stadtgröße und Verteilung der Bevölkerung in Bezug auf Detonationswert, Detonationshöhe und Nullpunkt (siehe auch Abbildung 9).

168. Die Überlebenden sind zusätzlich zu den unmittelbaren Folgen noch zahlreichen weiteren schwerwiegenden Problemen ausgesetzt. Die Wasser- und Elektrizitätsversorgung würde kaum arbeiten können oder völlig ausfallen, Heizungssysteme würden zusammenbrechen, die Versorgung mit Lebensmitteln wäre gefährdet und alle Einrichtungen der medizinischen Versorgung würden sich als hoffnungslos unzulänglich erweisen. Telefonverbindungen nach außen wären als Folge der Druckwelle, der Hitzewirkungen und des elektromagnetischen Impulses auf Dauer unterbrochen. Die lebenswichtigen industriellen Anlagen der Stadt würden bei einem Angriff mit Kernwaffen weitgehend lahmgelegt.

169. Bei der Bodendetonation einer solchen Kernwaffe würden mehr als 100 km^2 durch radioaktiven Niederschlag verseucht, der stark genug wäre, Menschen innerhalb einer Woche einer tödlichen Strahlendosis aus-

zusetzen, es sei denn, besondere Schutzmaßnahmen wären getroffen worden. Dies stark strahlenverseuchte Gebiet würde sich vom Detonationspunkt aus mit dem Wind weit über das eigentliche Stadtgebiet hinaus auf Gebiete ausdehnen, die zwar eine geringere Bevölkerungsdichte aufweisen, in denen jedoch auch geringerer Schutz gegen radioaktive Strahlung besteht. In einer typisch europäischen Landschaft können durch radioaktiven Niederschlag in kurzer Frist 5000 bis 20000 Menschen sterben. Wie im vorangegangenen Beispiel müßten weitere durch radioaktive Strahlung verursachte, später eintretende Todesfälle hinzugerechnet werden.

170. Für ein Land in einem anderen Teil der Welt – besonders für ein Entwicklungsland in tropischen Breiten – könnten die Folgen noch verheerender sein. In Städten wie etwa Bombay, Kairo oder Hongkong würde eine niedrige Luftdetonation von 100 KT sofort mehr als eine Million Menschen töten – gegenüber 200000 in Europa. Der Grund liegt in erster Linie in der hohen Bevölkerungsdichte dieser Städte. Da die Widerstandsfähigkeit der Häuser dort im Durchschnitt geringer ist als in europäischen Städten, wäre wohl auch das von der Druckwelle verwüstete Gebiet größer.

171. Wie in Kapitel II festgestellt wurde, haben viele strategische Kernwaffen der Supermächte einen Detonationswert von einer Megatonne oder mehr. Diese Kernwaffen reichen aus, jede Stadt völlig in Schutt und Asche zu legen, ausgenommen vielleicht einige der größten Ballungsgebiete der Welt.

172. Bei diesen gewaltigen Kernwaffen bestimmt die thermische Strahlung noch stärker das Bild der Gesamtwirkung (wenn auch die Druckwelle weiterhin die Hauptursache für die materiellen Zerstörungen bleibt). Bei der Luftdetonation einer Kernwaffe von 1 MT wächst der Feuerball über einen Zeitraum von mehr als 10 Sekunden. Schließlich erreicht er einen Radius von fast einem Kilometer. Zu diesem Zeitpunkt hat er mehr Energie freigesetzt als ein 1000 Megawatt-Kraftwerk in zwei Wochen erzeugt. Ein Gebiet von 250 km^2 würde versengt und bei Menschen in einer Entfernung bis zu 50 km eine dauernde oder vorübergehende Erblindung hervorgerufen (bei Nacht reicht diese Blendwirkung noch wesentlich weiter). Die pilzförmige Wolke, die sich nach der Detonation bildet, erreicht eine Höhe von etwa 20 km und annähernd einen gleich großen Durchmesser.

173. Eine kürzlich vom Office of Technology Assessment (OTA) des Kongresses der Vereinigten Staaten erstellte Studie[14] beschrieb die Auswirkungen einer 1 MT-Detonation über dem Zentrum einer Stadt mit etwa

4 Millionen Einwohnern (Detroit oder Leningrad). Einige Folgerungen lauten:

a) Bei einer Luftdetonation (1800 m Höhe) während der Nacht würden im Beispiel Detroit etwa eine halbe Million Menschen sofort getötet und weitere 600000 verletzt.

b) Die entsprechenden Zahlen für Leningrad betragen etwa das Doppelte. Der Grund liegt in demographischen Unterschieden, die man zwischen den beiden Städten annimmt.

c) Das Gebiet, in dem Häuser völlig zerstört, umgerissen oder auf eine andere Weise unbewohnbar gemacht würden, würde sich auf 300 km^2 erstrecken.

d) Die Zahl der von Hautverbrennungen (viele mit tödlichem Ausgang) betroffenen Menschen, die die Druckwelle überlebt haben, kann von einigen Tausenden bis zu Hunderttausenden schwanken. Dies hängt von den atmosphärischen Sichtbedingungen und von der Zahl der Menschen ab, die sich in direkter Sichtlinie zum Feuerball befanden.

174. Die radioaktive Anfangsstrahlung führt bei diesen hohen Detonationswerten zu keinem wesentlichen Anstieg der Todesfälle und der Strahlenerkrankungen. Geht man aber von einer Bodendetonation aus, dann würde der radioaktive Niederschlag mit einer Strahlung, deren Dosisleistung ausreichte, akute Schäden hervorzurufen, ein Gebiet von mehr als 1000 km^2 verseuchen. In einem weit größeren Gebiet würden Spätschäden auftreten. Die OTA-Studie stellt bemerkenswerterweise darüberhinaus fest, daß die kombinierten Auswirkungen eines Einsatzes von 10 Sprengköpfen mit je 40 KT und mit Nullpunkten von etwa 2 km Abstand die einer 1 MT-Waffe übertreffen würden, besonders was die Zahl der sofort getöteten Menschen betrifft. Dies ist ein Beispiel für die allgemein getroffene Feststellung in den Absätzen 21 und 185.

175. Stellt man sich schließlich noch die Detonation eines 10 bis 20 MT-Sprengkörpers in New York vor unter der Annahme des gleichen Nullpunktes wie in dem bereits oben erörterten Beispiel einer 10 bis 20 KT-Detonation, so würden nicht nur sämtliche Gebäude in Manhattan zerstört, sondern ebenfalls fast alle in den Stadtgebieten Bronx, Brooklyn, Queens, bis hinaus zum Kennedy Airport sowie auch die Häuser in Hoboken und Jersey City (siehe Abbildung 8). Noch stärker als die Verheerungen durch die Druckwelle würden die Folgen der thermischen Strahlung sein. Mit Verbrennungen zweiten Grades müßte noch in einer Entfer-

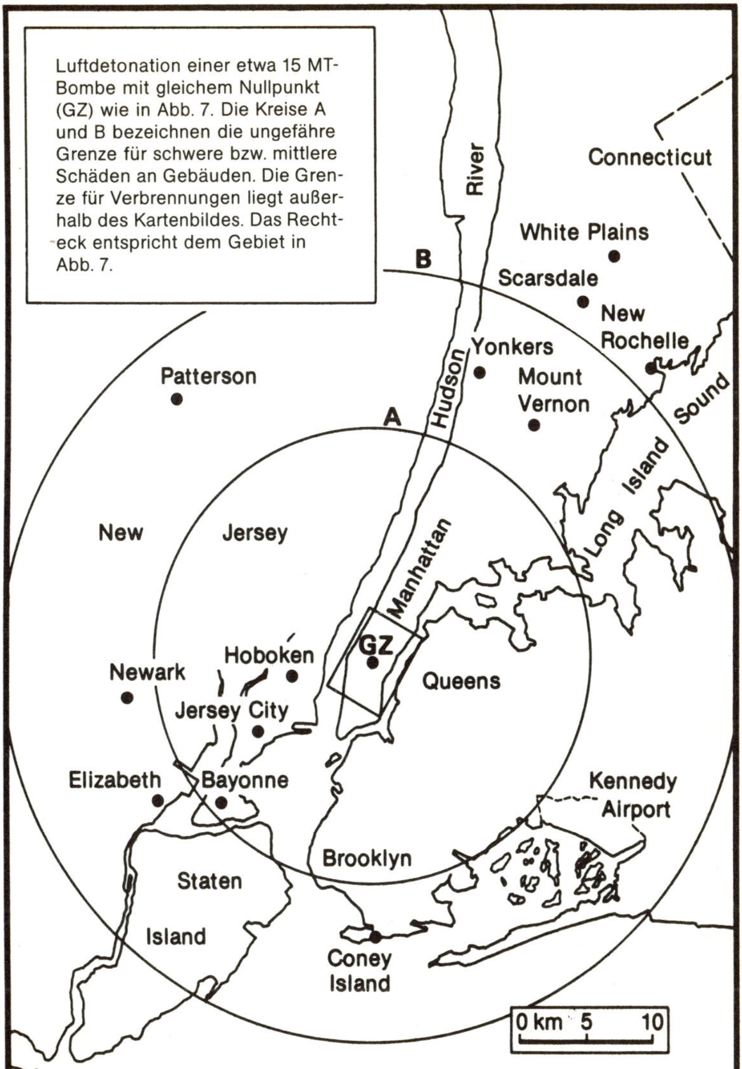

Abbildung 8. Wirkung der Luftdetonation einer 15 MT-Bombe über New York

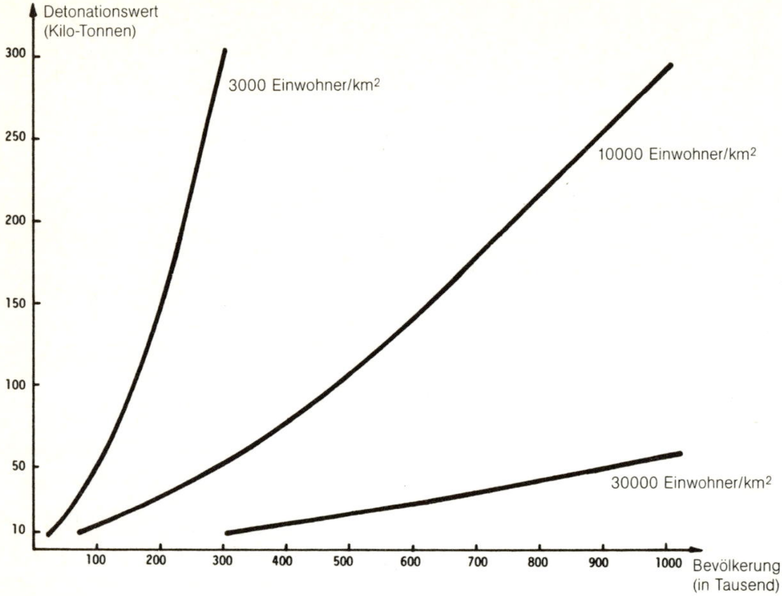

Abbildung 9. Vernichtungs-Kapazität von Kernwaffen beim Einsatz gegen Städte

Detonationswerte, die in der Lage sind, die Hälfte der Bevölkerung sofort zu töten, dargestellt als Funktion zwischen der Größe einer Stadt und der Bevölkerungsdichte. (Vgl. auch im Text Absatz 177)

nung bis zu 40 km gerechnet werden. Dieses Gebiet wäre fast doppelt so groß wie das schwerer Schäden aufgrund der Druckwelle. Die Zahl der Opfer ist schwer abzuschätzen. Sie würde mit Sicherheit über 5 Millionen liegen, jedoch 10 Millionen wohl nicht überschreiten.

176. Über die Ausdehnung des radioaktiven Niederschlags bei einer entsprechenden Bodendetonation liegen zufällig Beobachtungen vor, die bei Atomversuchen gemacht wurden. Nach offiziellen Unterlagen der Vereinigten Staaten[15] verursachte eine Versuchsdetonation von 15 MT, die am 1. März 1954 unter dem Kodenamen Castle Bravo auf dem Bikini-Atoll durchgeführt wurde, „eine beträchtliche radioaktive Verseuchung in einem Gebiet von mehr als 7000 Quadratmeilen“. (Diese Fläche von grob gesagt 18 000 km^2 würde zwar nicht genau derjenigen entsprechen, die

weiter oben erwähnt wurde. Doch muß unter „beträchtlicher radioaktiver Verseuchung" im Zusammenhang mit der Situation in den Tropen mitten im Frieden schon jedes über Null liegende Verstrahlungsrisiko verstanden werden, das nach wochenlangem Aufenthalt im Freien zu akuten Strahlenschäden führen würde.)

177. Um die Auswirkungen einer Kernwaffen-Detonation auf eine Stadt zusammenfassend darzustellen, wurde das Diagramm in Abbildung 9 entwickelt. Es konzentriert sich auf Städte mit einer Einwohnerzahl von 100 000 bis zu 1 Million (die meisten Städte der Erde fallen tatsächlich in diese Größenordnung). Folgende Annahmen liegen dem Diagramm zugrunde: Überraschungsangriff mit nur einer Kernwaffe; eine Detonationshöhe, die so gewählt wurde, daß ein größtmögliches Zerstörungsgebiet durch die Druckwelle gegenüber normalen Wohnhäusern erreicht wird; der Nullpunkt im geometrischen Mittelpunkt der Stadt. Ferner wurde angenommen, daß die Bevölkerung gleichmäßig über die Stadt verteilt ist. Das Diagramm zeigt für drei Städte unterschiedlicher Bevölkerungsdichte die Detonationswerte, die in mittelgroßen Städten etwa 50% der Bevölkerung töten würden.

B. Auswirkungen eines begrenzten Kernwaffen-Angriffs[16]

178. Der Begriff „begrenzter Kernwaffen-Angriff" kann nur in einem bestimmten Kontext interpretiert werden. Doch im allgemeinen meint der Begriff eine gewisse Beschränkung im Hinblick auf die Durchführung des Angriffs, um auf diese Weise die Zerstörungen in Grenzen zu halten. Man kann darüber streiten, ob ein Krieg mit Kernwaffen zwischen den bedeutenden Nuklearmächten unter solchen Beschränkungen geführt werden kann. Stets wird ein sehr hohes Risiko der Eskalation bestehen. Doch sprechen einige Studien auch im Zusammenhang mit der „zentral strategischen Ebene" von „begrenzten Angriffen". [Mit „zentral strategisch" wird die Ebene der nuklear-strategischen Konfrontation der beiden Supermächte bezeichnet; Anm. d. Übers.] Dieses Thema wird in Abschnitt D des Kapitels weiter unten behandelt.

179. Darüberhinaus kann man sich andere „begrenzte" Kriegsbilder vorstellen, für die zwar nur eine geringe Wahrscheinlichkeit besteht, die jedoch von den technischen Möglichkeiten her durchführbar wären. Sie werden gelegentlich in der Literatur erwähnt und sind Gegenstand dieses

Abschnitts. Einige sind eindeutig auf einen Konflikt zwischen den Supermächten bezogen, doch die Mehrzahl betrifft Kernwaffenangriffe auf Nicht-Kernwaffenstaaten. Wenn Nuklearwaffen weiterhin verbreitet werden und keine Interventionen oder andere Sanktionen befürchtet werden müssen, dann könnte diese Art von Angriffen zu einer realistischen Möglichkeit bei künftigen Auseinandersetzungen werden. Bei diesen hypothetischen Fällen mag der Einsatz von Kernwaffen begrenzt bleiben, da der Angreifer nur über begrenzte nukleare Mittel verfügt.

180. Zur Zeit allerdings wäre wohl die Ausgangssituation, daß ein Staat mit einem Übergewicht an Kernwaffen sich entschließt, einige dieser Waffen einzusetzen, um seinen Willen gegenüber einem Nicht-Kernwaffenstaat durchzusetzen. (Der Entschluß zu einem solchen Handeln würde praktisch die Gewißheit voraussetzen, daß die Aktion nicht einen großen Kernwaffen-Konflikt auslöst.) In diesem Fall könnten andere Verfahren der Begrenzung gelten.

181. Solche Beschränkungen sollte man jedoch nicht einfach als eine Frage der Zahl der eingesetzten Kernwaffen betrachten, da bereits der Einsatz einer einzigen Nuklearwaffe eine äußerst schwerwiegende Entscheidung bedeutet. Politische und militärische Zwänge würden höchstwahrscheinlich die Entscheidung beeinflussen und darüber bestimmen, welche Vorbehalte in Hinblick auf Art und Lage der Ziele bestehen. Dies könnte zum Beispiel bedeuten, daß bestimmte Gebiete oder bestimmte Anlagen von der Zielwahl ausgeschlossen werden. Auf diese Weise könnten sich erhebliche Unterschiede in den Folgen ergeben, die aus den vielfältigen hypothetischen Einsätzen von Kernwaffen erwachsen, doch gibt es keine klar abgrenzbare Trennungslinie zwischen den verschiedenen Kategorien. Für das Opfer des Angriffs könnte dies die unterschiedlichsten Folgen haben, die geringfügige bis allerschwerste Ausmaße annehmen könnten.

182. Der niedrigste Grad der Gewaltanwendung kann in einem stillschweigend oder offen angedrohten Einsatz von Kernwaffen liegen. Eine derartige Androhung könnte – als nächster Schritt – durch eine „Demonstrations-Detonation“ unterstrichen werden, die nur zu einer geringfügigen Auswirkung am Boden und einer verspäteten Strahlenwirkung durch den weltweiten radioaktiven Niederschlag führen würde. Oder man könnte ein Ziel wählen, das mit einer Kernwaffe zerstört werden kann, wobei jedoch wegen seiner Lage keine spürbaren Sofort-Schäden in anderen Gebieten zu erwarten sind. Solche „Einsiedler-Ziele“ könnten Satelli-

ten, Schiffe auf hoher See, abgelegene Luft- oder Seestützpunkte und isoliert liegende militärische oder der Wirtschaft dienende Einrichtungen sein.

183. Ein von Satelliten aus geführter Nuklearkrieg wäre hauptsächlich eine Auseinandersetzung zwischen den Supermächten. Er würde zu Kernwaffendetonationen in großen Höhen führen, die in weiten Bereichen auf der Erdoberfläche (somit möglicherweise bei vielen unbeteiligten Nationen) Schäden durch elektromagnetische Impulse verursachen. Auch Spätschäden aufgrund des weltweiten radioaktiven Niederschlags würden die Folge sein. Fernmelde-Fernverbindungen könnten für lange Zeit gestört werden, und örtliche oder regionale Lähmungen der Stromversorgung und der Fernsprechverbindungen könnten die Folge sein. Zahlreiche andere Arten von Zielen, auf die oben im Text hingewiesen wurde, könnten von Sprengköpfen ziemlich kleiner Detonationswerte vernichtet werden. Vor allem Überwasser-Schiffe auf hoher See sind relativ „leichte“ Ziele für moderne Lenk-Flugkörper und könnten mit Hilfe eines kleinen nuklearen Gefechtskopfes auf der Stelle versenkt werden.

184. In der neueren Militär-Literatur werden Verfahren und Planungen für den Einsatz von Kernwaffen gegen militärische Ziele diskutiert, die in der Kampfzone liegen oder möglicherweise auch als militärische oder der militärischen Unterstützung dienende Ziele auf dem gesamten Kriegsschauplatz. Die Planung erfolgt im Rahmen taktischer und militärpolitischer Überlegungen auf der Grundlage von Richtlinien, die für den Einsatz von nuklearen und konventionellen Kräften auf dem Kriegsschauplatz gelten. Diese Planungen würden ihrerseits von Entscheidungen auf der politischen Ebene abhängig sein und zwar darüber, ob überhaupt Kernwaffen eingesetzt werden sollen, und wenn ja, in welcher Weise.

185. Ganz allgemein würde der Einsatz von Kernwaffen gegen militärische Ziele zu beträchtlichen „Kollateral“-Schäden (d. h. unbeabsichtigte und unerwünschte Schäden) in weiten Bereichen der zivilen Gesellschaft führen, ganz besonders bei Bodendetonationen. Diese Schäden würden selbst dann entstehen, wenn in den politischen Anweisungen besonderes Gewicht auf die größtmögliche Vermeidung von Kollateralschäden gelegt würde.

186. Als ein Beispiel für den Einsatz von Nuklearwaffen auf einem begrenzten Kriegsschauplatz soll angenommen werden, daß im Rahmen einer militärischen Verteidigungs-Operation Landstreitkräfte in Stärke von vier Heeres-Divisionen (ungefähr 80000 Mann) eingesetzt würden. Diese Operation soll von annähernd 100 Kampfflugzeugen unterstützt werden,

die von zehn oder mehr Flugplätzen aus starten. Dieser Kräfteansatz ist bezeichnend für eine Verteidigung, wie man sie noch bei zahlreichen Nicht-Kernwaffenstaaten findet. Um mit ausschließlich konventionellen Kräften den Durchbruch zu erzwingen, muß der Angreifer – nach herkömmlicher Beurteilung – mindestens 12 Divisionen[17] und mehrere hundert Kampfflugzeuge bereitstellen. Der gleiche Erfolg kann erreicht werden, wenn ungefähr zehn Kernwaffen von 1 bis 10 KT gegen wichtige Teile der Landstreitkräfte und etwa 10 Kernsprengköpfe von 20 bis 100 KT eingesetzt werden, um die Luftstreitkräfte des Gegners zu reduzieren.

187. Bei jedem einzelnen Einsatz kleiner Kernwaffen gegen Heeresverbände auf dem Gefechtsfeld sind die sofort unter der Zivilbevölkerung eintretenden Verluste schwer bestimmbar und bewegen sich in weiten Grenzen, wobei der Durchschnitt annähernd bei etwa 1000 Personen läge (in einem einigermaßen dicht besiedelten, ländlichen Gebiet). Eine Gesamtzahl von 50000 bis 100000 Toten oder schwer verletzten Zivilisten könnte so Folge dieses Teils der Schlacht sein. Die Angriffe gegen Luftstützpunkte würden jene Zahlen vielleicht um weitere 100000 Menschen erhöhen, besonders dann, wenn einige dieser Stützpunkte gleichzeitig als normale Flugplätze dienten und dicht bei Städten liegen.

188. Darüberhinaus ist wahrscheinlich, daß einige der Kernwaffenschläge (beabsichtigt oder aus anderen Gründen) Bodendetonationen sind und zu schwerer radioaktiver Verseuchung einiger Gebiete führen. Unter vermutlich realistischen Annahmen über den Strahlenschutz, den normale Wohnhäuser bieten, und über die Aufenthaltsdauer im Freien dürften Bodendetonationen etwa 10000 bis 50000 Strahlenopfer mehr bedeuten.[18]

189. Unter Annahme mittlerer Werte innerhalb der aufgezeigten Rahmenbedingungen könnte sich die Gesamtzahl der Toten und Schwerverletzten in einer auf diese Weise geführten militärischen Operation wie folgt zusammensetzen:

Ursache	*Zivilpersonen*	*Soldaten*
Sofortwirkung der Kernwaffen	150 000	30 000
Radioaktiver Niederschlag	30 000	5 000
Gesamtzahl	180 000	35 000

190. Wenn einige Schutzmaßnahmen getroffen wurden, etwa in Form von Evakuierung, rechtzeitiger Warnung und zugänglich gemachten Schutzräumen, könnte die Zahl der Opfer um einen Faktor von 3–5 ge-

senkt werden. Bei diesen Zahlen besteht aber eine sehr breite Fehlerquote. Die auffallendste Schlußfolgerung, die aus der Tabelle gezogen werden kann, wird jedoch dadurch nicht entkräftet: selbst wenn nur militärische Ziele gewählt werden und selbst wenn Schutzmöglichkeiten vorhanden sind, übertreffen die Verluste unter der Zivilbevölkerung die der Soldaten bei weitem.

191. Zu anderen unmittelbaren Folgen, die die Zahl der Verluste erhöhen und zusätzliche Schwierigkeiten bei der Rettung und Bergung schaffen könnten, gehören der Zusammenbruch der medizinischen Versorgung, des Strom- und Fernmeldenetzes und des Transports auf dem Land und in der Luft; dazu kämen umgestürzte Bäume, mögliche Waldbrände und zu einem geringeren Ausmaß die induzierte Radioaktivität des Bodens nahe des Nullpunkts. Zusätzlich zu diesen Sofortfolgen würde es während mehrerer Jahrzehnte einige tausend Tote aufgrund von Strahlen-Spätschäden geben. Ähnlich hoch läge die Zahl der genetischen Schäden. (Einige dieser Fälle würden außerhalb des angegriffenen Landes auftreten.) Landwirtschaft und industrielle Produktion würden mit Sicherheit schwer betroffen, doch Ausmaß und Konsequenzen würden von den spezifischen Bedingungen abhängen, unter denen der Angriff geführt wurde.

192. Trotz der hohen Zahlen der getöteten und verletzten Zivilpersonen und trotz weiterer Spätfolgen (nicht nur für die Gesundheit, die Ernährung und die ärztliche Versorgung, sondern auch für die Wirtschaft und die geistig-seelische Verfassung der schwer betroffenen Bevölkerung) könnten militärische Planer dies als einen begrenzten Angriff betrachten, dem – wenn der militärische Widerstand fortgesetzt würde – ein zweiter und weitere folgen könnten.

193. Würde eine mit Kernwaffen geführte Auseinandersetzung jemals in einem Entwicklungsland stattfinden, dann ergäben sich bedeutsame Unterschiede im Hinblick auf die allgemeinen Lebensbedingungen und deren Einfluß auf die Kollateralschäden sowie auf die Überlebenschancen. Die der Zivilbevölkerung zur Verfügung stehenden Mittel für einen Körperschutz gegen Kernwaffenwirkungen wären wesentlich unzureichender als in einem entwickelten Land. Primitive und wenig stabil gebaute Häuser würden wenig Schutz selbst gegen schwache Druckwellen und mäßig radioaktiven Niederschlag bieten. Die spärliche Bekleidung in einem warmen Klima könnte Ursache für häufige Hautverbrennungen und Hautschäden durch radioaktive Teilchen des Niederschlages sein. Baumbruch und Waldbrände könnten in jedem Land auftreten, doch würde es dort

schwerer sein, mit ihnen fertig zu werden, wo kaum Mittel zur Bekämpfung zur Verfügung stehen.

194. In der auf militärischer Seite geführten Diskussion ist es üblich, die „strategischen“ Kernwaffen von den „taktischen“ oder „Kriegsschauplatz“-Waffen zu unterscheiden. Wenngleich es auch zutrifft, daß die als „strategisch“ bezeichneten Waffen im Durchschnitt höhere Detonationswerte und größere Reichweiten aufweisen als die andern, so muß man sich dennoch bewußt sein, daß die Unterscheidung nicht in erster Linie auf den Waffensystemen selbst beruht, sondern auf der Lage der Ziele, gegen die sie eingesetzt werden.

195. Ein strategischer Angriff wird häufig als ein Angriff definiert, der die Ausschaltung des angegriffenen Staates als Kriegführenden zum Ziel hat, entweder als Folge des ihm zugefügten Schadens, oder weil er aufgibt, um weitere Zerstörungen zu vermeiden. Kernwaffen haben diesen Vorstellungen neue Dimensionen hinzugefügt. Der strategische Bomberkrieg war im Zweiten Weltkrieg das Instrument, um das feindliche Industriepotential, vor allem die Rüstungsindustrie zu zerstören und die Bevölkerung des Gegners zu demoralisieren. Dies war ein langwieriges Verfahren, das als Unterstützungsmaßnahme, kaum aber als eine Alternative zu den gewöhnlichen militärischen Operationen gesehen wurde. Mit Hilfe der weitreichenden Kernwaffen ist es möglich geworden, die Bevölkerung eines Staates nahezu völlig auszulöschen und die Wirtschaft verheerend zu treffen. Und dies kann in einem Zeitraum von weniger als einem Tag und nach weniger als einer Stunde Vorwarnzeit geschehen. Dabei muß man vor Augen haben, daß selbst das, was als begrenzter Kernwaffen-Angriff bezeichnet wird, die verheerendsten Folgen haben würde.

196. Ein weiterer neuer Faktor ist, daß eine Reihe der für den strategischen Einsatz bestimmten Waffensysteme selber als strategische Ziele betrachtet werden. Dementsprechend traten zwei unterschiedliche strategische Konzepte für die Anwendung von Kernwaffen in Erscheinung: „Counterforce“, das ist der Einsatz gegen das nukleare Potential, und „Counter-Value“, das ist eine Zielauswahl nach der klassischen strategischen Kriegführung. Die Möglichkeiten und die Wahrscheinlichkeit eines nuklearen Schlagabtausches zwischen den Supermächten im Hinblick auf eines oder beide Konzepte werden umfassend untersucht und öffentlich diskutiert. Diese Diskussion darf jedoch nicht den Blick von der Tatsache ablenken, daß andere Staaten als die Supermächte einschließlich der Nicht-Kernwaffenstaaten Ziel eines Kernwaffen-Angriffs sein können, der sich

gegen deren Städte und Industriepotentiale richtet, und daß dabei Kernwaffen eingesetzt werden, die man gemeinhin nicht als strategische bezeichnet. Im Zusammenhang mit der Diskussion über das militärische Kräfteverhältnis zwischen den Machtblöcken spiegelt sich das in der zuweilen angewendeten Unterscheidung zwischen „zentral-strategischen" und „eurostrategischen" Waffensystemen wider (vgl. Kap. II). Doch der Kern des Problems ist, daß heute ein weites Spektrum von Kernwaffen auch strategisch eingesetzt werden kann.

197. Die Auswirkungen einer einzelnen Kernwaffendetonation auf eine Stadt wurden oben in Abschnitt A beschrieben. Ein begrenzter strategischer Angriff könnte jedoch bedeuten, daß mehrere Städte als Ziele bestimmt werden. Die bedeutsamste Tatsache ist hier, daß eine schlichte Addition der Opfer oder der zerstörten Anlagen kein wahres Bild über das Ausmaß der Verheerungen vermittelt. Nach einem Angriff auf nur eine Stadt könnten nationale Anstrengungen möglicherweise organisiert werden, um die Überlebenden zu retten, ihnen Hilfe zu leisten und um die Ausfälle industrieller Kapazität auszugleichen. Wenn jedoch fünf Großstädte gleichzeitig ausgelöscht werden, und wenn im Verlauf eines einzigen Tages die Verluste unter der Bevölkerung zehn Prozent der Gesamtbevölkerung erreichen, dann dürfte es zweifelhaft sein, daß dann noch die materielle Leistungsfähigkeit und die psychische Kraft ausreichen, um eine solche Aufgabe zu erfüllen. Die Zahl der Menschen, die ärztliche Betreuung brauchen, würde die Hilfskapazitäten weit übertreffen, und zwar nicht nur in den getroffenen Städten, sondern im gesamten Land. Einige Zweige der Schlüsselindustrie könnten zerstört worden sein, und dies würde sofort zu einem Problem werden, wenn beispielsweise Grundnahrungsmittel oder medizinische Versorgungsgüter nicht mehr produziert werden könnten. Administrative Probleme von nie dagewesener Art und Größe würden entstehen und zu extremen Schwierigkeiten für Regierung und Verwaltung auf nationaler, regionaler und örtlicher Ebene führen.

C. Auswirkungen eines umfangreichen Einsatzes taktischer Kernwaffen

198. Gegenwärtig würde ganz sicher die Gefahr eines umfangreichen Einsatzes von nuklearen Gefechtsfeld- und Mittelstrecken-Waffen bestehen, wenn es in Europa zu einem Kampf der Supermächte käme. Hier gibt

es umfangreiche, vielfältige und den Streitkräften integrierte Kernwaffen-Arsenale, die für einen ausgedehnten Einsatz auf dem gesamten Kriegsschauplatz zur Verfügung ständen. Ebenso bestehen in Europa sehr enge politische Bindungen, eine geographische Nähe zwischen den Territorien der Machtblöcke und eine Konzentration von konventionellen und nuklearen Streitkräften, die die Ausgangslage für eine mit allen Mitteln geführte Auseinandersetzung bilden könnten. Ähnliche Gefahren können sich allerdings künftig auch in anderen Gebieten der Welt einstellen, weil die Zahl der verfügbaren Kernwaffen in den Arsenalen der Supermächte ständig wächst.

199. Sollte ein derartiger Krieg ausbrechen, so besteht die Wahrscheinlichkeit, daß er nicht auf die Ebene jenes Kriegsschauplatzes begrenzt werden kann. Im Gegenteil, eine Auseinandersetzung, die über den Einsatz einiger weniger Kernwaffen auf dem Kriegsschauplatz eskaliert ist, könnte das gefährliche Erreichen der Schwelle zum „strategischen Schlagabtausch" bedeuten. Zuzuschreiben wäre das der Bedeutung der politischen Ziele, die unvermeidbar einer Auseinandersetzung solchen Ausmaßes zu Grunde liegen. Dieser Fall könnte vornehmlich dann eintreten, wenn ein umfangreicher, auf einen Kriegsschauplatz beschränkter Kernwaffen-Krieg sich zum erheblichen Nachteil für eine der beiden Seiten wenden sollte. Ein technisch gegebener Umstand, der darauf hinweist, wie leicht ein Krieg von der Kriegsschauplatz-Ebene zur strategischen Ebene eskalieren kann, ist der, daß dieselben Waffensysteme für beide Aufgaben eingesetzt werden können.

200. Die Analyse eines mit allen Mitteln geführten Kernwaffenkrieges innerhalb eines Kriegsschauplatzes wurde bisher nicht veröffentlicht. Über die Konsequenzen eines auf dem Boden der Bundesrepublik Deutschland geführten Nuklearkrieges ist 1971 eine umfassende Untersuchung erschienen.[19] Es ist jedoch nicht möglich, die Auswirkungen eines Kernwaffenkrieges in Einzelheiten zutreffend zu beschreiben. Die Folgen sind zu weitreichend und zu komplex.

201. Die Ausgangslage der folgenden Betrachtung ist, daß beide Seiten mobil gemacht haben und jede den Aufmarsch von Kräften in Stärke von 50 bis 100 Divisionen beendet hat. Den Land- und den sie unterstützenden Luftstreitkräften wurde bereits ihre nukleare Munition zugeführt.

202. Darüberhinaus wird angenommen, daß die gegnerischen Atomwaffenträger innerhalb des Kriegsschauplatzes, also die Feldartillerie, die Raketen- und Lenkwaffen-Verbände sowie die Luftstützpunkte vorrangige

Ziele sein werden. Somit wäre der Schlagabtausch im Prinzip ein Duell der sich gegenüberstehenden Kernwaffensysteme. Zusätzlich würden gepanzerte Verbände und Gefechtsstände Ziele sein. Aber auch nicht-militärische Ziele in rückwärtigen Gebieten wären nicht ausgeschlossen. Für den Ausgang einer über einen kurzen Zeitraum geführten Kernwaffen-Schlacht wären diese Ziele weniger von Bedeutung, trotzdem würden sie zur Erhöhung der Verlustzahlen beitragen. Auch Angriffe gegen Seeziele könnten geführt werden, diese würden jedoch nur geringe Kollateralschäden verursachen, von Schäden durch weltweiten radioaktiven Niederschlag abgesehen.

203. Das Waffenarsenal, das heute den beiden Seiten zur Verfügung steht, ist, was Waffensysteme und Detonationswerte betrifft, ziemlich unausgewogen. Um dies im Beispiel deutlich zu machen, soll der durchschnittliche Detonationswert der Waffen, die für Gefechtsfeld-Ziele vorgesehen sind, bei der einen Seite 1 KT betragen, bei der anderen Seite 5 KT. Darüberhinaus wird angenommen, daß Gefechtsstände und Fernmeldezentralen, Flugplätze und andere Ziele im rückwärtigen Gebiet ausschließlich mit Flugkörpern angegriffen werden, deren Gefechtsköpfe einen Detonationswert von 100 KT haben. Die so beschriebene Lage könnte dann zu folgendem Kernwaffeneinsatz führen:

Seite	*Ziele im Bereich der Erdtruppen*	*Flugplätze o. ä.*
A	1000 Sprengkörper Detonationswert im Durchschnitt 1 KT	100 Sprengkörper Detonationswert im Durchschnitt 100 KT
B	500 Sprengkörper Detonationswert im Durchschnitt 5 KT	100 Sprengkörper Detonationswert im Durchschnitt 100 KT

204. Die Zivil-Verluste würden von der Verteilung der Bevölkerung in den geplanten Zielräumen und von der Lage der Nullpunkte hinsichtlich dieser Verteilung abhängen. Geringere Schätzzahlen können zugrundegelegt werden, wenn man auf die Annahme im vorangegangenen Abschnitt zurückgreift, daß keine militärischen Ziele – ausgenommen Flugplätze – in der Nähe von Großstädten liegen. Die durchschnittliche Bevölkerungsdichte in der Kampfzone wird mit 100 Menschen/km^2 angenommen.

205. Der ungünstigste Fall würde dann eintreten, wenn die Kernwaffeneinsätze von beiden Seiten ohne Rücksicht auf Siedlungen der Zivilbevölkerung erfolgten, das heißt in einem nicht-beschränkten Einsatz. Die Folgen würden weniger schwerwiegend sein, wenn eine oder beide Par-

teien sich restriktiv verhielten, das heißt, bewußt versuchen würden, Siedlungen nicht zu treffen.

206. Die Verluste unter der Zivilbevölkerung (Tote und Verletzte) müssen beim Einsatz von Sprengkörpern mit niedrigem Detonationswert gegen die Landstreitkräfte wie folgt geschätzt werden:

Einsatzmerkmale	*Verluste der Zivilbevölkerung*
A und B restriktiv	0,1 Million
A nicht-restriktiv · B restriktiv	0,5 Million
A restriktiv · B nicht-restriktiv	0,6 Million
A und B nicht-restriktiv	1,0 Million

207. Die Ursachen für diese Verluste wären die Druckwelle, die thermische Strahlung einschließlich der Brände, die radioaktive Anfangsstrahlung und eine Kombination aller dieser Wirkungen. Man müßte damit rechnen, daß alle Schwerverletzten sterben würden, da keine ausreichende ärztliche Versorgung zur Verfügung stünde.

208. Den größten Teil dieser gegen die Bevölkerung gerichteten Kollateralschäden würden die 100 KT-Sprengkörper verursachen. Wenn auch die Ziele dieser Waffen gewöhnlich nicht in städtischen Gebieten liegen und vermutlich zusätzlich von einer unbewohnten Sicherheitszone umgeben sind, muß dennoch eine Bevölkerungsdichte von 300 Menschen/km^2 angenommen werden, wenn man sich vergegenwärtigt, daß die Bevölkerungsdichte großer europäischer Städte etwa das Zehnfache beträgt. Unter dieser Voraussetzung würde jede der 100 KT-Waffen rund 25 000 Menschen töten oder verletzen, was zu 5 Millionen Gesamtverlusten führen könnte. Damit käme man zu der Schlußfolgerung, daß 5 bis 6 Millionen Ziviltote die unmittelbaren Folgen eines so geführten Nuklearkrieges wären. Dies gilt jedoch nur, solange die Sprengköpfe ihr Ziel genau treffen. Jeder Flugkörper, der vom Zielkurs abweicht und ein städtisches Gebiet anstelle des beabsichtigten Zieles trifft, würde die Verluste um eine weitere Viertel-Million erhöhen.

209. Angenommen, einige der 1700 Kernwaffendetonationen wären Bodendetonationen. Der dabei entstehende örtliche radioaktive Niederschlag wäre eine akute Gefahr für die Bevölkerung in den Gebieten, die in windabgewandter Richtung vom Detonationspunkt liegen. Die Ausdehnung der verseuchten Gebiete und folglich auch die Zahl der Menschen, die dieser Bedrohung ausgesetzt sind, würden mit wachsendem Detona-

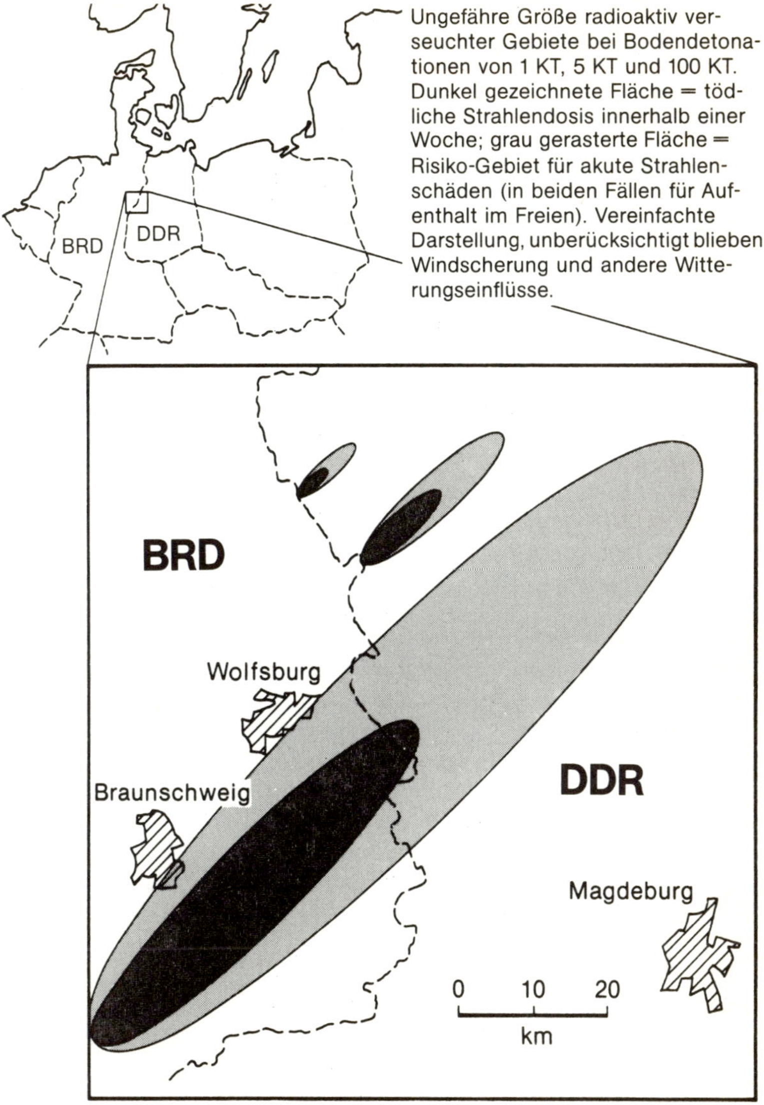

Abbildung 10. Gebiete radioaktiven Niederschlags taktischer Kernwaffen

tionswert zunehmen (siehe Abbildung 10). Der radioaktive Niederschlag einer auf dem Gefechtsfeld eingesetzten 1 KT- oder 5 KT-Waffe würde deshalb die Gesamtzahl der Opfer nur sehr geringfügig erhöhen. Wenn nicht mehr als 10 Prozent dieser Waffeneinsätze Bodendetonationen wären, ergäbe eine Schätzung 20000 bis 50000 zusätzliche Tote aufgrund des verursachten radioaktiven Niederschlages. Diese Zahlen hängen in hohem Maße von der Bevölkerungsdichte und der Verfügbarkeit von Schutzräumen ab.

210. Der radioaktive Niederschlag der 200 Kernwaffen von 100 KT würde ein weit ernsteres Problem darstellen, da jeder dieser Sprengkörper einen erheblich größeren Anteil an Radioaktivität erzeugt. Auch könnte ein größerer Teil dieser Detonationen Bodendetonationen sein, und auch die Bevölkerungsdichte in den Gebieten radioaktiven Niederschlags könnte höher sein. Wenn die Hälfte der Einsätze dieser Waffen Bodendetonationen wären, müßte damit gerechnet werden, daß etwa 700000 Menschen eine Strahlendosis empfangen, die innerhalb eines Monats zum Tode führt, selbst wenn man voraussetzt, daß sie sich nach Möglichkeit bemühen, in Schutzräumen zu bleiben.

211. Zusätzlich zu den Schäden durch starke radioaktive Strahlung würde eine Zahl von somatischen und genetischen Spätschäden auftreten, die in erster Linie durch den radioaktiven Niederschlag der Bodendetonationen verursacht wären. Sie würden in einem Zeitraum von mehreren Jahrzehnten nach dem Krieg auftreten. Die Zahl der späteren Krebserkrankungen einschließlich Leukämie könnte etwa bei 400000 in den Ländern liegen, in denen diese Detonationen erfolgten. Diese Opfer wären in erster Linie den 100 KT-Detonationen zuzuschreiben. Vielleicht 10000 dieser Krankheitsfälle wären auf den radioaktiven Niederschlag der Waffen mit kleinerem Detonationswert zurückzuführen, oder sie hätten ihren Ursprung in der Anfangsstrahlung bei denjenigen, die die unmittelbaren Wirkungen einer Detonation überlebten. Die Gesamtverluste sind in Tabelle 2 zusammengefaßt.

212. In dem oben geschilderten Szenario beträgt der Gesamtdetonationswert der eingesetzten Sprengkörper 23,5 Megatonnen. Das ist nur ein kleiner Bruchteil der Vernichtungskraft, die den Supermächten zur Verfügung steht. Die Detonationswerte der einzelnen im Beispiel genannten Sprengkörper liegen weit unterhalb derjenigen, die gemeinhin als strategische Waffen bezeichnet werden. Außerdem wurden bei der Zielwahl Restriktionen beachtet. Obwohl die Glaubwürdigkeit eines solchen Kriegsbil-

Tabelle 2. Gesamtzahl der Opfer (Tote und Schwerverletzte) bei einem auf einen Kriegsschauplatz begrenzten Nuklearkrieg, wie im Text beschrieben

Sprengkörper (sämtlich Kernspaltungswaffen)	200 × 100 KT	1500 mit niedrigem Detonationswert	
Bevölkerungsdichte /km²	300	100	
Bodendetonationen in Prozent	50	10	
Zivilbevölkerung			*Geschätzte Gesamtverluste*
Sofort-Wirkung	5 Millionen	0,1 bis 1 Million	5 bis 6 Millionen
Regionaler radioaktiver Niederschlag	0,7 Million	0,02 bis 0,05 Million	0,7 Million
Späte Strahlenschäden	0,4 Million	0,01 Million	0,4 Million
Gesamtverluste der Zivilbevölkerung	6,1 Millionen	0,1 bis 1,1 Million	6 bis 7 Millionen
Soldaten			
Gesamte Waffenwirkung			0,4 Million

des bezweifelt werden kann, ist es noch eine sehr vorsichtig zurückhaltende Beschreibung der möglichen Auswirkungen eines Nuklearkrieges. Nichtsdestoweniger wird als Kernaussage deutlich, daß die Verluste unter der Zivilbevölkerung kaum unter eine bestimmte, sehr hoch liegende Grenze gesenkt werden können angesichts der Kollateralschäden, die mit Kernwaffenangriffen auf die feindlichen Luftstreitkräfte und auf andere weitreichende Waffensysteme verbunden sind. Zusätzlich zu den Verlusten unter der Zivilbevölkerung wären umfangreiche militärische Kräfte praktisch ausgelöscht und tausende von Nuklearwaffen eingesetzt worden (die gesamte nukleare Kampfkraft der Supermächte würde im wesentlichen weiterhin einsatzbereit bleiben). Die Verluste der Zivilbevölkerung jedoch würden die militärischen im Verhältnis von mehr als 12:1 übersteigen.

D. Auswirkungen eines unbegrenzten nuklearen Schlagabtauschs

213. Ein unbegrenzter Nuklearkrieg ist die höchste Stufe menschlichen Wahnsinns. Und so ist es vielleicht nicht überraschend, daß viele Studien zu diesem Thema durchgeführt wurden, um die Folgen eines solchen Krieges mehr im einzelnen zu untersuchen. Die Ergebnisse variieren selbstverständlich mit den Annahmen, die im Hinblick auf Ziele, Zahl und Detonationswert der Sprengköpfe, auf die Einsatzart, die metereologischen Gegebenheiten und auf das Vorhandensein (oder Nicht-Vorhandensein) von Schutzmaßnahmen gemacht werden. Die Erkenntnis, die aus den Ergebnissen dieser Studien folgt, ist indes nur diese: es darf niemals zu einem Einsatz von Nuklearwaffen kommen.

214. In diesen Studien sind verschiedene Szenarios beschrieben worden, die im wesentlichen in zwei Gruppen einzuteilen sind: Counterforce oder Counter-Value-Angriff. [In dem einen Fall wird angenommen, daß sich der Angriff gegen das Nuklearpotential richtet (Counterforce), während sich der andere auf die Annahme gründet, daß das Ziel des nuklearen Schlages Städte oder Industrie- und Wirtschaftspotentiale sind (Counter-Value); Ergänzung d. Übers.] Ein Counterforce-Angriff zielt auf die Vernichtung der feindlichen Raketen-Silos, der Stützpunkte der strategischen Bomber- und U-Bootflotten, sowie auf die Zerstörung der Flugzeugträger bis hin zur Ausschaltung der strategischen U-Boote in See, vorausgesetzt, deren Positionen sind bekannt. Wichtige militärische Kommando- und Fernmeldezentralen wie auch Zentralen des Überwachungs- und Warnsystems können ebenfalls in den Ziellisten enthalten sein. Im Fall Counter-Value gilt die Annahme, daß sofort Industrie- und Bevölkerungszentren mit der Absicht angegriffen werden, den industriellen Ressourcen des Gegners und seiner Bevölkerung untragbare Schäden zuzufügen. Militärische Anlagen und Einrichtungen können dann, abhängig von der jeweiligen Lage, zusätzlich als Ziele vorgesehen oder verworfen werden.

215. Häufig schweigen sich diese Studien über die Folgen aus, die sich nicht unmittelbar auf die Vernichtung menschlichen Lebens und die Zerstörung materieller Hilfsquellen beziehen. Bei einem Counter-Value-Angriff wären diese Folgen zum Beispiel solche, die sich aus dem Ausfall eines bestimmten Teils der Schlüsselindustrie auf die übrigen Bereiche industrieller Produktion ergeben, oder die Konsequenzen, die aus dem Verlust der

Transporteinrichtungen und aus einer Lebensmittelverknappung zu ziehen wären. Ursache dieser Verknappung könnten die Dezimierung der Viehbestände und der Ernteerträge als Folge regionalen radioaktiven Niederschlags sein. Sie können auch in Fehlern der Verarbeitung oder bei falscher Verteilung liegen. Lebensmittelmangel hätte wiederum Auswirkungen auf die Wiederaufbauarbeit, auf den allgemeinen Gesundheitszustand der Überlebenden und auf die Genesungsfähigkeit der Verletzten.

216. Noch weit schwieriger vorauszusagen und daher in den Studien meist unberücksichtigt sind die psychologischen, sozialen und politischen Folgen der ungeheuren Belastung, die einer Gesellschaft aufgebürdet werden, die das Opfer eines mit allen Mitteln geführten Nuklearkrieges ist. Eine Demoralisierung der überlebenden Bevölkerung könnte sich sehr wohl einstellen und zu unberechenbarem Handeln, asozialem Verhalten, zu Aggressivität oder Apathie führen. Orientierungslosigkeit, Angst, Zweifel oder Abneigung gegenüber der politischen Führung und der Verwaltung könnten auftreten, wenn die Belastungen für die Bevölkerung schwerwiegend sein würden. Konflikte im Loyalitätsverhalten gegenüber Familie und Gesellschaft träten zu den niederschmetternden Organisationsproblemen in der vom Angriff heimgesuchten Region. Konflikte, die bereits im Frieden zwischen ethnischen, von der Rasse bestimmten oder religiösen Gruppen bestehen, in bestimmten Ländern auch politische Zerrissenheit, könnten offen ausbrechen als Folge von empfindlichen Verlusten, Belastungen und der Desorganisation in der Zeit nach dem Angriff. Politische Institutionen, Einrichtungen der Rechtspflege und Geldinstitute würden – soweit sie noch bestehen – sehr wahrscheinlich nicht mehr arbeiten, und es ist zweifelhaft, ob eine organisierte zentrale Führung aufrecht erhalten werden könnte.

Der Counterforce-Angriff

217. Da Bodendetonationen bei einem gegen das Nuklearpotential gerichteten Angriff (Counterforce-Angriff) die Wahrscheinlichkeit erhöhen, daß die „harten" militärischen Ziele, wie z. B. die ICBM-Silos (intercontinental ballistic missile) zerstört werden, würden Bodendetonationen wahrscheinlich in großer Zahl angewendet. Die bedeutendsten Kollateralschäden würden dann durch den alsbald folgenden radioaktiven Niederschlag entstehen (vgl. Abbildung 11). Bei Kernwaffenangriffen gegen die Stützpunkte der strategischen Bomber und der strategischen U-Boote wird man Luftdetonationen anwenden, und wenn im ungünstigen Fall diese Einrich-

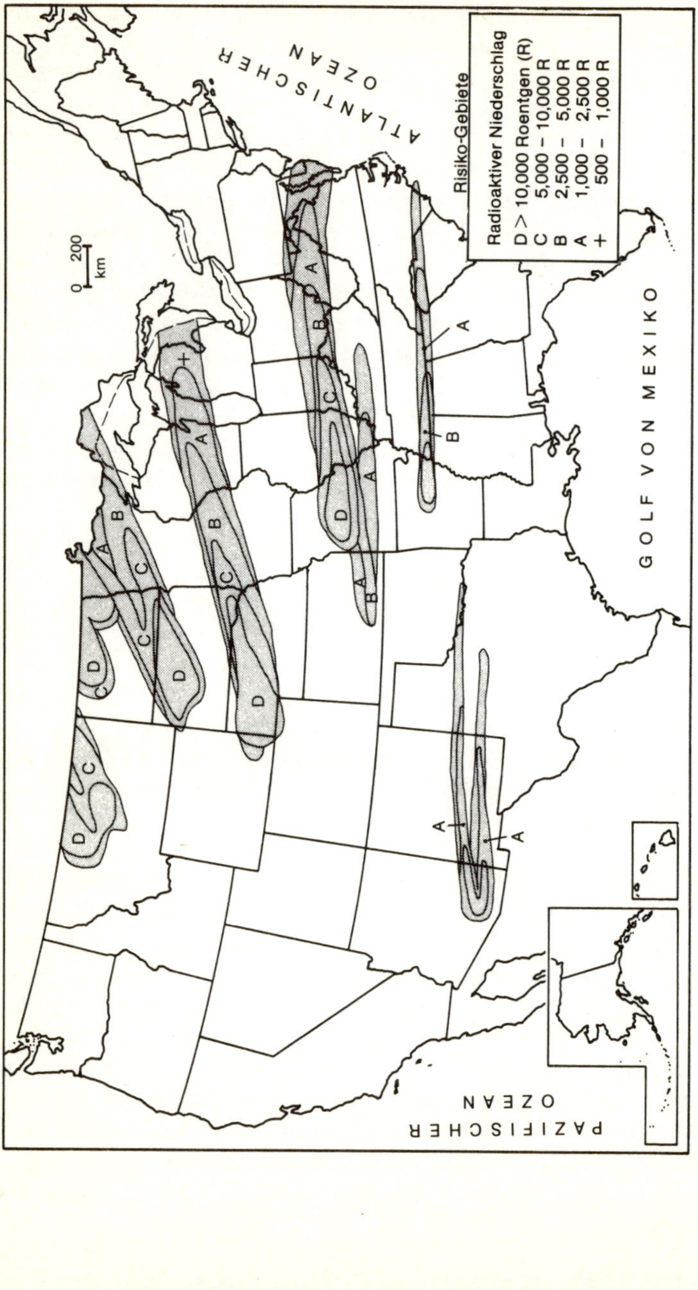

Abbildung 11. Risiko-Gebiete und Flächen radioaktiven Niederschlags nach einem Kernwaffen-Angriff auf militärische Ziele (typisch für März-Windlage)

tungen in der Nähe von Bevölkerungszentren liegen, werden Druckwelle und Hitzewirkung beträchtliche Kollateralschäden in diesen Gebieten verursachen.

218. In der 1979 veröffentlichten Studie des „Office of Technology Assessment" (siehe Absatz 173) werden Untersuchungen der Regierung der Vereinigten Staaten zitiert. Sie stellen fest, daß bei einem Angriff, der sich gegen die Raketensilos der USA richtet, zwischen 2 und 20 Millionen Amerikaner innerhalb von 30 Tagen den Tod finden würden. Eine andere, kürzlich veröffentlichte Studie[20] stellt fest, daß ein Counterforce-Angriff gegen die Vereinigten Staaten ohne Warnung 8 bis 12 Millionen, mit Warnung 5–8 Millionen Todesopfer fordern würde. Die OTA-Studie kommt zu dem Ergebnis, daß ein umfassender Counterforce-Angriff gegen die Vereinigten Staaten selbst dann über 14 Millionen Tote fordern würde, wenn die gegenwärtig vorhandene Kapazität an Schutzräumen gegen radioaktiven Niederschlag genutzt werden würde. Der gleichen Quelle ist zu entnehmen, daß ein Counterforce-Angriff der Vereinigten Staaten gegen die Sowjetunion ziemlich ähnliche Verlustzahlen ergeben würde, das heißt, daß bei einem lediglich gegen die Raketenbasen gerichteten Angriff 2 bis 10 Millionen Menschen sterben würden, während ein gegen das gesamte Nuklearpotential geführter Schlag 2 bis 13 Millionen Tote zur Folge hätte. Die Mehrzahl der Todesfälle bei einem Counterforce-Angriff, die innerhalb von 30 Tagen auftreten, würden Opfer der radioaktiven Strahlung sein, hervorgerufen durch den regionalen radioaktiven Niederschlag der Bodendetonationen.

219. In den oben genannten Studien wird vorausgesetzt, daß der Bevölkerung in großem Umfang Schutzräume zur Verfügung stehen. Um noch höhere Verluste unter der Bevölkerung zu vermeiden, wird ein ununterbrochener Aufenthalt in den Bunkern über mehrere Wochen gefordert. Dies würde zu beträchtlichen Problemen führen und zwar im Hinblick auf: sanitäre Einrichtungen, Lebensmittel- und Wasserversorgung, gefilterte Frischluftzufuhr, Gesundheitsfürsorge, Verbindungen zur Außenwelt, psychische Spannungen etc. Nach diesen ersten Wochen kann ein längerer Aufenthalt außerhalb der Schutzräume „unter Umständen als sicher" angenommen werden. Doch selbst noch nach 2 bis 3 Monaten läge die Strahlenintensität noch weit über der im Frieden geltenden „Sicherheitsgrenze".

220. Geht man von einem „reinen" Counterforce-Schlag aus, dann dürften die meisten Produktionsmittel mit nur geringen materiellen Schäden erhalten bleiben. Dennoch muß mit dem Zusammenbruch des Wirt-

schaftslebens für einige Zeit gerechnet werden. Die Gründe sind nicht nur die hohen Verluste durch radioaktiven Niederschlag und andere Wirkungen der Kernwaffen, sondern auch die Angst, daß noch ein weiterer Angriff unmittelbar bevorstehen könnte. Die Tatsache, daß möglicherweise nur geringer materieller Schaden für die zivile Gesellschaft entsteht, bedeutet nicht, daß dann auch nur geringe wirtschaftliche Störungen zu befürchten sind. Besonders in den radioaktiv verseuchten Gebieten wäre die Arbeits- und Handlungsfähigkeit der Wirtschaft für Monate, wenn nicht vielleicht für Jahre, unterbrochen. Langfristige Schäden würden der Wirtschaft durch die Todesopfer und die für längere Zeit arbeitsunfähigen Kranken entstehen. Es würde Jahrzehnte dauern, bis diese Verluste ersetzt werden könnten, sowohl in demographischer wie auch in wirtschaftlicher Hinsicht.

221. Durch den radioaktiven Niederschlag würden sich schwerwiegende Probleme für die Landwirtschaft ergeben. Für die Viehbestände gäbe es nur wenig Schutz. Nach einer gewissen Zeit wäre ein ganz erheblicher Rückgang der Fleischversorgung die Folge, und viele Jahre würden benötigt, um neue Viehbestände aufzubauen. Die Versorgung mit Milch, Käse und Butter müßte drastisch sinken. Welche Strahlenschäden die Ernte treffen, das würde von der Jahreszeit abhängen. Ein Angriff im Frühjahr würde größere Ausfälle verursachen als ein Angriff im Sommer oder Frühherbst. Radioaktive Stoffe, die in das Grundwasser eingedrungen sind, würden von den Pflanzen absorbiert und dann auf der Weide vom Vieh oder anderen Tieren aufgenommen werden. Durch den Verzehr von Feldfrüchten, Fleisch und Milchprodukten aus verstrahlten Gebieten könnten so bestimmte Mengen von Radioaktivität in den menschlichen Körper gelangen. Die überlebende Bevölkerung hätte dafür mit Krebserkrankungen und genetischen Schäden unter den künftigen Generationen zu zahlen.

222. Der allgemeine Gesundheitszustand würde sich verschlechtern und so zusätzliche Anforderungen an die Einrichtungen der ärztlichen Versorgung des Landes stellen. Da nicht genügend Instrumente für die Messung der Gesamtstrahlenbelastung [z. B. Strahlendosimeter, Ergänzung d. Übers.] zur Verfügung stehen, wäre der einzelne einem unbekannten Strahlenrisiko ausgeliefert. Radioaktiver Niederschlag kann zu irreversiblen Schäden des ökologischen Systems führen, und es könnte nicht ausgeschlossen werden, daß genetische Mutationen das ökologische Gleichgewicht in nicht vorhersehbarer Weise verändern würden. Die Tierwelt könnte in ähnlicher Weise betroffen werden. Doch von großer Bedeutung

ist – und das sollte man sich vor Augen halten –, daß das angegriffene Land, wie verwüstet es auch sein mag, eine mehr als nur ausreichende Nuklearkapazität behielte, um einen ebenso verheerenden Schlag gegen den Angreifer zu führen. Dieser Schlag würde, der Logik der Abschreckung entsprechend, ein Counter-Value-Angriff sein.

Der Counter-Value-Angriff

223. Ziel eines massiven Counter-Value-Angriffes wäre es, die Existenzbasis eines Landes dadurch zu zerstören, daß ihr industrielles Potential und wichtige Ballungszentren angegriffen und ein großer Teil ihrer Bevölkerung ausgelöscht würden. Auch wenn militärische Anlagen ebenfalls als Ziele vorgesehen würden, so wäre deren Zerstörung dennoch nicht Hauptzweck eines solchen Angriffs. Der springende Punkt ist eher, daß ein Counter-Value-Angriff leichter durchzuführen ist, weil ein Schlag gegen urbane und industrielle Gebiete weniger Genauigkeit erfordert als die Zerstörung von Raketensilos. Auch gelten geringere Anforderungen an Zahl und Auslegung der Kernwaffen, die benötigt werden, um dem Gegner „nicht hinnehmbare Schäden" zuzufügen. Nach der Aussage Robert McNamaras, des ehemaligen Verteidigungsministers der Vereinigten Staaten, würde eine solche „nicht hinnehmbare Zerstörung" bei einer bedeutenden Industrienation den Verlust von einem Viertel bis zu einem Drittel der Bevölkerung und der Hälfte bis zu zwei Dritteln seiner industriellen Kapazität erfordern. Entsprechend einem Bericht[21] nahm man damals an, daß 400 Megatonnenäquivalente (equivalent megatonnage, MTE)[22] bei einem Counter-Value-Angriff auf die UdSSR und ungefähr der gleiche Gesamtdetonationswert bei einem ähnlichen Angriff gegen die Vereinigten Staaten erforderlich wären.

224. Folgt man neueren Studien, dann reichen weniger als 400 MTE, um sowohl der UdSSR wie auch den Vereinigten Staaten eine „nicht hinnehmbare Zerstörung" zuzufügen. So weisen zahlreiche Berichte[23] darauf hin, daß beiden Supermächten äußerst schwere Schäden mit relativ wenigen Kernwaffen zugefügt werden könnten, wenn diese gegen entscheidende Ziele gerichtet würden. Dies wird an Tabelle 3 deutlich. Der Bericht,[24] dem diese Tabelle entnommen wurde, macht darüberhinaus deutlich, daß das erforderliche Nuklearpotential für den stärksten in der Tabelle genannten Gegenschlag [siehe Tabelle 3, Angriffsvariante 4; Ergänzung d. Übers.] auch dann noch zur Verfügung steht, wenn ein Land durch

einen überraschend geführten Counterforce-Angriff bereits getroffen ist. Insbesondere würde jedes der drei wichtigen Trägersysteme (Langstrekkenbomber, ICBM und SLBM) noch die erforderliche Zahl von Kernwaffen behalten, um dem Gegner schwerste Schäden zuzufügen.

225. Im Fall eines Counter-Value-Angriffs muß in Hinblick auf die langfristigen Folgen bedacht werden, daß der größte Teil der Schlüsselindustrien zerstört sein würde. So würde ein dramatischer Wettlauf entstehen zwischen dem Absinken der Versorgungsbestände praktisch jeder Art einerseits und dem wirtschaftlichen Wiederaufbau unter äußerst widrigen Umständen andererseits. Hält man sich die Komplexität und die gegenseitigen Abhängigkeiten innerhalb einer Industriegesellschaft vor Augen, dann wird klar, was es bedeutet, wenn es zu einem Mangel in der Lebensmittel- und Energieversorgung sowie im Transportwesen kommt, wenn es an Arbeitskräften fehlt, wenn die unterschiedlichsten Maschinen und Fahrzeuge knapp und komplexe elektrische und elektronische Anlagen ausgefallen sind. Bedenkt man weiter, welches Chaos, menschliche Verzweiflung und gesellschaftlicher Zusammenbruch durch Hungersnot, Krankheit und andere traumatische Erfahrungen eintreten würden, dann ist es einleuchtend, daß die enorme Aufgabe des gesellschaftlichen Wiederaufbaus kaum in vielen Jahren – wenn überhaupt jemals – bewältigt werden könnte.

226. Die nationale Kapazität der Erzeugung, Verarbeitung und Verteilung von Lebensmitteln wäre noch weit schwerer betroffen als bei einem Counterforce-Angriff. Die Zerstörung der Lagereinrichtungen, der Verarbeitungsbetriebe und der Transporteinrichtungen würde innerhalb kurzer Zeit zu einer allgemeinen Versorgungskrise bei Lebensmitteln führen. Dieser Zustand würde wahrscheinlich ein Jahr oder länger anhalten als Folge des Mangels an Kraftstoff oder anderen Energieträgern, an Dünge- und Schädlingsbekämpfungsmitteln und aufgrund der allgemeinen Zerstörung oder des Zusammenbruchs der Infrastruktur. Die Ernteerträge in hochentwickelten Bereichen der Landwirtschaft könnten um mehr als 50 Prozent zurückgehen, wenn weder Düngemittel noch Schädlingsbekämpfungsmittel zur Verfügung stehen. Die Risiken der radioaktiven Strahlung und der Verlust der Viehbestände würden die Situation entscheidend erschweren. Unterernährung wäre die Folge, und diese wiederum würde sich auf den allgemeinen Gesundheitszustand der Bevölkerung auswirken und den Wiederaufbau hindern. Der Kampf um Nahrung würde zu Hungersnot und egoistischem Verhalten führen.

Tabelle 3. Verwundbarkeit bei einem Counter-Value-Angriff

Die Tabellen wurden nach A. Katz, „Economic and Social Consequences of Nuclear Attacks on the United States" (s. Anm. 21) bearbeitet.
Die Ungleichgewichtigkeit der aufgeführten Zahlen ergibt sich aus den unterschiedlichen Voraussetzungen, die der Berechnung zugrunde gelegt wurden: es wird davon ausgegangen, daß die Vereinigten Staaten Ziel eines bestimmten Angriffs wären. Dann wurde untersucht, was erforderlich wäre, um bei einem Angriff auf die UdSSR zu gleichen Konsequenzen zu kommen.

Angenommener Angriff gegen die Vereinigten Staaten

Stärkevarianten des Angriffs[a]	Gesamtzahl der Gefechtsköpfe und Bomben	Gesamt-Megatonnenäquivalent	Gesamtzahl[b] der Verluste (in Millionen)	Zerstörtes Industriepotential in Prozent
1	300 bis 400	144 bis 166	40 bis 60	25 bis 35
2	400 bis 500	244 bis 266	50 bis 70	35 bis 45
3	500 bis 600	344 bis 366	60 bis 80	45 bis 60
4	700 bis 800	544 bis 566	70 bis 90	60 bis 65

Angenommener Angriff gegen die UdSSR

Stärkevarianten des Angriffs	Gesamtzahl[c] der Gefechtsköpfe und Bomben	Gesamt-Megatonnenäquivalent	Gesamtzahl der bedrohten Bevölkerung (in Millionen)	Bedrohtes Industriepotential in Prozent
1	26 (181)	26 (25)	15[d]	15
2	90 (300)	90 (40)	20	25
3	144 (631)	144 (86)	45	50
4	303 (1014)	303 (138)	75	62

[a] Bei den Angriffen 1 bis 4 wird angenommen, daß jeweils 100, 200, 300 und 500 1 MT-Kernwaffen eingesetzt werden, und zwar mit den 70 größten Städten und Industriezentren als Zielen. Zu jedem Angriff treten noch 200 bis 300 Sprengköpfe mit einem Detonationswert von 100 KT.

[b] Die Verluste sind lediglich auf die 1 MT-Kernwaffen bezogen.

[c] Die Zahlen beziehen sich auf einen hypothetischen Angriff ausschließlich mit 1 MT-Sprengköpfen, während bei den in Klammern gesetzten Zahlen ein Angriff angenommen wird, der mit 50 KT-Kernwaffen durchgeführt wird. Bei der Angriffsvariante 4 geht man davon aus, daß die 200 größten Städte und Industriegebiete der UdSSR als Ziele gewählt werden. Bei Variante 1 werden lediglich die zehn größten dieser Ziele, ausgenommen Moskau, als Ziele gewählt.

[d] Die Zahlen sind jeweils auf 5 auf- bzw. abgerundet.

227. Die Zerstörung praktisch der gesamten Ölraffinerie-Kapazität und der Pipeline-Systeme etc. hätte unmittelbare Folgen für das Transportwesen und die Wärme- und Stromerzeugung. Es könnte Jahre dauern, bis ein ausreichender Ersatz durch Kohle und Erdgas gefunden wäre oder die Raffinerien wieder aufgebaut wären. Der Wettlauf zwischen dem Wiedererlangen der industriellen Produktion und dem Absinken der zum Überleben erforderlichen Hilfsquellen würde deshalb entscheidend von einer begrenzten, das Überleben sichernden Energieversorgung abhängen.

228. Die dringlichsten medizinischen Sofortmaßnahmen müßten der Behandlung von Schocks, Verbrennungen, Verletzungen und Strahlenschäden gelten. Viele Menschen würden an mehreren Verletzungen leiden. Aber eine überproportional hohe Zahl von Menschen mit medizinischer Ausbildung hätte den Tod gefunden, weil die meisten Krankenhäuser in städtischen Gebieten liegen. Der Mangel an sanitären Einrichtungen, an Medikamenten, Antibiotika und an medizinisch-technischem Gerät würden die Schwierigkeiten vermehren, wobei der Lebensmittelmangel die allgemeinen Gesundheitsbedingungen noch weiter verschlechtern würde.

229. Für das gesamte Land würde die Zerstörung vieler sozialer und politischer Einrichtungen zu einem äußerst schwerwiegenden Problem werden. Die Anforderungen an diese Institutionen hätten selbst jene normale Leistungsfähigkeit weit überstiegen, über die sie verfügt hätten, wenn sie voll funktionsfähig geblieben wären. Ein Counter-Value-Angriff könnte einen fortschreitenden Verfall wie auch einen plötzlichen Zusammenbruch der gesellschaftlichen Ordnung zur Folge haben.

E. Weltweite Konsequenzen

Auswirkungen auf die Umwelt

230. Die Folgen eines ausgedehnten Nuklearkrieges würden nicht auf die Kernwaffenstaaten beschränkt bleiben. Auch wenn kein unmittelbarer Angriff auf einen Nicht-Kernwaffenstaat erfolgen würde, so ergäben sich doch aus einem Kernwaffenkrieg der Supermächte wahrscheinliche Kollateralschäden [unbeabsichtigte Schäden, die als Nebenwirkung beim Waffeneinsatz entstehen, siehe auch Absatz 185, Anm. d. Übers.]. Auf längere Sicht würde die Verseuchung durch radioaktiven Niederschlag nach einem ausgedehnten Nuklearkrieg die gesamte Erde betreffen (wenn auch vor

allem die Hemisphäre, in der der Krieg geführt wurde). Das Gleiche könnte für andere physikalische Folgen zutreffen, die sich auf die Umwelt auswirken wie etwa die Verbreitung von Stickoxyden und Schadstoffen in der Atmosphäre.

231. Von den weltweiten Folgen eines Nuklearkriegs ist der globale radioaktive Niederschlag am sorgfältigsten untersucht worden. Die verschiedenen Wege, auf denen die in der Luft enthaltenen radioaktiven Partikel (einschließlich Tritium und Kohlenstoff-14, die sich nicht am Boden ablagern) den Menschen erreichen und mit Strahlung belasten, wurden hauptsächlich von empirisch festgestellten Niederschlagskonzentrationen abgeleitet, die bei Kernwaffenversuchen in der Atmosphäre entstanden sind (siehe unten Abschnitt F). Auch jene Radioaktivität, die vom Wasser aufgenommen und von den Meeresströmungen weiter getragen wird, wurde untersucht. Diese Beobachtungen ergänzten Laboruntersuchungen über den Einfluß ionisierender Strahlung auf den lebenden Organismus.

232. Die gewonnenen Erkenntnisse wurden in einer Reihe von Studien[25] auf einen „unbegrenzten" Nuklearkrieg übertragen und die Opfer geschätzt, die die Weltbevölkerung auf Dauer (einschließlich künftiger Generationen) zu bringen hätte. Nur ein Beispiel: der weltweite radioaktive Niederschlag, der sich aus einem Gesamtdetonationswert von 10000 MT ergibt, würde innerhalb der nächsten 40 Jahre zu zusätzlichen Todesfällen durch Krebs bei ungefähr 5 bis 10 Millionen Menschen führen. Dabei ist dieser Detonationswert nur gut die Hälfte dessen, was zur Zeit in den Nuklear-Arsenalen der Welt lagert. Hinzu käme ein ähnlicher Anteil an (nicht tödlichem) Schilddrüsenkrebs. Genetische Schäden würden in etwa der gleichen Zahl wie die tödlich verlaufenden Krebsfälle auftreten; die Hälfte davon wohl innerhalb der nächsten beiden Generationen, der Rest bei späteren Generationen.

233. Umfangreicher regionaler radioaktiver Niederschlag, der von Bodendetonationen stammt, könnte auch unbeteiligte Länder treffen. Die durch diese Strahlenschäden kurz- oder längerfristig auftretenden Verluste zahlenmäßig einzuschätzen, ist sehr viel schwieriger als im Fall des weltweiten Niederschlags, da sie von den metereologischen Gegebenheiten und den getroffenen Schutzmaßnahmen abhängen. Unter ungünstigen Bedingungen betreffen später auftretende Krebs- und Erbschäden einige Millionen Menschen.

234. Ionisierende Strahlung könnte auch zu zahlreichen Mutationen bei Pflanzen und Tieren führen. Es gibt Spekulationen darüber, daß diese

Mutationen das Ökosystem in einer nicht voraussagbaren Weise verändern könnten. Doch ist noch viel zu wenig über die daran beteiligten physikalischen und biologischen Vorgänge bekannt, um auf diesem Gebiet Voraussagen machen zu können.

235. Ein umfangreicher Nuklearkrieg führt zur starken Anreicherung von Stickoxyden in der oberen Atmosphäre, besonders dann, wenn es zu einer hohen Zahl von Detonationen im Megatonnenbereich kommen sollte. Diese Oxyde würden dann bis zur Ozonschicht der Stratosphäre dringen und könnten diese durch chemische Reaktionen innerhalb weniger Monate teilweise zerstören. Man nimmt an, daß es mindestens 5 Jahre dauern würde, bis sich die Ozonschicht wieder aufgebaut hätte. Da Ozon ein wirkungsvoller Schutz gegen die ultravioletten Strahlen der Sonne ist, würde die Zerstörung des Ozonmantels zu einem Anstieg der ultravioletten Strahlung auf die Erde führen. Die vollen biologischen Auswirkungen, die ein Anstieg der ultravioletten Strahlung auf die Ökosysteme in den verschiedenen geographischen Breiten hätte, sind nicht bekannt. Man nimmt jedoch an, daß das Auftreten von Hautkrebs mit der Menge der empfangenen ultravioletten Strahlung in Zusammenhang steht. Mutationen bei Pflanzen und Tieren könnten ebenfalls zunehmen.

236. Das Ausmaß der Zerstörung der Ozonschicht durch eine bestimmte Menge von Stickoxyden ist heute noch nicht völlig überschaubar. Eine 1975 von der amerikanischen Akademie der Wissenschaften (United States National Academy of Sciences) angefertigte Studie nimmt bei der Explosion von 10000 MT eine Verringerung der Ozonschicht um 30 bis 70 Prozent an. Spätere Untersuchungen haben zu einem besseren Verständnis der daran beteiligten chemischen Vorgänge geführt. Heute glaubt man, daß eine derart schwerwiegende Auflösung der Ozonschicht nur erfolgen würde, wenn der überwiegende Anteil des Gesamtdetonationswertes von Multi-Megatonnen-Sprengköpfen stammen würde.

237. Eine starke Veränderung der Ozonkonzentration innerhalb der Stratosphäre würde den stratosphärischen Wärmeaustausch in bedenklicher Weise betreffen. Daraus könnten sich Änderungen der Temperaturverhältnisse in der Troposphäre ergeben, die möglicherweise zu Klimaveränderungen auf der Erde führen. Auch die umfangreichen Mengen von Feststoffen, die in die Atmosphäre gelangen würden, könnten zusätzlich zu diesen Veränderungen beitragen. Man hat geschätzt, daß 10000 MT die Stratosphäre mit 10^7 bis 10^8 Tonnen Material verunreinigen würden. Diese Menge liegt in der gleichen Größenordnung wie die, die durch die

Eruption des Krakatau[26] in die Stratosphäre geschleudert wurde. Auch wird erwartet, daß die klimatischen Veränderungen in den tropischen und subtropischen Zonen geringer, in den höheren geographischen Breiten stärker sein werden. Doch gerade in diesen Regionen würden schon geringfügige Veränderungen, wie etwa eine Abkühlung um 1 Grad Celsius, ernste Folgen haben. (Man schätzt den durch die Krakatau-Eruption für einige Jahre hervorgerufenen Temperaturrückgang auf höchstens 0,5 Grad Celsius.) Eine Abkühlung um 1 Grad Celsius könnte das Wachstum des Weizens in Kanada und in Teilen der UdSSR ganz erheblich behindern, z. B. aufgrund der Verringerung der Anzahl der frostfreien Tage. Obwohl es nur einige Jahre dauern würde, bis sich die möglicherweise weltweiten Klimaveränderungen, die durch einen ausgedehnten Nuklearkrieg ausgelöst werden können, wieder normalisieren, sind die derzeitigen Kenntnisse unzureichend, um länger anhaltende Auswirkungen mit Sicherheit auszuschließen.

Gesellschaftliche, wirtschaftliche und politische Folgen

238. Wenn auch viele physikalische und biologische Auswirkungen eines Kernwaffenkrieges erkannt und in gewissem Maße auch erforscht werden können, ist es weitaus schwieriger, die unvermeidbare Folge eines weltweiten wirtschaftlichen und gesellschaftlichen Zusammenbruchs zu untersuchen. Die Welt ist heute von einer umfangreichen und ständig wachsenden wechselseitigen internationalen Abhängigkeit gekennzeichnet. Viele wichtige Produkte werden aus Teilen und Materialien gefertigt, die aus der ganzen Welt stammen. Finanzwirtschaftlich sind die Wirtschaftsaktivitäten verschiedener Länder eng miteinander verbunden, sowohl aufgrund von Abkommen als auch durch Währungsaustausch und Kreditverkehr. Und die Nuklearmächte sind die maßgeblichen Knotenpunkte im Geflecht des internationalen Handels.

239. Da gesicherte Voraussagen nicht möglich sind, erscheint es besonders angebracht, den oben erwähnten Bericht des Office of Technology Assessment zu zitieren: „Die Auswirkungen eines Nuklearkrieges, die man nicht berechnen kann, sind mindestens genau so wichtig wie diejenigen, bei denen eine Berechnung versucht wurde.“ Einige allgemeine Überlegungen lassen sich sowohl aus dem Studium vergangener Kriege wie auch aus den Krisen in Friedenszeiten ableiten; Beispiele der letztgenannten Art wären etwa der Börsenzusammenbruch 1929 in den Vereinigten Staaten,

aber auch Notsituationen, wie sie den Mißernten von 1972 und 1974 folgten. Erkenntnisse aus der Geschichte verblassen jedoch angesichts der möglichen Nachwirkungen eines umfassenden Nuklearkrieges.

240. Eine Analyse der Konsequenzen für den Welthandel im allgemeinen und für die Versorgung mit lebenswichtigen Gütern im besonderen müßte sowohl das sinkende Produktionsvolumen wie auch den möglichen Zusammenbruch der Organisation des Welthandels und seiner Verbindungen in Betracht ziehen. Käme es zu schwerwiegenden Problemen in beiden Bereichen, so würden sie rasch die täglichen Lebensumstände der meisten Menschen dieser Erde beeinträchtigen.

241. Äußerst kritisch würde die Weltversorgung mit Lebensmitteln werden: viele Entwicklungsländer sind sogar unter stabilen und friedlichen Verhältnissen ständig von Hungersnöten bedroht. Und ein ununterbrochener Getreidehandel ist zu ihrer Verhütung erforderlich.[27] Hinzu kommt, daß die moderne Landwirtschaft in wachsendem Maße auf Zulieferung aus sehr verschiedenen Bereichen der Industrie angewiesen ist. Zu ihnen gehören die verschiedensten Werkzeuge und Maschinen, auch Schädlings- und Unkrautbekämpfungsmittel. Doch das Wichtigste sind Düngemittel der chemischen Industrie, die – zusammen mit der Energieversorgung – ständig benötigt werden, wenn landwirtschaftlich nutzbares Land nur begrenzt zur Verfügung steht.

242. Die Welternährungslage einige Zeit nach einem Krieg kann man grob einschätzen, wenn man sich in Erinnerung ruft, daß Weizen das wichtigste Getreide und Nahrungsmittel im internationalen Handel ist. So exportierten zum Beispiel allein die Vereinigten Staaten 1979 über 37 Millionen Tonnen Weizen; das entspricht fast der Hälfte des Welthandels an Weizen. Zusätzlich verfügen die Vereinigten Staaten und Kanada über 40 Millionen Tonnen Weizen-Reserven. Wären diese nach einem Nuklearkrieg nicht mehr verfügbar, könnte nach kurzer Zeit die Lebensmittellage auf der Welt katastrophal sein. Das könnte bedeuten, daß hunderte von Millionen Menschen von Hungersnöten betroffen würden.

243. Armut ist gegenwärtig die Hauptursache des Hungers. Der Mangel an Ressourcen erlaubt nicht, genügend Lebensmittel und ausreichende Düngemittel, Kraftstoffe, Maschinen u. ä. zu kaufen, um eine ausreichende einheimische Produktion aufzubauen. Diese Tatsache würde nach einem ausgedehnten Nuklearkrieg noch deutlicher hervortreten. Da Exporte erforderlich sind, um Importe bezahlen zu können, hätte der Verlust wesentlicher Exportmärkte, schädlich für viele Länder, katastrophale Folgen für

die armen, auf die Einfuhr von Lebensmitteln angewiesenen Länder. Es würde zu schweren wirtschaftlichen Zusammenbrüchen kommen, wenn die Vereinigten Staaten und die Sowjetunion in einem solchen Maße verwüstet wären, daß sie als Handelspartner für eine Reihe von Jahren ausfielen.

244. Die Vereinigten Staaten sind eine der größten Handelsnationen der Welt. Nur sehr wenige Staaten exportieren in die Vereinigten Staaten weniger als 10 Prozent, und bei einigen sind 50 bis 70 Prozent ihres Exports für die USA bestimmt. Ebenso tragen die Vereinigten Staaten den größten Einzelanteil sowohl zur Entwicklungshilfe wie auch zu internationalen Organisationen, z. B. den Vereinten Nationen bei. Der Außenhandel der Sowjetunion beträgt etwa ein Drittel von dem der Vereinigten Staaten. Mehr als die Hälfte des sowjetischen Handels spielt sich innerhalb des Rates für gegenseitige Wirtschaftshilfe (RGW, auch COMECON oder CMEA = Council for Mutual Economic Assistance) ab. Für die osteuropäischen Staaten wäre der Ausfall der UdSSR als Handelspartner eine Katastrophe, denn die UdSSR nimmt 33 Prozent von ihrem Gesamtexport auf. Darüberhinaus besteht zwischen den Wirtschaftssystemen der COMECON-Länder und der Wirtschaft der Sowjetunion eine sehr enge Koordination. Der Exportanteil einiger Nicht-COMECON-Staaten gegenüber der UdSSR beläuft sich auf 20 bis 40 Prozent. Auch gibt es noch eine Anzahl von Ländern, die von der sowjetischen Entwicklungshilfe in starkem Maße abhängig sind.

245. Einen drastischen Rückgang ihres Außenhandels würden sämtliche Länder der Erde erleiden, und dies hätte wieder Schwierigkeiten und wirtschaftliche Verluste zur Folge. Hier bestehen Wechselwirkungen unterschiedlicher Art:

a) Zerstörte Länder könnten Hauptlieferanten oder einzige Hersteller technisch hochentwickelter Produkte oder Dienstleistungen sein.

b) Exportartikel des einen Landes werden benötigt, um die Exportartikel eines anderen herstellen zu können.

c) Der gesunkene Außenhandel könnte zu Engpässen bei lebenswichtiger Ausrüstung, Halbfertigprodukten, Ersatzteilen etc. führen, da diese nicht mehr bezahlt werden könnten, und somit würde auch die einheimische Produktion sinken.

d) Gesunkenes Pro-Kopf-Einkommen und steigende Arbeitslosigkeit würden zu verändertem Verbraucher-Verhalten führen und somit Nachfrage, Versorgung und Produktion vieler Länder beeinflussen.

246. Die Vernichtung der maßgeblichen Finanz- und Handelszentren der Welt wie etwa New York, London, Moskau und anderer derartiger Städte würde unvermeidlich zum Zusammenbruch des ausgeklügelten Systems des internationalen Finanzwesens und des Handels in der heutigen Form führen. Ein geordneter Austausch von Gütern und Dienstleistungen, wie er für internationale Wirtschaftsbeziehungen bezeichnend ist, wäre unmöglich.

247. Weltweit würden die materiellen Mittel des Transportwesens und der Kommunikationsverbindungen wahrscheinlich nicht allzu schwer betroffen. Bei sorgfältiger Organisation nach dem anfänglichen Durcheinander würden die verbliebenen Kräfte und Mittel der Schiffahrt, des Land- und Lufttransportes sowie der Fernmeldeverbindungen sich als ausreichend für den zurückgegangenen Welthandel erweisen, möglicherweise sogar dann, wenn internationale Hilfsprogramme eingerichtet würden. Durch „Ausschlachten" [Im engl. Text „cannibalism"; gemeint ist die Gewinnung von Ersatzteilen durch Ausbau dieser Teile aus nicht mehr einsatzfähigem Gerät, Fahrzeugen u. ä. Anm. d. Übers.] könnten Ersatzteile gewonnen werden, so daß es möglich sein sollte, auch moderne Flugzeuge für einige Jahre in Betrieb zu halten. Voraussetzung für all dies ist, daß Erdöl (und andere Energiequellen) verfügbar wären. Allerdings schließen die materiellen Folgen eines Krieges nicht einen zusätzlichen weltweiten Ausfall von Erdöl ein, da die Vereinigten Staaten Erdöl importieren, während die UdSSR zur Zeit etwas mehr als den Eigenbedarf produziert.

248. In Zeiten des allgemeinen Leides und der Unruhe, die einem Kernwaffenkrieg folgen würden, muß man erwarten, daß Länder mit einem Getreideüberschuß nichts für verhungernde Menschen in entfernt liegenden Ländern tun werden. Ihr Überschuß könnte stattdessen zum Beispiel gebraucht werden, um in bilateralem Austausch Rohstoffe zu erwerben. Auf längere Sicht würde die Versorgungslage mit Düngemitteln zu einem beträchtlichen Problem werden, da die Vereinigten Staaten und die Sowjetunion Hauptproduzenten von Düngemitteln sind. Wenn auch der größte Teil ihrer Produktion für den einheimischen Bedarf bestimmt ist, würde doch das Fehlen großer Mengen landwirtschaftlicher Hilfsprodukte ein ernsthafteres Problem sein als der Ausfall der Länder mit einem Getreideüberschuß, weil auf diese Weise die Fähigkeit zur Lebensmittelproduktion in jenen Ländern bedroht wäre, die auf die Einfuhr von Düngemitteln angewiesen sind.

249. Wenn fast alle größeren europäischen Länder zusätzlich zu den

Vereinigten Staaten und der Sowjetunion geschädigt oder gar vernichtet wären, klänge jede Analyse der Folgen auf das Weltgeschehen beschönigend. Nur noch sehr wenige Geschäfts- und Handelsbeziehungen dürften verbleiben, zumindest zwischen diesen Regionen und den übrigen Teilen der Welt. Die wirtschaftliche Bedeutung dieser Länder für die Welt wird deutlich, wenn man sich klar macht, daß sie gemeinsam die Hälfte bis zwei Drittel des Bruttosozialprodukts und des Handels der Welt erbringen.

250. Ein sehr wesentlicher Unterschied im Vergleich zu dem vorher beschriebenen Kriegsbild (Schlagabtausch lediglich zwischen der UdSSR und den Vereinigten Staaten) liegt darin, daß wirkungsvolle Hilfsprogramme für die verwüsteten Länder undurchführbar sind, da die Industrie-Nationen, die überlebt haben, nicht fähig wären, eine derartige Aufgabe zu bewältigen. Dies würde sich als ein erschwerender Umstand erweisen, der jede Aussicht auf einen internationalen wirtschaftlichen Wiederaufbau für lange Zeit ausschließen könnte. Überdies würden viele der am Krieg nicht beteiligten Staaten Entwicklungsländer sein, die als Lieferanten von Rohstoffen und landwirtschaftlichen Erzeugnissen nach einem umfangreichen Nuklearkrieg von geringerer unmittelbarer Bedeutung wären. Sie müßten mit einem fast völligen Erliegen des Außenhandels rechnen.

251. Zusätzlich käme es wahrscheinlich zu einem völligen Zusammenbruch des multilateralen Zahlungssystems, der Organisationen der Vereinten Nationen und der Weltbank. Wichtige Bereiche und Hauptstationen des internationalen Fernmeldesystems über Kabel- und Satellitenverbindungen würden zusammen mit den großen städtischen Gebieten in Europa gleichfalls ausfallen.

252. Lebensmittel würden sehr knapp werden, vor allem nach einiger Zeit, wenn der Mangel an Düngemitteln die Ernteerträge in den meisten Teilen der Erde verringert hat. Dieser Mangel an Düngemitteln würde in diesem hier dargestellten Szenario sehr viel schwerwiegender sein. Man müßte damit rechnen, daß hunderte Millionen Menschen an Hunger sterben würden. Die Verknappung von Transportmitteln, Arzneimitteln und Mitteln zur Schädlingsbekämpfung würde die weltweite Katastrophe weiter verschlimmern, wodurch Leid und Schrecken noch wachsen würden.

253. Sämtliche Länder, die überlebt haben und versuchen würden, die heimische Produktion auf einen höheren Grad der Eigenversorgung anzuheben, müßten diese Umstellung im Wettlauf mit der Zeit vollziehen, bevor die Vorräte völlig erschöpft sind. Gelänge es nicht, diese Überlebensfähigkeit zu schaffen (d. h. eine Produktion aufzubauen, die den Verbrauch

und die Verluste deckt), würde das zu vielen weiteren Todesopfern und zu zusätzlichem wirtschaftlichem, politischem und sozialem Abstieg führen. Damit könnte eine sich selbst verstärkende Abwärtsbewegung einsetzen. Welchen Weg die Wirtschaft in einer bestimmten Region oder in einem bestimmten Land nehmen wird, ist jedoch letztlich nicht vorauszusehen.

254. Die bisherige Erörterung konzentrierte sich auf einige wenige quantifizierbare Punkte. Man muß jedoch bedenken, daß noch unzählige andere Aspekte zu untersuchen wären. Einige unter ihnen sind von kaum erfaßbarer Art, und alle beeinflussen sich wechselseitig. Ein lokal geführter oder auch ein in irgendeinem Gebiet drohender Krieg könnte Anlaß sein, Industrie und Materialien zum Nachteil der Wirtschaft und des Lebensstandards auf die Kriegsproduktion umzulenken. Ein Zusammenbruch von Recht und Ordnung in einigen Regionen der Welt könnte ein sehr ernsthaftes Hindernis für die Wiederbelebung des internationalen Handels sein. Überragende Bedeutung muß den politischen und gesellschaftlichen Institutionen beigemessen werden, nicht nur in Bezug auf die Motivierung des einzelnen, sondern auch auf die Effizienz, mit der die menschlichen und finanziellen Kräfte der Nation und ihre natürlichen Hilfsquellen für die landwirtschaftliche Produktion eingesetzt und die Verteilung der Lebensmittel vorgenommen werden.

255. Die Motivierung der Bevölkerung wird in einigen Fällen der entscheidende Faktor sein, wenn es gilt, die ungeheure und anscheinend hoffnungslose Aufgabe anzupacken, eine zerstörte Welt wieder aufzubauen. In dieser Hinsicht sollte man keine hohen Erwartungen hegen, wenn kulturelle, soziale und politische Werte, die heute die treibenden Kräfte für einen großen Teil der Entwicklung darstellen, plötzlich ihre Bedeutung verloren haben.

256. In der Tat besteht sehr wenig Grund anzunehmen, daß nach einem umfassenden Nuklearkrieg die politische und gesellschaftliche Lage in irgendeinem Land unverändert bleiben würde. Viele uns heute bekannte Nationen würden wahrscheinlich untergehen. Andere Länder könnten durch Hunger und Massenflucht praktisch entvölkert sein. Das System der internationalen Sicherheit würde zerstört sein wie auch die traditionelle Vorstellung von den Staaten, Nationen und Gesellschaften, die überlebt haben könnten.

F. Auswirkungen der Kernwaffenversuche

257. Die Nuklearmächte haben insgesamt mehr als 1200 Kernwaffenversuche durchgeführt. Da offizielle Zahlenangaben fehlen, handelt es sich bei den Angaben in Tabelle 4 um Schätzungen, die sich auf verfügbares Material stützen. Wie Tabelle 4 zeigt, wurde und wird die Mehrzahl der Versuche von den Vereinigten Staaten und der UdSSR durchgeführt. In den letzten Jahren waren es im Durchschnitt 30 bis 40 Versuche pro Jahr. Es handelt sich fast ausnahmslos um unterirdische Versuche, da andere Versuche [z. B. als Luft- oder Unterwasserdetonationen, Ergänzung d. Übers.] aufgrund des teilweisen Test-Stopp-Vertrages von 1963 verboten sind. Die Vereinigten Staaten, die Sowjetunion und Großbritannien halten

Tabelle 4. Bekannte und vermutete Kernwaffen-Detonationen bis 31. Dezember 1979

A = Detonationen in der Atmosphäre *U = Unterirdische Detonationen* *G = Gesamtzahl*

Staat	16. Juli 1945 bis 4. August 1963			5. August 1963 bis 31. Dez. 1979			Gesamtzahl		
	A	U	G	A	U	G	A	U	G
Vereinigte Staaten von Amerika	193	110[a]	303	–	362	362	193	472	665
Sowjetunion	161	3	164	–	262	262	161	265	426
Großbritannien	21	2	23	–	7	7	21	9	30
Frankreich	4	4	8	41	37	78	45	41	86
China	–	–	–	21	4	25	21	4	25
Indien	–	–	–		1	1	0	1	1
	379	119	498	62	673	735	441	792	1233

Quellen: SIPRI Yearbook 1980. (SIPRI, Stockholm International Peace Research Institute)
Zander und Araskog: Nuclear explosions, 1945 bis 1972. Basic Data.
FOA 4 Report A 4505-Al, Research Institute of National Defense, Stockholm, April 1973, mit später herausgegebenen Ergänzungen.

[a] Einige dieser Detonationen fanden nach dem 5. August 1963 statt.

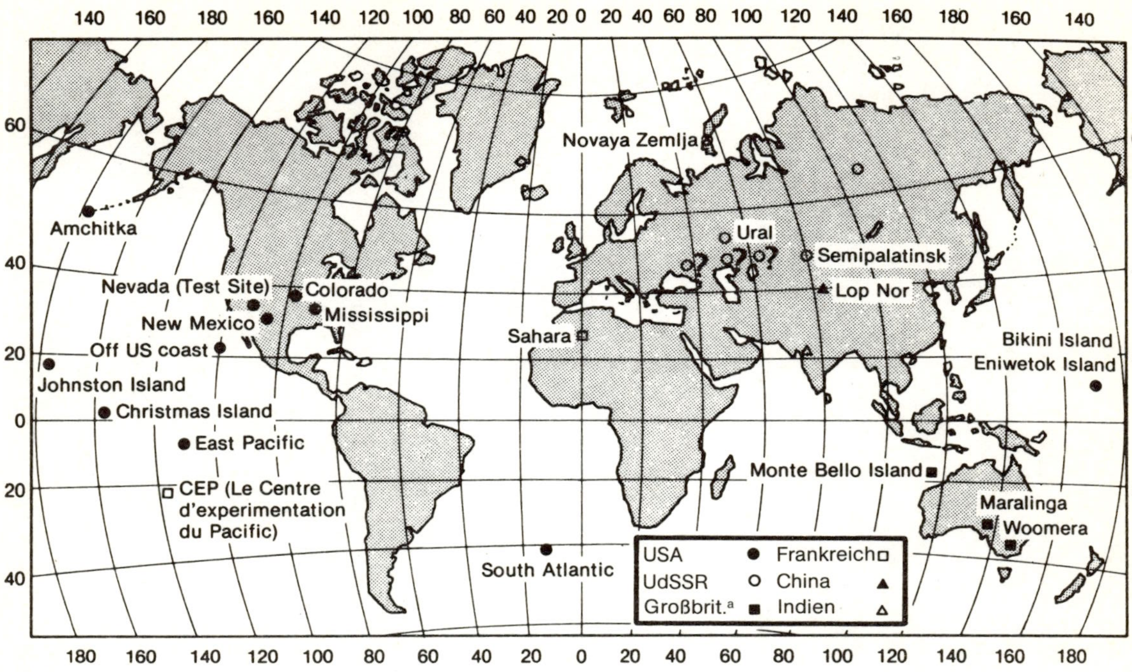

Abbildung 12. Kernwaffen-Versuchsgebiete 1945–1979

[a] In Australien wurden seit 1957 keine Kernwaffen-Detonationen durchgeführt. Die Regierung Australiens widersetzt sich allen Kernwaffen-Versuchen.

sich an dieses Abkommen. Die beiden anderen Kernwaffenstaaten Frankreich und China sind nicht Partner des Vertrages. China führt weiterhin Versuche in der Atmosphäre durch, während Frankreich 1974 erklärte, daß es auf Versuche in der Atmosphäre verzichtet. Nahezu sämtliche Tests werden auf besonderen Versuchsgeländen durchgeführt, von denen einige außerhalb der Territorien der Staaten liegen, die diese Versuche ausführen (siehe Karte Abbildung 12).

258. Der gravierendste Schaden, der sich aus diesen Kernwaffenversuchen für die Weltbevölkerung ergibt, besteht in der weltweiten Verbreitung von radioaktiven Stoffen, die nach Versuchen in der Atmosphäre auftreten. Diese Radioaktivität, die der entspricht, die auch bei Kernwaffendetonationen im Krieg freigesetzt wird, stammt von Kernspaltungsprodukten und zahlreichen anderen Nukleiden, die im Augenblick der Detonation sowohl in der Kernladung selbst, im Konstruktionsmaterial der Kernwaffe wie auch in der den Detonationspunkt unmittelbar umgebenden Materie entstehen. Nachdem diese Rückstände den Erdboden erreicht haben und in die Biosphäre eingedrungen sind, gibt es für die einzelnen strahlenden Teilchen unterschiedliche Wege, um die Strahlung auf den Menschen zu übertragen.

259. Der Wissenschaftliche Ausschuß der Vereinten Nationen über die Auswirkungen der Atomstrahlung (UNSCEAR) führt laufend Berechnungen der radioaktiven Strahlenbelastung durch, die aufgrund aller bisher durchgeführten Kernwaffenversuche bereits entstanden ist oder [wegen der Langzeitwirkung, Erg. d. Übers.] noch anfallen wird. In seinem 1977 der Generalversammlung vorgelegten Bericht[28] faßt der Ausschuß die Dosiswerte zusammen, die sich aufgrund sämtlicher vor 1976 durchgeführten Kernwaffenversuche ergeben haben. Man schätzt, daß diese Versuche zu einer weltweiten Verbreitung von radioaktiven Rückständen geführt haben, die dem Kernspaltungsanteil von ungefähr 145 MT entsprechen. Ein Teil der Strahlung trifft den Menschen von außen, d. h. durch die am Boden abgelagerten radioaktiven Rückstände. Andere für die verschiedenen Organe des menschlichen Körpers schädliche Strahlenbelastungen stammen auch von einigen radioaktiven Spaltprodukten (ganz besonders Strontium-90 und Cäsium-137), die der Mensch über die Nahrung oder durch die Atmung aufnimmt. Sie wirken dann während ihrer mit dem Körper verbundenen physikalischen und biologischen Existenz als innere Strahlenquellen.

260. Die durchschnittlich für die Weltbevölkerung errechnete Strahlen-

belastung durch von außen wirkende und inkorporierte Strahlenquellen wird etwa gleich hoch eingeschätzt. Sie beträgt für den menschlichen Körper insgesamt (bis zum Jahr 2000) über 120 Millirad [rad: „radiation absorbed dose", aufgenommene Strahlendosis, Anm. d. Übers.][29]. Dies bedeutet, daß die in der Vergangenheit durchgeführten Kernwaffenversuche, die zu einer radioaktiven Verseuchung der Biosphäre führten, die Weltbevölkerung im Durchschnitt in einer Größenordnung von 1 Millirad je Megatonne Kernspaltungsenergie belastet haben. Um dies in Zahlen tödlich verlaufender Krebsfälle und schwerwiegender erblicher Gesundheitsschäden auszudrücken, kann man der ungesicherten, jedoch allgemein zitierten Schätzung folgen, wonach zwei bis drei Todesfälle durch Krebs oder genetische Schäden pro 10000 rad kollektiver Strahlenbelastung eintreten. Übertragen auf die Weltbevölkerung würde diese Schätzung zu einem Todesfall je Kilotonne freigesetzter Kernspaltungsenergie führen. Legt man diesen Maßstab allen in der Vergangenheit in der Atmosphäre durchgeführten Kernwaffenversuchen zugrunde, so könnte das Ergebnis – weltweit bezogen – über 150000 vorzeitige Todesfälle bedeuten. Annähernd 90 Prozent dieser Fälle müßte man in der nördlichen Hemisphäre erwarten. Allerdings muß festgehalten werden, daß diese Zahlen auf Risikoschätzungen bei niedrigen Strahlendosen beruhen, die Gegenstand wissenschaftlicher Kontroversen sind, und außerdem, daß, selbst wenn diese Schätzung korrekt ist, die auftretenden Todesfälle von den anderen gleichzeitig tödlich verlaufenden Krebserkrankungen unmöglich unterschieden werden können.

261. Wenn ein Kernsprengsatz unter der Erdoberfläche detoniert, bildet sich ein annähernd kugelförmiger Hohlraum, und in etwas weiterer Entfernung wird das Gestein zertrümmert. Der Radius der Bruchzone hängt vom Detonationswert und der Eigenschaft des umgebenden Gesteins ab, in der Regel beträgt er einige hundert Meter. In größerer Entfernung sind seismische Stoßwellen die einzigen Auswirkungen einer völlig beherrschten unterirdischen Kerndetonation. Dicht am Detonationsherd können diese Beben ziemlich heftig sein, doch nehmen sie mit wachsender Entfernung schnell ab. Auch bei starken Kernwaffendetonationen sind die von ihnen ausgehenden seismischen Beben in großer Entfernung schwächer als jene, die durch Erdbeben hervorgerufen werden, die sich in den verschiedensten Gebieten der Erde mehrmals wöchentlich ereignen. Es gibt keinen Beweis, daß unterirdische Kernwaffendetonationen Erdbeben in weit vom Detonationspunkt entfernten Gebieten ausgelöst hätten. Auch sind keine physika-

lischen Vorgänge bekannt, die eine derartige Auslösung möglich machen könnten. Die seismischen Auswirkungen einer unterirdischen Kerndetonation sind auf einen ziemlich engen Raum um den Detonationspunkt beschränkt, und es gibt keine Beweise, daß solche Detonationen Sekundärfolgen in anderen Gebieten hervorrufen könnten.

262. Wenn eine unterirdische Kernwaffendetonation vergleichsweise dicht unter der Erdoberfläche erfolgt, kann die Erdoberfläche durchbrochen werden und radioaktive Spaltprodukte können in die Atmosphäre gelangen. In den ersten Jahren der unterirdischen Versuche kam es zu einigen wenigen solcher „Ausbläser", die von einer derartigen Größenordnung waren, daß sie außerhalb des Landes, in dem der Versuch durchgeführt wurde, festgestellt werden konnten. Es scheint, daß in den späteren Jahren die unterirdischen Versuchsexplosionen in einem höheren Grad beherrscht worden sind, wenngleich selbstverständlich jedes Leck geringfügig zu der gesamten radioaktiven Verseuchung der Biosphäre beitragen wird.

G. Zivilschutz

263. Einige Staaten haben einen Zivilschutz aufgebaut, um den Anforderungen eines konventionellen Krieges Rechnung zu tragen. Zum Teil trafen sie zusätzliche Maßnahmen, die speziell auf die Situation eines Nuklearkrieges ausgelegt sind. Zivilschutz umfaßt herkömmlicherweise Maßnahmen, um Verluste unter der Bevölkerung zu vermeiden, z. B. Schutzraumbau, Warnsysteme, Evakuierungsmaßnahmen zur Begrenzung der unmittelbar eintretenden Schäden, Brandbekämpfung sowie Rettungsdienste, um den Verletzten und Obdachlosen erste Hilfe zu leisten.

264. Einige dieser Maßnahmen könnten zur Begrenzung der Zahl der Todesopfer bei einem Kernwaffenangriff beitragen. Doch angesichts der umfangreichen Verwüstungen, besonders dann, wenn Nuklearwaffen direkt gegen die Bevölkerung eingesetzt werden, könnten sich die verfügbaren Kräfte und Mittel für Hilfsmaßnahmen nach dem Angriff als völlig unzureichend erweisen. Worauf es in erster Linie ankommt, ist die Fähigkeit zum Überleben auf lange Zeit, zur Wiederherstellung und zum Wiederaufbau. Diese langfristig geltenden Gesichtspunkte würden besonders dann bedeutsam werden, wenn nach einem umfangreichen Angriff das Überleben der gesamten Bevölkerung auf dem Spiele stände. Aus diesem

Grund sollte der herkömmliche Zivilschutz im Zusammenhang mit anderen Maßnahmen diskutiert werden, die nach einem Nuklearkrieg einen Aufbau auf nationaler Ebene erlauben oder möglich machen.

265. Zivilschutz wird unter den Supermächten zuweilen als eine Komponente des strategischen Gleichgewichts betrachtet, und es wird sogar behauptet, daß Bemühungen um einen wirksamen Zivilschutz dieses Gleichgewicht stören könnten. Dies scheint eine Überbewertung der Fähigkeiten des derzeitigen Zivilschutzes zu sein, da zur Zeit kein Zivilschutzsystem einen prinzipiell zuverlässigen Schutz für die Bevölkerung bereitstellen kann. Der Wert der Maßnahmen hängt weitgehend von der Art und Weise des Angriffs ab. Zivilschutz könnte z. B. sehr wirkungsvoll bei der Rettung von Menschenleben sein, die sonst aufgrund des radioaktiven Niederschlags bei einem begrenzten Angriff gegen harte Ziele verloren wären. Andererseits wäre die Wirkung in einem Krieg gering, in dem Kernwaffen-Schläge gegen die Industrie in Städten oder gegen die Zivilbevölkerung selbst geführt würden. Dies gilt in einem Nuklearkrieg sowohl für Kernwaffenstaaten wie auch für Nicht-Kernwaffenstaaten. Selbst in Ländern, die keinem Kernwaffenangriff ausgesetzt sind, würde Zivilschutz erforderlich sein. Man müßte dem radioaktiven Niederschlag begegnen können, der von der hohen Zahl von Nukleardetonationen in benachbarten Ländern stammt.

Methoden des Zivilschutzes

266. Um die Bevölkerung zu schützen, werden am häufigsten zwei Maßnahmen in Betracht gezogen: Evakuierung und Unterbringung in Schutzräumen. Eine Evakuierung der Bevölkerung aus Gebieten, die vermutlich von einem Angriff betroffen werden, muß sehr sorgfältig im voraus geplant werden. Diese Planung muß, neben Transport und Unterbringung der Evakuierten, eine wenigstens kurzfristige Versorgung mit Lebensmitteln berücksichtigen. Informationen und Anweisungen müßten vorher an die gesamte Öffentlichkeit gegeben werden. Doch auch dann, wenn detaillierte Pläne existierten, würde die Durchführung der Evakuierung wahrscheinlich Verwirrung und Panik auslösen. Daher ist eine umfangreiche Evakuierung in den meisten Fällen keine günstige Maßnahme.

267. Würde eine Evakuierung zu früh eingeleitet, könnte dies eine unnötige Unterbrechung des normalen Lebens bedeuten; aber beginnt man zu spät, dann würden die Chancen der Evakuierten verschlechtert, da die

Gefährdung in der Phase der Umsiedlung am größten ist. Gerade die Tatsache, daß eine Evakuierung begonnen hat, könnte einen Angriff beschleunigen. Außerdem wäre es möglich, daß die umgesiedelte Bevölkerung zum Ziel gewählt wird. Diese Zwangslage könnte es in jeder Art von Krieg geben, doch wäre sie in einem Nuklearkrieg noch schwieriger. Da erwartungsgemäß der Schutz gegen radioaktive Strahlung in ländlichen Gebieten unzureichend ist, müßte man sich zusätzlich auf die Verbreitung radioaktiven Niederschlags einstellen. Aber man kann nicht voraussagen, wo die vom radioaktiven Niederschlag besonders schwer betroffenen Gebiete liegen werden.

268. Die Unterbringung in Schutzräumen ist eine sehr kostspielige Schutzmaßnahme, denn man muß die Räume, entflieht man den Wirkungen von Kernwaffen nicht, gegen einen solchen Angriff härten. In einem Nuklearkrieg müßten Bunker sowohl gegen ionisierende Strahlung wie auch gegen die Druckwelle, gegen zusammenstürzende Gebäude und umherfliegende Trümmer, gegen thermische Strahlung und gegen Feuer Schutz bieten. Allgemein kann man sagen, daß Schutzbauten, die gegen mechanische Druckbelastungen angemessen schützen, auch ausreichenden Strahlenschutz bieten. Erforderlich wäre jedoch eine besondere Konstruktion der Bunker gegen die umfangreiche Luftdruckwelle der Kernwaffen. Schwierige Probleme würden sich auch durch die anhaltende Hitzebelastung eines Bunkers ergeben, der unter einer mächtigen Masse schwelenden Schutts begraben sein kann, wie auch für die Belüftung des Bunkers unter diesen Verhältnissen. Wünschenswert wäre die Filterung der zugeführten Luft, um auf diese Weise radioaktiven Staub und giftige Gase fernzuhalten. Doch sind die üblichen Filter nicht geeignet, das bei Schwelbränden entstehende Kohlenmonoxyd zu beseitigen.

269. Lebensmittel, Wasser und sanitäre Anlagen müßten vorhanden sein, da die Menschen etwa wegen der Strahlung lange im Schutzraum bleiben müßten, oder weil die Bergungsarbeiten schwerwiegend behindert wären. Unter den Bedingungen schweren radioaktiven Niederschlags, zum Beispiel nach der Bodendetonation eines Kernspaltungs-Sprengkörpers von 1 MT in 30 km Entfernung, könnten die Menschen in windabgewandter Richtung nach zwei Tagen ihre Schutzräume verlassen, vorausgesetzt, daß sie das radioaktiv verseuchte Gebiet sofort verlassen könnten und sich innerhalb von ein bis zwei Stunden außerhalb dieses Gebietes befänden. Wäre eine solche Evakuierung nicht so schnell, sondern nur innerhalb einiger Tage möglich, dann müßten sich die Menschen zur Vermeidung

von akuten Strahlenschäden für einen Monat in Schutzräumen aufhalten. Einhundert Kilometer in windabgewandter Richtung entfernt würden die entsprechenden Zeitangaben einige wenige Stunden bzw. eine Woche betragen. In beiden Beispielen gäbe es unter den Überlebenden eine hohe Krebsrate als Spätfolge der radioaktiven Strahlung, selbst wenn die Aufenthaltsdauer in den Schutzräumen genau eingehalten werden könnte.

270. In einem Nuklearkrieg würden Rettungsmaßnahmen besondere Probleme aufwerfen, einmal wegen des damit verbundenen ungeheuren Arbeitsaufwands, zum anderen wegen der möglicherweise noch vorhandenen radioaktiven Rückstandsstrahlung. Viele Brände müßten gelöscht, umfangreiche Massen von Schutt eingestürzter Gebäude müßten beseitigt werden. Es wäre unmöglich, die erforderlichen Mittel und Kräfte aufzubringen, um alle in Bunkern und Kellern eingeschlossenen Überlebenden retten zu können, selbst wenn sorgfältig ausgearbeitete Notstandspläne vorbereitet worden wären.

271. Der vorhandene radioaktive Niederschlag würde Ausrüstung und Routine voraussetzen, um sich über die verstrahlten Gebiete einen Überblick zu verschaffen und die radioaktive Strahlung zu prüfen. Schutzbauten gegen radioaktiven Niederschlag wären in großem Umfang erforderlich. Sie könnten allerdings erheblich leichter und auch billiger gebaut werden als Schutzräume gegen die Druckwelle. Sogar für nicht am Krieg beteiligte Länder könnten sich Probleme aufgrund des radioaktiven Niederschlages ergeben, der von Kernwaffendetonationen anderen Ortes auf der Erde stammt. Bodendetonationen im Megatonnenbereich könnten bei ungünstigen Wetterbedingungen noch in einer Entfernung von über 1000 km vom Zielgebiet Strahlenbelastungen im Freien ergeben, die so hoch sind, daß sie akute Strahlenschäden verursachen.

Langfristige Chancen für ein Überleben und den Wiederaufbau

272. Nach einem Kernwaffenangriff (und zu einem gewissen Grad auch nach der Verseuchung durch radioaktiven Niederschlag aus weit entfernten Zielen) wäre die einheimische Produktion und die Verteilung vielfältiger Versorgungsgüter gestört und der internationale Handel unterbrochen. Am stärksten betroffen wäre die Versorgung mit Lebensmitteln und Energie, die medizinische Versorgung, die Bekleidung sowie die provisorische Unterbringung. Eine wichtige Vorbeugungsmaßnahme wäre die für den Notfall bestimmte Vorratshaltung von Grundversorgungsgütern, um so

die Schwierigkeiten der ersten Tage und Wochen bewältigen zu können. Doch könnten sich die Probleme der Verteilung rasch schwierig gestalten.

273. Das vordringlichste Problem wäre die Gewährleistung einer fortlaufenden Lebensmittelerzeugung. Sie sollte unabhängig von Importgütern sein, was in Ländern, deren Landwirtschaft hoch mechanisiert war, zu besonderen Schwierigkeiten führen könnte. Unter den Viehbeständen hätte der radioaktive Niederschlag Opfer gefordert, teils aufgrund von Schwierigkeiten ihrer Versorgung, teils als Folge von Strahlenschäden. Eine weitere Schwierigkeit könnte darin bestehen, daß Ackerboden und Weiden für Jahre durch radioaktiven Niederschlag unbrauchbar geworden sind.

274. Die Supermächte haben angeblich auf nationaler Ebene den systematischen Schutz ihrer industriellen Grundlage durch Härtung der Anlagen und Dezentralisierung diskutiert. „Härtung" würde bedeuten, Gebäude und Maschinen gegen einen bestimmten Grad von Überdruck zu schützen. Eine wirkungsvolle Verbesserung dieser Härtung ist bei einigen Industriezweigen besonders schwierig, so etwa bei Ölraffinerien. Dezentralisierung ist kostspieliger und könnte nur das Ergebnis weiträumiger Planungen sein. Ob sich irgendeine dieser Anstrengungen lohnt, ist zweifelhaft. Der Härtung einer als Angriffsziel vorgesehenen Industrie könnte dadurch begegnet werden, daß man die Detonationshöhe der Sprengköpfe verringert oder die Treffgenauigkeit verbessert. Durch neue Entwicklungen in Bezug auf die Zahl der Sprengköpfe und ihre Treffsicherheit könnte auf ähnliche Weise die Dezentralisierung unwirksam gemacht werden. Von keinem Land ist der Versuch bekannt geworden, die Industrie in bedeutendem Ausmaß zu härten oder zu dezentralisieren.

275. Das zentrale Problem bei den Bemühungen, Landwirtschaft und Grundindustrie wieder aufzubauen, würde darin liegen, eine Produktionsrate zu erreichen, die mindestens der Höhe des Minimumverbrauchs entspricht, bevor die Vorräte völlig erschöpft sind. Organisierte Anstrengungen, die erforderlich wären, um diese ungeheure Aufgabe zu meistern, würden jedoch einen beispiellosen Grad von Entschlossenheit und Einsicht sowohl bei der Bevölkerung wie auch bei deren Führung erfordern.

Bestehende und mögliche Zivilschutz-Programme

276. Ein vollständiges Zivilschutz-Programm besteht aus einer Reihe von Komponenten, die zusammenwirken müssen. Doch selbst bei einem

gut ausgewogenen und mit den notwendigen Mitteln ausgestatteten, umfassenden Zivilschutzsystem beständen Zweifel über dessen Wirksamkeit in einem Nuklearkrieg. Dies liegt teils an der grundlegenden Ungewißheit über Art und Weise des Angriffs, über das Verhalten der Bevölkerung, die am Ziel eingetretene Waffenwirkung, den Einfluß des Wetters, die Klimabedingungen u. ä., teils liegt es an der enormen Gewalt der Kernwaffen, die es dem Angreifer erlaubt, jedes Bemühen um einen wirksamen Zivilschutz gegenstandslos zu machen, indem er einfach einige Kernwaffen mehr und etwas stärkere einsetzt. Wenn man nicht unterstellt, daß es das Ziel des Angreifers wäre, so viel Zivilpersonen wie möglich zu töten, könnte der Zivilschutz jedoch wesentlich dazu beitragen, die Folgen eines Angriffs erheblich zu mindern und die Umstände nach einem Angriff zu verbessern.

Tabelle 5. Einige Beispiele für die jährlichen Ausgaben für den Zivilschutz

Staat	*Ungefähre Ausgaben pro Kopf (in US-Dollar)*
Schweiz Norwegen Israel	über 10
Schweden	9[a]
Sowjetunion	8[b]
Finnland Dänemark	4
Bundesrepublik Deutschland	3,5
Niederlande	2,5
Vereinigte Staaten	0,5[c]

Quelle: DCPA Information Bulletin, 5. April 1979, Nr. 303.

[a] Der aufgeführte Betrag deckt Aufwendungen für den herkömmlichen Zivilschutz einschließlich Strahlenschutz, jedoch nicht für die Notfall-Vorratshaltung.

[b] Der aufgeführte Betrag deckt die Kosten für Personal, Schutzraumbau und für die Tätigkeit einiger militärischer Einrichtungen, die für den Zivilschutz wichtig sind. Siehe auch: „Soviet Civil Defense", The Department of State, United States of America, Special Report Nr. 47, September 1978.

[c] Hauptsächlich Verwaltung und Planung von Schutz gegen Nuklear-Wirkungen.

So gesehen ist Zivilschutz aus humanitären Gründen gerechtfertigt, ungeachtet der Zweifel an seiner Leistungsfähigkeit in allen Lagen.

277. Es ist sehr schwer, die Kosten zu schätzen, die die verschiedenen Staaten für Bemühungen um Zivilschutz aufwenden. Die Kosten werden in den verschiedenen Ländern unterschiedlich errechnet und ausgewiesen. Darüberhinaus können Vergleiche zwischen verschieden gestalteten Programmen irreführend sein, besonders da sämtliche Programme nicht ausschließlich oder mit Vorrang auf einen Nuklearkrieg hin ausgerichtet sind. Dieses Vorbehalts sollte man sich bei der Betrachtung der in Tabelle 5 angeführten Beispiele bewußt sein.

278. Es gilt jedoch, sich zwei weitere und wichtigere Einwände in Erinnerung zu rufen. Der eine besteht darin, daß über den tatsächlichen Wert der gegenwärtigen Zivilschutz-Programme in einem umfangreichen Kernwaffenkrieg zur Zeit sehr wenig bekannt ist und auch nicht sein kann, da diese glücklicherweise bisher nicht auf die Probe gestellt wurden. Der andere Einwand ist, daß es eine große Anzahl von Staaten in der Welt gibt, die es sich nicht leisten können, überhaupt nur irgendeinen Betrag für den Zivilschutz auszugeben, selbst wenn sie von einem günstigen Kosten-Nutzen-Verhältnis für die verschiedenen notwendigen Maßnahmen überzeugt wären.

V. Abschreckungsdoktrinen und Theorien über Kernwaffen

A. Doktrinen und Kernwaffen

279. Militärdoktrinen verschiedenster Art sind lange vor der Entwicklung nuklearer Waffen dazu benutzt worden, die möglichen Kriegsführungsabsichten zu beschreiben, die Kontrolle über den Einsatz von Gewalt zu behalten sowie die Bedingungen hierfür festzulegen. Die Existenz von Kernwaffen und die rapide technologische Entwicklung in diesem Bereich während der letzten dreißig Jahre haben zahlreiche Militärdoktrinen entstehen lassen, die sich auf die Androhung des Kernwaffeneinsatzes oder auf den Kernwaffeneinsatz selbst beziehen. Gleichzeitig wurde eine ständige Revision dieser Doktrinen notwendig.

280. Der Begriff der Militärdoktrin wird von den größeren Militärmächten unterschiedlich gebraucht. Im Westen neigt man dazu, unter Militärdoktrin einen Einsatzplan zu verstehen, dessen prinzipielle Annahmen auf der Androhung oder dem tatsächlichen Gebrauch von Gewalt beruhen. So beinhalten die meisten strategischen Doktrinen des Westens Überlegungen, die den Kernwaffeneinsatz betreffen. In der Sowjetunion dagegen hat der Begriff Militärdoktrin eine umfassendere Bedeutung. Er ist dort definiert als „die offiziell vertretene Summe von Ansichten eines Staates und seiner Streitkräfte über den Begriff des Krieges, die Methoden ihn zu führen und über die Vorbereitungen des Landes und der Armee für den Krieg."[30] Das sowjetische Verständnis einer wissenschaftlich begründeten Militärdoktrin umfaßt das gesamte Feld politischer, ökonomischer und technologischer Erwägungen, die sich im Kriegsverlauf auswirken können.

281. Militärdoktrinen werden häufig in Erklärungen und Reden von Regierungspolitikern und führenden Militärs formell zum Ausdruck gebracht. Doch spiegeln sie sich auch in den militärischen Vorbereitungen eines Staates oder einer Staatengruppe wider, zum Beispiel in den Beschaffungsentscheidungen, in Aufmarschplänen, in Ausbildungshandbüchern und auch in militärischen und politischen Zeitschriften und Büchern.

282. Über das Thema Kernwaffen und ihren möglichen Einsatz gibt es vielfältige Überlegungen. Manchmal ordnet man sie nach bestimmten

„Schulen", vor allem in Bezug auf die Einstellung gegenüber dem Einsatz von Kernwaffen und deren Rolle in den internationalen Beziehungen. Diese Schulen reichen in ihrem Spektrum von vollständiger Bejahung, über bedingte Zustimmung und Skepsis bis zur totalen Ablehnung der Nuklearwaffe. Bemerkenswerterweise sind die Theorien, die den Einsatz von Kernwaffen als integralen Bestandteil der nationalen Sicherheit betrachten, nur schwer mit den Ideen der UNO-Charta – bekannt als das Konzept des „Friedens durch Gesetze" – zu vereinbaren. Hierauf wird im Kapitel VII näher eingegangen.

283. Bei der Bewertung von Zweck und Bedeutung militärischer Doktrinen muß man berücksichtigen, daß eine gültige Doktrin oder eine ihrer Aussagen verschiedene politische und militärische Zwecke erfüllen kann. Selbst wenn eine bestimmte Doktrin in Form einer Kriegsführungsstrategie abgefaßt ist, kann sie ebenso als politische Erklärung mit Relevanz für die Friedenssituation gemeint sein. Als hauptsächliche Adressaten können dabei der potentielle Feind, ein verbündeter Staat oder eine alliierte Staatengruppe oder auch politische und militärische Gruppierungen innerhalb des eigenen Staates gemeint sein. Beispiel hierfür sind die Doktrinen nuklearer Abschreckung, mit denen sich die Supermächte gegenseitig von der Sinnlosigkeit des wechselseitigen Kernwaffeneinsatzes zu überzeugen versuchen.

284. Die Glaubwürdigkeit einer bestimmten Doktrin hängt von den Mitteln ab, sie auch durchzusetzen. Obwohl ein Staat sich zu jeder Doktrin offen bekennen kann, wirkt er erst glaubwürdig, wenn er über die militärischen Mittel verfügt, die der Doktrin entsprechen. Ein Staat muß darüberhinaus seinen Willen deutlich zum Ausdruck bringen, die Doktrin gegebenenfalls anzuwenden.

B. Kernwaffen und Abschreckung

285. Abschreckung existiert wahrscheinlich schon seit den frühesten Zeiten menschlichen Lebens. Abschreckung beruht im wesentlichen auf der Androhung von Gewalt, um jemanden von der Durchführung seiner Pläne abzuhalten. Abschreckung droht entweder im Fall einer unerwünschten Handlung ernste Konsequenzen an, so daß durch eine angedrohte Bestrafung abgeschreckt wird (deterrence by punishment). Oder sie droht im Fall der tatsächlichen Durchführung der unerwünschten Handlung mit gewaltsamer Unterdrückung, so daß durch Zunichtemachen (de-

terrence by denial) abgeschreckt wird. Das Abschreckungsprinzip hat zu allen Zeiten als Grundlage für Militärdoktrinen im Rahmen der Landesverteidigung gedient. Im Nuklearzeitalter hat die Bedeutung der Abschrekkung jedoch eine völlig neue Dimension erhalten.

286. Nukleare Abschreckung unterscheidet sich unter den gegenwärtigen Bedingungen von der Abschreckung mit konventionellen Waffen in mehrfacher Hinsicht: Sie kann sofort, total und global wirksam werden. Nie zuvor waren Staaten in der Lage, sich gegenseitig fast ohne Vorbereitungszeit zu bestrafen. Im Nuklearzeitalter ist es möglich, einen Angriff in wenigen Stunden, ja sogar Minuten, durchzuführen. Nie zuvor waren Staaten in der Lage, die lebenswichtigen Grundlagen für den Fortbestand anderer Staaten und Regionen auszulöschen. Und nie zuvor war es möglich, ungeachtet der Entfernung jeden Flecken auf dieser Erde zu zerstören.

287. Die Verteidigungsfähigkeit eines Staates war in der Vergangenheit grundlegend für seine Abschreckungspraxis. Das Prinzip bestand darin, die Folgen eines Angriffs für den Gegner weitaus kostspieliger zu gestalten als den von ihm erwarteten Nutzen. Im Nuklearzeitalter ist der Eckpfeiler der Verteidigung jedoch eine offensive Kapazität, während die reine Verteidigungsfähigkeit – in der ursprünglichen Bedeutung des Wortes – sehr begrenzt ist. So kann Abschreckung als eine offensive Fähigkeit verstanden werden, die darauf beruht, dem Gegner nicht hinnehmbaren Schaden zufügen zu können. Dies gilt auch für eine Situation der Abschreckung durch Zunichtemachen, die z. B. durch die Androhung eines taktischen Kernwaffeneinsatzes in einem begrenzten Gefecht gekennzeichnet ist. Wegen des Risikos einer nuklearen Eskalation, trägt diese Situation von Anfang an die Möglichkeit der Abschreckung durch Bestrafung in sich, eine Form der Auseinandersetzung, die immer mehr die beherrschende zu werden droht.

288. Das bedeutet nicht, daß heutzutage überhaupt keine Verteidigungsmöglichkeiten bestehen. Ein technologischer Durchbruch im Bereich der Verteidigungssysteme ist zwar unwahrscheinlich, kann aber nicht ganz ausgeschlossen werden. Außerdem ist die Verteidigungsfähigkeit mittels ABM (anti-ballistic missile, Abwehrrakete gegen ballistische Flugkörper) durch den Vertrag eingeschränkt, der gemäß dem SALT-I-Abkommen von 1972 und dem 1974 in Moskau unterzeichneten Vertragsprotokoll abgeschlossen wurde. Im ABM-Vertrag erklärten beide Supermächte, daß sie sich weiterhin auf das Konzept der Abschreckung als dem Hauptmerkmal ihrer strategischen Beziehungen verlassen werden. Durch Abschluß dieses Vertrages erkannten beide implizit die Tatsache an, daß ihre jeweiligen

hochbewerteten Ziele im Fall eines Angriffs durch den anderen als Pfand zu betrachten sind.

289. Das Abschreckungskonzept geht von der Annahme aus, daß die Staaten ab einem gewissen Zerstörungsgrad den Frieden dem Krieg vorziehen werden. Mitte der sechziger Jahre stellte der frühere amerikanische Verteidigungsminister Robert McNamara fest, daß eine nicht mehr hinnehmbare Zerstörung die Tötung von einem Viertel bis zu einem Drittel der Bevölkerung einer großen Industrienation und die Zerstörung der Hälfte bis zu zwei Dritteln der gesamten industriellen Kapazität erfordere. Ebenso hat McNamara die Fähigkeit der USA zur „sicheren Zerstörung" illustriert, indem er versicherte, die Vereinigten Staaten könnten trotz der Zerstörungen infolge eines Erstschlags in einem Zweitschlag noch zwei Fünftel der sowjetischen Bevölkerung und siebzig Prozent der sowjetischen Industrie vernichten.

290. Die Vorstellung der abschreckenden Wirkung eines bestimmten Zerstörungsgrades ist – das sollte beachtet werden – aus Gründen geographischer Unterschiede, demographischer Überlegungen (Ausbreitung oder Konzentration der Bevölkerung) und aufgrund von anderen Faktoren (in denen historische Traditionen und Erfahrungen eingeschlossen sind) äußert relativ. Ganz gewiß würden für verschiedene Staaten unterschiedliche Abschreckungsgrade gelten. Die Vorstellung einer „Minimalabschrekkung" ist deshalb schwierig zu präzisieren, weil niemand mit Sicherheit die Bedingungen einer nicht mehr tolerierbaren Vergeltung festlegen kann. Jedenfalls liegt das Ausmaß der wahrscheinlichen Zerstörung in einem nuklearen Konflikt jenseits aller historischen Erfahrung.

291. Überdies ist es wahrscheinlich, daß die Staaten das Kosten-Nutzen-Kalkül verschieden einschätzen. Während das Risiko von den Angriffskosten und den Vergeltungsmaßnahmen oder Strafaktionen, die ein Angriff provoziert, abhängt, wird die Einschätzung durch den potentiellen Angreiferstaat auch von der dem erwarteten Gewinn zugemessenen Bedeutung abhängen. Erfahrungsgemäß ist der herausfordernde Staat umso mehr zur Übernahme eines Risikos geneigt, je erstrebenswerter ihm der Gewinn erscheint. In einer Konfliktsituation zwischen zwei Kernwaffenstaaten sind die Risiken jedoch so hoch, daß es schwierig wird, den zu erwartenden Gewinn als hinreichenden Ausgleich für den durch die Vergeltung verursachten Zerstörungsgrad anzusehen. Damit ist die fundamentale Frage aufgeworfen, ob es überhaupt einen Gewinn geben kann, der das Risiko eines Atomkrieges rechtfertigt.

292. Die Einsicht in die enorm großen Risiken, die mit der nuklearen Abschreckung verbunden sind, sowie die Entwicklung und Diversifikation von Kernwaffen waren die wesentlichen Faktoren, die zur Theorie der flexiblen Reaktion (flexible response) führten. Demnach kann ein Staat – abhängig vom Ernst der Lage – auf einen Angriff mit den ihm als geeignet erscheinenden Mitteln antworten, sei es mit konventionellen Waffen, mit taktischen Kernwaffen oder mit den verschiedenen Einsatzmöglichkeiten strategischer Kernwaffen. Auf diese Weise wird, um eine Entscheidung zwischen dem „Alles oder Nichts" zu vermeiden, der Versuch unternommen, einen möglichst weiten Bereich von Einsatzmöglichkeiten offenzuhalten. Gerade in diesem Zusammenhang ist die Abschreckung durch Zunichtemachen zu einer immer häufiger angeführten Option geworden. Doch wie schon erwähnt macht das Risiko der Eskalation jede Entscheidung auf der Basis nuklearer Abschreckung durch Zunichtemachen zu einem äußerst gefährlichen Abenteuer.

293. Die Doktrinen nuklearer Abschreckung sind nicht nur wegen ihres unannehmbar hohen Risikos und deshalb, weil sie ganze Bevölkerungen als Geiseln nehmen, kritisiert worden, sondern auch deswegen, weil sie die nukleare Kriegsführung in einer Weise behandeln, als ob anstelle von Menschen Computer die Funktion der Entscheidungsträger übernommen hätten. Als Kritik kommt noch hinzu, daß die nuklearen Abschreckungsdoktrinen auf einem instabilen Gleichgewicht aufbauen und letztlich für den Fall des Versagens der Abschreckung keine akzeptable Lösung anbieten.

294. In hohem Maße verfeinerte Abschreckungsdoktrinen sind auf ihren Realitätsbezug geprüft worden. Eine Vorbedingung für ihre Wirksamkeit sollte darin bestehen, daß ihre Hauptmerkmale von den betroffenen Staaten gegenseitig verstanden werden und daß sich die Entscheidungsträger und Akteure rational verhalten. Obwohl das Abschreckungskonzept die Grundlage der Beziehungen zwischen den Supermächten bildet, ist es schwierig, mit einiger Gewißheit festzustellen, ob sie die Existenz ihrer jeweiligen Doktrinen akzeptiert haben und ob es ein gegenseitiges Einvernehmen über die grundlegenden Konzepte gibt. Einige Analytiker sagen sogar, daß die von einer Seite erklärte Doktrin in einem dialektischen Prozeß die entgegengesetzte Doktrin auf der anderen Seite hervorruft.[31] Zweifellos verfolgen die beiden Supermächte ihr jeweiliges strategisches Denken mit größter Aufmerksamkeit.

295. Es ist oft gefragt worden, ob die entscheidenden Personen und andere, die sich in einer extrem hohen Belastungssituation befinden, wie

sie bei Beschlüssen über die nukleare Kriegsführung sehr wahrscheinlich entsteht, überhaupt wirkungsvoll und gemäß den festgelegten Regeln einer Doktrin handeln können. Erfahrungen aus verschiedenen Verhaltensbereichen des Menschen, besonders im Rahmen der Kriegsführung, weisen darauf hin, daß möglicherweise oft Fehler begangen werden und daß tendenziell das Verhalten unter solchen Umständen nicht selten unberechenbar ist.

296. Frieden, der auf einem System von Abschreckung beruht, erfordert annähernd Parität oder Gleichgewicht zwischen den Streitkräften der beteiligten Staaten. Es besteht die Ansicht, daß die Parität nicht mehr gegeben ist, wenn eine Seite eine „Erstschlagsfähigkeit" (first strike capability) erlangt, d. h. in der Lage ist, einen Nuklearschlag gegen die andere Seite so zu führen, daß sie keine unannehmbaren Vergeltungsmaßnahmen riskiert. Deshalb herrscht die generelle Furcht, daß die Abschreckung einmal versagen wird. Noch immer beruht das Paritätskonzept auf einer Situation, die gewiß nicht leicht zu bewerten ist. Das nukleare Arsenal jeder Supermacht besteht aus vielen Komponenten verschiedenster Größe, Funktion und Bedeutung. Da auf beiden Seiten jede dieser Komponenten der ständigen technologischen Entwicklung unterliegt, die aber nicht immer gleichzeitig erfolgt, ist das Gleichgewicht immer wieder neu herzustellen. Deshalb ist der Begriff des Gleichgewichts per definitionem instabil. Zudem kann man die psychologischen Faktoren bei der Einschätzung der gegenseitigen Zerstörungsfähigkeiten nicht außer acht lassen. Die mit der Herstellung der Parität verbundenen Probleme werden im umfassenderen Konzept der „erforderlichen Gleichwertigkeit" (essential equivalence) berücksichtigt, welches gewisse Asymmetrien in den jeweiligen strategischen Arsenalen zuläßt.

297. Die vielleicht schärfste Kritik an einem Sicherheitssystem, das auf der nuklearen Abschreckung beruht, betrifft die Folgen in dem Falle, daß die Abschreckung versagt. Es wird behauptet, daß die Abschreckung bis heute einen weltweiten Konflikt verhindert und folglich ihre Aufgabe erfüllt habe. Abgesehen von der Tatsache, daß in diesem Zusammenhang auch viele andere Faktoren historischer, politischer und anderweitiger Natur zu berücksichtigen sind, ist es banal zu sagen, die Abschreckung funktioniere, weil diese Aussage nur solange gültig ist, bis sie von geschichtlichen Ereignissen widerlegt wird. Auf der Theorie-Ebene ist die Vorstellung von einer abgestuften Abschreckung [intra-war deterrence; Abschreckung, die noch nach dem Ausbruch von Kampfhandlungen den Gegner zumin-

dest zur Begrenzung, wenn nicht zur Einstellung der Kampfhandlungen bewegen soll, Anm. d. Übers.] eingeführt worden, und zwar durch die beiden Konzepte der flexiblen Reaktion und der „Option auf selektiven Einsatz" (selective targeting options). Letzteres wird gegenwärtig von einem Staat vertreten. Gleichzeitig weisen einige Experten auf die Fähigkeit zur Kriegsführung als wichtigem Bestandteil der für die nuklearen Arsenale einiger Staaten entworfenen Doktrinen hin. Die dramatischste Frage bleibt vielleicht die nach dem Risiko eines Atomkriegs, der zufällig wegen technischem oder menschlichem Versagen ausgelöst wird. Man kann die Möglichkeit eines unbeabsichtigten Abschusses einer oder mehrerer Kernwaffenträger trotz aller Befehls- und Kontrolleinrichtungen der Kernwaffenstaaten zur Minimierung des Risikos nie vollständig ausschließen, und sei die Wahrscheinlichkeit eines solchen Risikos auch noch so gering.

298. Aus der historischen Erfahrung wissen wir, daß eine bestimmte Waffe auch zum Einsatz kommt, wenn sie einmal bis zur vollen Einsatzfähigkeit entwickelt worden ist. Dies trifft für die Kernwaffen mit einer Ausnahme nicht zu. Aber es gibt keine Sicherheit für die Zukunft. Deshalb bleibt die Doktrin der nuklearen Abschreckung der Kritik ausgesetzt, daß die Risiken eines Versagens der Abschreckung aufgrund der Wirkungsweise dieser Waffen vergleichsweise hoch sind. Man könnte die Ansicht vertreten, diese Risiken seien einfach zu hoch, um noch annehmbar zu sein. Unter diesen Bedingungen ziehen es einige Staaten vor, ihre nationale Sicherheit trotzdem auf dem ziemlich gefährlichen Konzept des Gleichgewichts des Schreckens aufzubauen und behaupten, dieses so stabil wie möglich zu machen habe die höchste Dringlichkeit. Die Mehrzahl der Staaten hält jedoch diese Art, einen dauerhaften und sicheren Weltfrieden aufzubauen, für illusorisch.

C. Doktrinen und technologische Entwicklung

299. Die der Drohung eines etwaigen Kernwaffeneinsatzes zugrundeliegenden strategischen Grundsätze können entsprechend dem größer, komplexer und vielfältiger gewordenen Spektrum der Drohmittel als ähnlich hochentwickelt angesehen werden. Das bedeutet nicht, daß Militärdoktrinen ohne Einfluß auf die Entwicklung verschiedener Waffensystemtypen sind. Die Doktrinen bilden das theoretische Gerüst, welches als Grundlage für die Verteidigungspolitik dient und folglich auch für den tatsächlichen

Ausbau der Streitkräfte und der damit verbundenen gesamten Erforschung, Entwicklung und Herstellung neuer Waffen. Im ganzen gesehen ist jedoch eher eine Anpassung der Militärdoktrinen an die technologische Entwicklung erfolgt, als daß die Doktrinen die Entwicklung der verschiedenen Waffensysteme, die sich derzeit im Besitz der großen Militärmächte befinden, beeinflußt haben.

300. Solange die Abschreckung zwischen den Supermächten an das Konzept gegenseitiger Geiselnahme der Bevölkerung gebunden bleibt, wird offenkundig die Einführung jedweder neuen Technologie, die möglicherweise den einen in die Lage versetzt, den anderen durch einen Erstschlag zu entwaffnen, als Destabilisierungsfaktor angesehen werden. Dieses Argument ist allerdings bisher oft dazu benutzt worden, das Wettrüsten in Gang zu halten. Der Bau von unterirdischen Raketensilos und die Verstärkung interkontinentaler Trägersysteme, die Einführung nuklearer Unterseeboote als Raketenabschußbasen (die man bis heute wegen ihrer Beweglichkeit und Unsichtbarkeit als faktisch unverwundbar betrachtet), der Austausch von Flüssigkeitstreibstoff gegen Festtreibstoff sowie die Aufrechterhaltung von verwundbaren Kräften wie Bombern in Alarmbereitschaft – all dies sind Faktoren, von denen man bis zu einem gewissen Grad sagen kann, daß sie dazu beigetragen haben, die Abschreckung zu stabilisieren. Nach allgemeiner Ansicht bedeutet die größere Unverwundbarkeit der Kräfte eine geringere Versuchung für einen Staat, einen Erstschlag zu riskieren, weil er dann in jedem Fall das Ziel untragbarer Vergeltungsmaßnahmen wäre. Verbesserungen in der Zielgenauigkeit von Raketen werfen jedoch die Frage nach der Unverwundbarkeit der stationären strategischen Waffen auf. Ihre Schutzeinrichtungen dürften nicht ausreichen, den Wirkungen einer sehr nahen Kernexplosion standzuhalten. Deshalb hat die Entwicklung von Präzisionswaffen gegen feste Ziele die Möglichkeit einer „counterforce"-Strategie aufkommen lassen und die Entwicklung neuer Doktrinen angeregt.

301. Wenn es unmöglich ist, die ICBMs in ihren Silos durch Härtung, Abwehr oder numerische Erhöhung gegen eine drohende Zerstörung zu sichern, und wenn die ICBMs von einer Nation als entscheidender Teil ihrer strategischen Offensivmacht angesehen werden, so erscheint es möglich, daß die Vereinigten Staaten und die UdSSR ihre ICBM-Kräfte in einem „launch-on-attack"-Status halten [häufiger „launch-on-warning", d. h. „präemptiver" Einsatz von Kernwaffen: das eigene Nuklearpotential wird eingesetzt, sobald ein gegnerischer Kernwaffenangriff erkannt ist

bzw. wenn angenommen wird, daß dieser unmittelbar bevorsteht, Anm. d. Übers.]. Dies wäre allerdings keine sehr stabile Situation. Die Nachteile eines „launch-under-attack"-Systems liegen in der Möglichkeit eines unbeabsichtigten, irrtümlichen Raketenstarts und in neuen Schwachstellen eines solchen Systems. Dennoch könnte eine Supermacht, wenn sie überzeugt ist, im Wettbewerb der strategischen Waffen besiegt zu werden, nach besten Kräften die Strategie des „launch-under-attack" anwenden. Obwohl dadurch sogar die Herausforderung, einen nuklearen Schlagabtausch zu beginnen, vermindert werden könnte, wäre die Einführung eines solchen neuen Elements der Instabilität im Gleichgewichtssystem ein ernstes Problem.

302. Ein Aspekt der technologischen Entwicklung sollte nicht übersehen werden. Es ist der Einfluß immer höher entwickelter Technologien auf die Abgrenzung verschiedener Doktrinen. Die Grenzen solcher Begriffe wie ‚Abschreckung', ‚Kriegsführungsfähigkeit', ‚konventionell', ‚nuklear', ‚strategisch', ‚Kriegsschauplatz' oder ‚taktisch' verschwimmen aufgrund der Entwicklung verschiedener Waffentechnologien. Die Unschärfe dieser Unterscheidungen macht es schwierig, eine feste Nuklearschwelle zu bestimmen. Aber wahrscheinlich ist dieser technologische Aspekt weniger wichtig als die politischen und psychologischen Gesichtspunkte.

303. Neben der technologischen Entwicklung wirken natürlich auch andere Kräfte auf die Gestalt der verschiedenen Doktrinen ein. Darunter rechnet man die politische und militärische Lage, historische Erfahrungen und traditionelle Ansichten, psychologische Faktoren und sogar Gesichtspunkte des Umweltschutzes.

D. Die Nukleardoktrinen der Kernwaffenstaaten

304. Die folgenden Abschnitte versuchen eine Kurzbeschreibung der wesentlichen Merkmale, die die Nukleardoktrinen der Kernwaffenstaaten kennzeichnen. Die Beschreibung der verschiedenen Doktrinen erfolgt aus der Perspektive ihrer Anwendbarkeit gegenüber anderen Kernwaffenstaaten. Bezüglich des möglichen Einsatzes von Kernwaffen gegen Nicht-Kernwaffenstaaten werden diese Doktrinen im Kapitel VII eingehender behandelt. Es sei daran erinnert, daß es bisher nur in einem bekannten Fall zum Kernwaffeneinsatz gekommen ist, und dies geschah gegenüber einem Staat ohne Kernwaffen. In mehreren Krisen oder bewaffneten Konflikten hinge-

gen wurden Kernwaffen als Druck- und Drohmittel gegen Nicht-Kernwaffenstaaten benutzt. Zu erwähnen ist an dieser Stelle, daß seit der Existenz von Kernwaffen kein direkter militärischer Konflikt zwischen Kernwaffenstaaten stattgefunden hat, wenn man einmal von gewissen Grenzzwischenfällen absieht; es hat allerdings eine große Anzahl militärischer Konflikte zwischen Staaten mit und Staaten ohne Kernwaffen gegeben.

304 a. Zur Diskussion der auf Kernwaffen bezogenen Doktrinen verschiedener Länder in den nächsten Abschnitten ist folgendes zu bemerken. Sie waren historisch einem beträchtlichen Wandel unterworfen, und es hat zwischen den verschiedenen Doktrinen ziemlich viele Wechselwirkungen gegeben, entweder durch Verhandlungen oder veränderte Wahrnehmungen hinsichtlich der Bedrohung der nationalen Sicherheit dieser Länder. Es erübrigt sich darauf hinzuweisen, daß ein großer Teil der Wechselwirkungen innerhalb der Doktrinen und ihre Fortschreibung nicht allein der Entwicklung der Waffentechnologie, sondern auch den sich verändernden Aspekten der internationalen Beziehungen zuzuschreiben ist.

1. Nukleardoktrinen der Vereinigten Staaten von Amerika

305. Obwohl unmittelbar nach dem Zweiten Weltkrieg in den Vereinigten Staaten erkannt worden war, daß die Atombombe möglicherweise die gesamte Militärstrategie verändern würde, wurde sie vorwiegend als eine etwas größere Bombe betrachtet, die ähnlich wie die gegen Kriegsende verwendeten Bomben eingesetzt werden könnte. Die Vereinigten Staaten hatten einen sehr kleinen Kernwaffenbestand, und es gab keinen triftigen Grund, diesen Bestand irgendwie zu erhöhen. In der Tat verfügten die Vereinigten Staaten über ein Kernwaffenmonopol, aber es war keine besondere Doktrin für den Einsatz dieser Waffen vorhanden.

306. Zu Beginn der 50er Jahre begann jedoch unter dem Einfluß der sich verändernden Weltlage und der Entwicklung der sowjetischen Nuklearmacht eine Neueinschätzung der amerikanischen Verteidigungspolitik. 1954 gab der amerikanische Außenminister, John Foster Dulles, eine Erklärung ab, auf die als „Doktrin der massiven Vergeltung" Bezug genommen wurde. Gemäß dieser Doktrin wurde die amerikanische Verteidigung durch das angedrohte Abschreckungsmittel massiver Wiedervergeltung verstärkt. Folgt man Dulles, so behielten sich die USA die Option auf sofortige Vergeltung „hinsichtlich der freien Wahl von Ort, Zeit und Mitteln" vor.[32] Diese Erklärung sollte vorrangig darauf abzielen, die vorbeu-

gende Wirkung der nuklearen Drohung zu unterstreichen. Die Erklärung an sich bedeutete nicht einen größeren Wandel der Politik, sondern sie war der scharfe Ausdruck des vorher begonnenen Umdenkens. Es war auch nicht klar, ob die Richtlinie als Warnung in dem Sinne zu interpretieren war, daß die Vereinigten Staaten im Falle eines Angriffs auf sie selbst oder einen ihrer weltweiten Verbündeten automatisch die Hauptstadt des Gegners bombardieren würden. Die Doktrin konnte im Gegenteil auch als eine Form begrenzter Vergeltung aufgefaßt werden: Die Vereinigten Staaten würden nicht notwendigerweise auf militärische Aktionen direkt zurückschlagen, sondern könnten mit oder ohne Kernwaffen ausgewählte strategische Ziele ihrerseits angreifen.

307. Der erste thermonukleare Test der Sowjetunion im Jahre 1953 sowie der Start des ersten sowjetischen Sputniks 1957 beendete das amerikanische Kernwaffenmonopol und ließ keinen Zweifel, daß die Vereinigten Staaten von nun an innerhalb der Reichweite von Interkontinentalraketen lagen. Diese beiden Fortschritte sowjetischer Technologie – vor allem der Satellitenstart – hatten damals eine große psychologische Wirkung in den Vereinigten Staaten. [Der Start des Sputnik gab Anlaß für die vielfach beschworene Vorstellung von der ‚Raketenlücke' (‚missile gap') Anm. d. Übers.]

308. Die stärkere Verwundbarkeit der USA bedeutete das Ende der herkömmlichen Vorstellung von der „Festung Amerika". Zum ersten Mal in diesem Jahrhundert war amerikanisches Territorium ernsthaft militärisch bedroht. Die Einführung taktischer Kernwaffen in den späten 50er Jahren und die Entstehung des Konzepts der begrenzten Kriegsführung waren auf der Ebene der Militärdoktrinen zwei konvergierende Faktoren einer Neuordnung.

309. So fanden zu Beginn der 60er Jahre wichtige Veränderungen in den Nukleardoktrinen der Vereinigten Staaten statt, und die Doktrin der „flexiblen Reaktion" (flexible response) wurde verkündet. Aus Furcht vor einem „gegenseitigen" Selbstmord in einem allgemeinen Krieg unterstrich man das Konzept der Begrenzung durch das Prinzip der Wahl geeigneter Mittel.

310. Im Hinblick auf eine begrenzte Kriegsführung mußten größere Anstrengungen für die Stärkung der konventionellen Kräfte des NATO-Bündnisses unternommen werden. Früher hatten sich die Vereinigten Staaten zu ihrem Selbstschutz auf die Drohung mit der massiven Vergeltung verlassen können. Aber diese Doktrin hatte angesichts der Entwicklung

und Stärke der sowjetischen Nuklearrüstung viel von ihrer Glaubwürdigkeit verloren. Man sah nun die beiderseitigen strategischen Kräfte in der Funktion eines Schutzschildes, hinter dem die konventionellen Kräfte nötigenfalls einen begrenzten Krieg austragen konnten. Die konventionellen Streitkräfte sollten als „Bremsmechanismus“ wirken oder beim Ausbruch von Feindseligkeiten eine „Pause“ erzwingen.[33] Die Verstärkung der konventionellen Kräfte sollte darauf abzielen, einen Rückgriff auf strategische Kernwaffen – soweit möglich – zu vermeiden.

311. Die Frage der taktischen Kernwaffen wurde im NATO-Bündnis diskutiert. Die angeblich vorbeugende und abschreckende Wirkung solcher Waffen wurde gegen das Risiko der Herabsetzung der Nuklearschwelle abgewogen. Als die Doktrin der flexiblen Reaktion verkündet wurde, beinhaltete dies in der Praxis die Existenz flexibler und wirksamer konventioneller Kräfte, die – wenn nötig – von taktischem Nuklearfeuer unterstützt würden. Die Doktrin hielt fest, daß jede einzelne Aggression unabhängig behandelt würde. Das hieß, ein Rückgriff auf Kernwaffen sollte nicht automatisch erfolgen, aber auch nicht undenkbar sein für den Fall, daß die konventionellen Kräfte kurz vor der Überwältigung durch einen schweren feindlichen Angriff stünden.

312. Für den Fall des totalen Krieges vertiefte der US-Verteidigungsminister Robert McNamara seine Auffassung von Kontrolle und Zurückhaltung durch die Feststellung, im Kriegsfall nur militärische Ziele angreifen zu wollen. In einer 1962 gehaltenen Rede erklärte er: „Die Vereinigten Staaten sind zu dem Entschluß gekommen, die grundlegende Militärstrategie in einem möglichen allgemeinen Atomkrieg solange wie durchführbar fast genauso anzugehen wie bei konventionellen Militäroperationen in der Vergangenheit. Das heißt, der prinzipielle militärische Zweck sollte in einem Atomkrieg, der von einem größeren Angriff auf das Bündnis herrührt, die Vernichtung der feindlichen Militärkräfte und nicht die der Zivilbevölkerung sein. Die große Stärke und die Beschaffenheit der alliierten Kräfte erlauben es uns, sogar angesichts eines massiven Überraschungsangriffs genügend Schlagkraft als Reserve zurückzubehalten, um die gegnerische Gesellschaft zu vernichten, falls wir dazu gezwungen werden sollten. Anders ausgedrückt geben wir einem möglichen Gegner den stärksten vorstellbaren Anreiz, sich von einem Angriff auf unsere eigenen Städte zurückzuhalten.“[34]

313. McNamara erweiterte in dieser Rede ebenfalls die grundsätzliche Bedeutung von Abschreckung und Verhandlung auch für die Zeit nach

Beginn eines allgemeinen Atomkrieges. Er wies damit die Ansicht zurück, Abschreckung könne nur vor einem Krieg wirksam sein. Überdies erklärte McNamara im besonderen, daß die Vereinigten Staaten sowjetische Städte von ihrer Zielliste höchster Priorität gestrichen hätten. Ferner würden die Vereinigten Staaten keine sowjetischen Städte angreifen, es sei denn, die Sowjetunion griffe zuerst amerikanische Städte an. Trotz dieser ziemlich klaren Äußerung der „counterforce"-Doktrin schenkten Experten diesem Teil von McNamaras Rede wenig Glauben, weil die technisch anwendbaren Optionen dieser Zeit nur begrenzt Möglichkeiten boten, sich auf militärische Ziele zu konzentrieren und sie zu erreichen.

314. Fünfzehn Jahre später betonte dagegen der US-Verteidigungsminister James R. Schlesinger den Begriff der Wahlmöglichkeit und insbesondere das Bedürfnis der USA nach dem Besitz von „Kräften, die auf mögliche gegnerische Aktionen mit einer Vielzahl von Optionen reagieren können und die die Fähigkeit haben, präzise Angriffe auf weiche und harte Ziele bei gleichzeitiger Minimierung unbeabsichtigter Nebenschäden (Kollateralschäden) durchzuführen."[35]

315. Die Absicht, den amerikanischen Streitkräften die „Option auf selektiven Einsatz" gegen „harte" und „weiche" Ziele zuzubilligen, ist oft kritisiert worden, weil sie einen Atomkrieg möglich, vorstellbar oder realistischer mache. Angeblich ist das Gleichgewicht des Schreckens auf der Basis gegenseitiger Verwundbarkeit der Zivilbevölkerung, die als Geisel gilt, immer noch die beste Abschreckungsgarantie. Angeblich ist auch jeder Schritt, der die „gegenseitige" Selbstmorddrohung durch den Schutz von Bevölkerung und Produktionsbasis entschärft, dazu angetan, einen Krieg wieder annehmbar zu machen und damit die Abschreckungswirkung zu verwässern.

316. Nach einer Erklärung des Verteidigungsministers Harold Brown [unter Carter, Anm. d. Übers.] ist eine ausschließlich auf dem Konzept der gesicherten Zerstörung basierende Strategie „nicht mehr ganz glaubhaft".[36] Noch zwei Jahre vorher, 1977, hatte Brown erklärt, daß „jeglicher Einsatz von Kernwaffen mit der Gefahr schneller Eskalation verbunden wäre; ein vollständiger thermonuklearer Schlagabtausch könnte nur mit einem katastrophalen Ergebnis für die Sowjetunion und die Vereinigten Staaten enden".[37] Die beiden Standpunkte sind nicht notwendigerweise völlig widersprüchlich, wenn man die verschiedenen Funktionen ein und desselben Ausdrucks in einer Doktrin betrachtet. Brown versuchte offensichtlich, die Option einer selektiven Nuklearreaktion zu behalten, auch

wenn er es für unwahrscheinlich hielt, daß diese Option zur Anwendung kommt, ohne eine automatische Eskalation hervorzurufen.

2. Nukleardoktrinen der Sowjetunion

317. Die sowjetischen Nukleardoktrinen werden im allgemeinen nicht so offen wie bei den Amerikanern verkündet. Ihre Vorstellungen müssen größtenteils aus sehr allgemeinen Bemerkungen, aus Verfügungen über die Streitkräfte und aus dem sowjetischen Militärschrifttum abgeleitet werden. Dadurch sind dem Verständnis sowjetischer Doktrinen Grenzen gesetzt, und gleichzeitig wird eine größere Unklarheit erzeugt, die konsequenterweise zu Mißverständnissen führen kann. Diese Vieldeutigkeit wird von der Sowjetunion als Stabilisierungsfaktor betrachtet, von anderen dagegen als destabilisierendes Problem im globalen militärischen Gleichgewicht.

318. Wie oben angeführt, wird der Begriff der Militärdoktrin in der Sowjetunion normalerweise in einem weiteren Sinne gebraucht als im Westen. Die Bestandteile der sowjetischen Militärdoktrin können in zwei unterschiedliche, aber miteinander verbundene Problembereiche, den politischen und den militärischen, gegliedert werden.

319. Der politische Teil enthält Informationen über die politischen Ziele, die Rolle des Krieges sowie über den Einfluß dieser Faktoren auf die Streitkräftestruktur und auf die Kriegsbereitschaft des Landes. Der militärische Teil der Doktrin gibt Auskunft über die Mittel zur Führung eines Krieges und über die Richtlinien für den Aufbau der Streitkräfte, über deren technische Ausrüstung sowie über ihre Einsatzbereitschaft. Die Nukleardoktrinen gehören hauptsächlich zum militärischen Teil, können aber auch politische Elemente enthalten. Während die sowjetische Militärdoktrin in ihrem allgemeinen politischen Teil als defensiv beschrieben wird, betont der von Strategie, Operationsverfahren und Taktik handelnde militärische Teil die Offensive.

320. Erste Zeichen für die Herausbildung spezifischer Nukleardoktrinen fanden sich Mitte der 50er Jahre in sowjetischen Erklärungen und Schriften. Bis dahin war die Atombombe und ihre Bedeutung für die moderne Kriegsführung nicht beachtet oder nur gering bewertet worden. Selbst als die thermonuklearen Waffen entwickelt und in den Vereinigten Staaten und in der Sowjetunion getestet wurden, somit den sowjetischen Führern ihre Zerstörungskraft und Tragweite bekannt war, schienen die vollen

Konsequenzen eines allgemeinen Atomkrieges in der Sowjetunion noch nicht öffentlich erkannt worden zu sein.

321. Im Jahre 1960 jedoch verkündete der Vorsitzende des sowjetischen Ministerrates, Nikita Chruschtschow, daß die strategischen Raketenstreitkräfte als eine neue Truppengattung der sowjetischen Streitkräfte formiert seien. Gleichzeitig kündigte er die Reduzierung bzw. Auswechslung der konventionellen Kräfte an, weil die Kernwaffen „es ermöglicht haben, die Verteidigungskraft unseres Landes soweit zu erhöhen, daß wir in der Lage sind, unsere Streitkräfte weiter zu reduzieren“.[38]

322. Chruschtschows Ankündigungen wurden 1961 durch eine Erklärung des Verteidigungsministers Malinowski ergänzt. Er stellte fest, einer der wichtigsten Punkte der sowjetischen Militärdoktrin bestünde darin, daß ein von imperialistischen Aggressoren initiierter Weltkrieg „unvermeidlich in einen nuklearen Raketenkrieg münden würde“.[39] Diese Erklärungen zeigten, daß die Vorstellung der Abschreckung und der massiven Vergeltung im damaligen sowjetischen Denken eine wichtige Rolle spielten.

323. Diesen und anderen Äußerungen folgte 1962 die Veröffentlichung von Marschall V. D. Sokolowskis Arbeit über Militärstrategie. In dieser Schrift wurde die verheerende Wirkung von Kernwaffen ebenso wie die von ihnen hervorgerufene Revolution im militärstrategischen Denken voll erkannt. Eine zentrale These galt der unvermeidbaren Eskalation eines Krieges zum allgemeinen Atomkrieg, wenn die Supermächte an diesem Krieg beteiligt wären: „Es sollte betont werden, daß unter den gegenwärtigen Bedingungen der internationalen Beziehungen und beim derzeitigen Entwicklungsstand militärischer Ausrüstung jeder bewaffnete Konflikt sich unvermeidlich zu einem allgemeinen Atomkrieg ausweiten wird, falls die Nuklearmächte in diese Auseinandersetzung hineingezogen werden.“[40]

324. Über einen Krieg gegen die Sowjetunion schrieb Sokolowski: „Wenn gegen die UdSSR oder irgendein anderes sozialistisches Land vom imperialistischen Block ein Krieg entfesselt wird, wird ein solcher Krieg unvermeidbar die Form eines Weltkrieges unter Beteiligung der Mehrheit der Länder dieser Erde annehmen.“[41] 1963 jedoch erschien eine Neuausgabe von Sokolowskis Werk. Obwohl diese zweite ebenso wie die folgende dritte Auflage noch immer den Eskalationscharakter bei der Beschreibung zukünftiger Kriege betonte, deuteten Änderungen einiger Textstellen auf einen flexibleren Denkansatz hin. Im obigen Zitat wurde die Formulierung „wird unvermeidbar“ (will unavoidably) durch „würde“ (might) ersetzt.

Die folgende Ergänzung in der zweiten Auflage verdeutlicht eine wachsende Flexibilität hinsichtlich des strategischen oder taktischen Kernwaffeneinsatzes. Sie weist damit auf andersartige Möglichkeiten hin als auf die bloß strategisch zu verstehende massive Vergeltung: „Bei der Ausarbeitung der Formen und Methoden zukünftiger Kriegsführung sollte eine Vielzahl von Fragen berücksichtigt werden: Wie wird der Krieg entfesselt werden, welche Merkmale wird er annehmen, wer wird der Hauptgegner sein, werden Kernwaffen gleich zu Beginn oder erst im Laufe des Krieges eingesetzt werden, welche Kernwaffen – strategische oder nur operativ-taktische – werden gebraucht, wo, in welchem Gebiet oder auf welchem Kriegsschauplatz werden sich die hauptsächlichen Geschehnisse abspielen etc.“[42]

325. Gemäß einer weitverbreiteten Ansicht haben sowjetische Militärstrategen im allgemeinen eine Vorliebe dafür, einen frühen Kernwaffeneinsatz vorzuschlagen. Diese Ansicht ist wahrscheinlich die Folge der detaillierten und eindringlichen Art, in der der Atomkrieg im sowjetischen Militärschrifttum abgehandelt wird. Man gewinnt den Eindruck, daß die wichtigste Schwelle nicht die zwischen konventionellen Waffen und Kernwaffen, sondern die zum Krieg überhaupt ist.

326. Ungefähr um 1970 gab es hingegen einige Anzeichen, daß die Strategen in der Sowjetunion die konventionelle Option auch für einen allgemeinen Krieg geeignet hielten. Ein sowjetischer Militärschriftsteller, Generaloberst A. S. Zjoltov, stellte ohne jede Einschränkung fest, daß „es durchaus möglich sei, einen Krieg nur mit konventionellen Waffen zu führen“. Erstens sei ein Krieg ohne Kernwaffen möglich; zweitens können selbst beim Einsatz von Kernwaffen nicht alle militärischen Aufgaben gelöst werden, so etwa kann das gegnerische Territorium nicht besetzt werden; drittens könne sich der Einsatz von Kernwaffen gegen einige Ziele als unwirksam erweisen; viertens können Kernwaffen unter Umständen ein Hindernis für das Vorrücken der eigenen Streitkräfte sein; und fünftens können viele konventionellen Waffen sehr wirksam gegen feindliche Kernwaffen eingesetzt werden.[43]

327. Obwohl diese besondere Erklärung keine offiziellen Grundsätze zum Ausdruck bringen mag, ist sie ein Zeichen dafür, daß die Flexibilität der sowjetischen Strategie vielleicht größer ist, als oft angenommen wird. Auch weisen spätere Formulierungen von Verteidigungsminister Gretschko darauf hin, daß der anscheinend früher verfochtene, fast automatische Rückgriff auf Kernwaffen durch einen anderen, flexibleren

Standpunkt ersetzt worden ist, der vom Unwissen über die mögliche Form eines zukünftigen Krieges bestimmt wird.[44]

328. Es gibt Grund für die Annahme, daß die sowjetischen Militärstrategen jetzt die Möglichkeit eines lokalen (begrenzten) Krieges mit taktischem Kernwaffeneinsatz, ja sogar die Möglichkeit eines allgemeinen konventionellen Krieges in Erwägung ziehen. Aber das muß keineswegs bedeuten, daß die Option auf massive Vergeltung als grundlegendes Merkmal sowjetischer Nukleardoktrinen aufgegeben worden sei.

3. Chinas Nukleardoktrinen

329. Wie die anderen Kernwaffenmächte hat China wiederholt versichert, daß es sein nukleares Arsenal zum Zweck der Verteidigung aufgebaut habe. China hat jedoch im Gegensatz zu anderen Atommächten bei zahlreichen Anlässen und unter verschiedenen Umständen erklärt, daß es niemals zuerst Kernwaffen einsetzen werde.

330. China hat nie öffentlich seinen Standpunkt bezüglich der Voraussetzungen eines Kernwaffeneinsatzes vertreten oder sich unmißverständlich zu einer bestimmten Nukleardoktrin geäußert. Dies ist von einigen Beobachtern als ein Zeichen für eine absichtlich „kalkulierte Mehrdeutigkeit" gewertet worden, um die Ungewißheit über die chinesischen Absichten und Fähigkeiten zu steigern.[45]

331. Das Charakteristische an der chinesischen Haltung gegenüber Kernwaffen ist die Tendenz gewesen, die Bedeutung dieser Waffen herunterzusetzen. Dies rührte größtenteils von der Ansicht der chinesischen Führung her, daß ein thermonuklearer Krieg gegen China wegen der Landesstruktur und der Bevölkerungsverteilung nicht den umfangreichen Schaden wie in einigen anderen Ländern verursachen würde. Das waren jedenfalls die Gründe, die für das Herunterspielen genannt wurden. Selbst wenn Mao Zedongs Äußerung über den „Papiertiger"[46] Atombombe nicht unbedingt repräsentativ ist, scheinen einige chinesische Erklärungen die Überzeugung widerzuspiegeln, daß Kernwaffen nicht so mächtig und wirksam sind, wie es den Anschein hat. Gleichzeitig enthüllen andere chinesische Erklärungen, daß man sich in China der verheerenden Tragweite eines thermonuklearen Krieges für China und die Welt sehr wohl bewußt ist.

332. Die Grundlage der chinesischen Verteidigungspolitik war jahrelang das Konzept vom „Volkskrieg" einerseits und die nukleare Abschreckung

andererseits. In den 60er Jahren war das Konzept des Volkskriegs dominierend. Nach Mao Zedong würde einem nuklearen oder konventionellen Angriff auf China eine Invasion der Landstreitkräfte folgen müssen, und dann würde die Überlegenheit des Volkskriegskonzepts spürbar werden. Gegnerische Kräfte würden tief in chinesisches Gebiet gelockt, „in endlosen Gefechten steckenbleiben und in einem feindlichen Menschenmeer ertränkt".[47]

333. Es scheint, daß während der letzten Jahre die Anhänger des Konzepts, Menschen seien wichtiger als Waffen, an Boden verloren haben. Überdies gibt es derzeit Hinweise auf Anstrengungen, modernere Mehrzweckkräfte aufzustellen, um für begrenztere militärische Möglichkeiten als für die Extremformen der nuklearen Abschreckung und des Massenkrieges gewappnet zu sein. Es gibt auch neue Anhaltspunkte für das Interesse Chinas an der Entwicklung taktischer Kernwaffen. Die Entwicklung und Stationierung solcher Waffen würde wahrscheinlich einen fundamentalen Wandel in den Grundlagen der chinesischen Verteidigungspolitik erforderlich machen.

4. Großbritanniens Nukleardoktrinen

334. Großbritannien gibt seinen besonderen Beziehungen zu den Vereinigten Staaten, die auch im Zweiten Weltkrieg weiterentwickelt wurden, große Bedeutung und hat seitdem seine Verteidigungspläne ausdrücklich im Zusammenhang mit dieser besonderen Beziehung zu den USA aufgebaut. Infolgedessen hat das Vereinigte Königreich mit den Vereinigten Staaten mehrere Vereinbarungen über militärische Zusammenarbeit im nuklearen Bereich abgeschlossen.

335. Die Zusammenarbeit bei der Entwicklung von Atomunterseebooten, Abschußanlagen und Gefechtsköpfen wurde jedoch zum Gegenstand wichtiger politischer Bedingungen gemacht. Die britischen Atomunterseeboote sind für die NATO-Verteidigung bestimmt worden, und Großbritannien wirkt momentan zusammen mit der atlantischen Allianz mit am „internationalen Beitrag zur Abschreckung". Trotzdem gestatten die Vereinbarungen der britischen Regierung, ihre gegenwärtig der NATO unterstellten wichtigen Kräfte auch allein für nationale Belange einzusetzen, falls seine „vitalen nationalen Interessen" auf dem Spiel stehen.

336. Von daher ist es schwierig abzuschätzen, inwieweit Großbritannien seine Nuklearmacht unabhängig einsetzen würde. Theoretisch könnte es

jederzeit bei Bedarf seine Kräfte der NATO entziehen und sich auf das Recht zum Einsatz seiner Waffen berufen, wenn es dies in einem Konflikt, der seine vitalen Interessen berührt, für ratsam hält. In der Praxis dürfte jedoch diese Möglichkeit kaum eine Rolle spielen, insbesondere da die Koordination, Planung und Zuweisung von Zielen, die durch britische Kräfte im Krieg zerstört werden sollen, in der Friedenszeit stattfindet. Es ist schwierig zu entscheiden, welche politischen Überlegungen einen autonomen Einsatz britischer Nuklearstreitkräfte rechtfertigen oder unter welchen Umständen sie in einen nuklearen Konflikt hineingezogen werden könnten, von dem das atlantische Bündnis nicht betroffen wäre. Dennoch bleibt die Tatsache bestehen, daß das Vereinigte Königreich über Nuklearstreitkräfte verfügt, die nötigenfalls unabhängig eingesetzt werden könnten.

337. Diese Erwägungen erklären, warum die Strategiedebatte innerhalb Großbritanniens heute im allgemeinen eng mit der atlantischen Verteidigungskonzeption verbunden ist und warum das Vereinigte Königreich sich fast nie öffentlich von der zentralen Auffassung der NATO lossagt.

5. Frankreichs Nukleardoktrinen

338. Frankreich vertritt die Ansicht, daß Kernwaffen letztlich nationale Waffen sind. Das Weißbuch der Regierung über nationale Verteidigung stellt 1972 fest: „Wenn nicht vitale Interessen auf dem Spiel stehen, hat die Drohung, auf Kernwaffen zurückzugreifen, absolut keine Glaubwürdigkeit .... Jedenfalls wird hier der ausschließlich nationale und im wesentlichen defensive Charakter der Abschreckung deutlich ... Wenn sie [die Vereinigten Staaten und die Sowjetunion] objektiv einsehen, daß ihre gegenseitige Abschreckung nur wirksam sein wird, solange ihre „nationalen Heiligtümer“ [„national sanctuaries“; Sanktuarium-Konzept: militärpolitische Zielsetzung der Unverletzlichkeit bestimmter Territorien, Anm. d. Übers.] direkt bedroht sind, muß man folgern, daß die Verteidigung Westeuropas nicht automatisch von der amerikanischen Abschreckung profitiert.“[48]

339. Der Grundgedanke der französischen Abschreckung – wonach der Schwache den Starken abschreckt – besteht darin, daß der Schwache über die Mittel verfügen muß, über den Starken eine Strafe im Verhältnis zu dem Wert zu verhängen, den der Sieg über den Schwachen für den Starken darstellt. Nach französischer Auffassung ist deshalb die Abschreckung ei-

ner mittleren Nuklearmacht glaubhaft, selbst wenn die Größe seiner strategischen Nuklearstreitkräfte überhaupt nicht mit der der Supermächte zu vergleichen ist.

340. Auf der Ebene der Theorie hat Frankreich nie der NATO-Strategie der flexiblen Reaktion zugestimmt noch für eigene Zwecke übernommen. Aus französischer Sicht beruht die Chance der Kriegsvermeidung auf dem Vertrauen in die Abschreckung. In diesem Zusammenhang sollte darauf hingewiesen werden, daß die französischen konventionellen Landstreitkräfte die vordringliche Aufgabe haben, die Entschlossenheit eines Aggressors zu prüfen, den Krieg nach Frankreich hinein auszudehnen. Wenn dies so sein sollte, könnten die den Landstreitkräften zugeteilten taktischen Kernwaffen zur Warnung des Angreifers vor dem Überschreiten der „Schwelle der kritischen Aggression" benutzt werden, d. h. vor dem Punkt, an dem Frankreich eine strategische Antwort erwägen würde.

341. Niemand hat je diese Schwelle definiert. Diese Ungewißheit soll die Abschreckungswirkung stärken. Aber hier wird auch die Frage nach den Beziehungen zwischen Frankreich und der NATO aufgeworfen. Man kann wohl annehmen, daß die Schwelle kritischer Aggression erst nach einer bestimmten Kriegsdauer in Mitteleuropa erreicht sein wird.

342. Die mögliche Einführung der Neutronenbombe in das französische Nukleararsenal berührt die Frage, ob diese Waffen für Kampf- oder Abschreckungszwecke bestimmt sind. Es ist vielleicht zu früh für eine Antwort zu diesem Thema, doch liegt es nahe anzunehmen, daß diese Waffen auf lange Sicht der Entfaltung der französischen Nukleardoktrinen größere Flexibilität geben sollen.

343. Für Frankreich stehen die strategischen Kernwaffen als Teil der zentralen Verteidigungseinrichtungen auf der gleichen Stufe wie die der Vereinigten Staaten und der Sowjetunion, und es lehnt deshalb deren Einschluß in Verhandlungen über die sogenannten Grauzonenwaffen ab. Die Franzosen sichern sich mit ihrer nuklearen Streitmacht ein eigenes europäisches Entscheidungszentrum für den Einsatz von Kernwaffen.

E. Doktrinen und Sicherheit

344. Der Einfluß der nuklearen Abschreckungsdoktrinen auf die internationale Sicherheit ist schwer vom Einfluß der bloßen Existenz der Waffen und der technologischen Entwicklung nuklearer Waffensysteme zu

trennen. Sind die Waffen einmal da – und folglich auch die Möglichkeiten ihrer Anwendung –, dann muß die besondere Rolle der Doktrinen für die internationale Stabilität nicht zum vorrangigen Problem werden, wenn der tatsächliche Einsatz dieser Waffen erwogen wird. Die genau festgelegten Merkmale dieser Doktrinen sind allerdings dadurch, daß sie die Bedingungen und die Art des Kernwaffeneinsatzes bestimmen, wichtige Faktoren bei der Definition der Tragweite der Nukleararsenale für die internationale Sicherheit. Während dieser Punkt im folgenden Kapitel behandelt wird, ist es hier noch wichtig, einige Bemerkungen über den Einfluß der Doktrinen als solche zu machen.

345. Eine naheliegende Frage betrifft die Glaubwürdigkeit der Doktrinen. Damit ist nicht gemeint, ob ein Staat die Mittel und die Fähigkeit besitzt, eine bestimmte Doktrin anzuwenden, sondern wie sich diese Doktrinen zur Wirklichkeit verhalten. Erweisen sich die Doktrinen in einer Krisensituation wirklich als ein verläßliches Instrument, oder wird sich die Situation unabhängig von den Doktrinen entwickeln? Es ist unmöglich, hierauf mit einiger Sicherheit eine Antwort zu finden, doch es muß darauf hingewiesen werden, daß Kriege bisher tendenziell auf nicht vorhersagbare Weise begonnen und geendet haben. Das Risiko eines unkontrollierbaren Atomkrieges ist offensichtlich und vielleicht sogar wahrscheinlich.

346. Eine andere Frage betrifft die Möglichkeit, im realen Konfliktfall eine Unterscheidung zwischen den verschiedenen Szenarios der Doktrinen beizubehalten; kann man zum Beispiel zwischen einem „counter-force"-Angriff zur Zerstörung von Militärzielen und einem „counter-value"-Schlag zur Schwächung der industriellen Kapazität eines Staates unterscheiden? Welche Sicherheiten hätte ein Staat nach einem „counterforce"-Angriff dafür, daß der Gegner nicht mit einem „counter-value"-Schlag gegen Städte antworten würde, da es wenig Sinn hätte, leere Raketensilos anzugreifen? Kann man sich ferner darauf verlassen, daß der Staat, der den Erstschlag ausführt, sich in Zurückhaltung übt? Käme er nicht in die Versuchung, aus Furcht vor der gegnerischen Eröffnung einer zweiten Eskalationsrunde mit größerer Macht zuzuschlagen?

347. All diese Fragen lassen ernste Zweifel über die Möglichkeit aufkommen, die Entwicklung unter Kontrolle und in den Grenzen zu halten, wie sie die Doktrinen festlegen. Trotzdem haben vielleicht verschiedene Doktrinen unterschiedliche Bedeutung für die Sicherheit. Abschreckung in der Form massiver Vergeltung – hierauf beruht letztlich das Abschrekkungskonzept – hat im Fall des Versagens weitreichende Folgen für die

gesamte internationale Gemeinschaft. Obwohl es schwierig ist festzustellen, ob und inwieweit die Abschreckung zur Verhinderung eines Krieges zwischen den Supermächten beigetragen hat, wird deutlich, daß sie Nicht-Kernwaffenstaaten vor der Bedrohung durch andere nicht schützen konnte und daß sie eine Reihe von Konflikten nicht verhindert hat, an denen Nuklear- und Nichtnuklearmächte beteiligt waren.

VI. Sicherheitserwägungen bei fortschreitender quantitativer Zunahme und qualitativer Weiterentwicklung der Kernwaffensysteme

348. Der Begriff der Sicherheit zwischen den Nationen ist äußerst vielschichtig und offen für unterschiedliche Interpretationen. Im regionalen Zusammenhang erhalten Staaten manchmal durch den Beitritt zu einem Bündnis das, was man als eine höhere Stufe von Sicherheit versteht. Diese Sicherheit kann auch durch regionale Zusammenarbeit und Abkommen über Abrüstung oder Rüstungskontrolle erreicht werden. Außerdem hat man erkannt, daß eine erweiterte wirtschaftliche und kulturelle Kooperation zwischen den Staaten eine wechselseitige Abhängigkeit fördern kann. Aus dieser Sicht kann die internationale Sicherheit als die höchste Stufe regionaler Sicherheit aufgefaßt werden. In den nächsten Abschnitten wird der Einfluß der weiteren Verbreitung und Entwicklung von Kernwaffen auf alle drei Stufen analysiert.

349. Ein anderer Aspekt von Sicherheit betrifft die etwas theoretische Unterscheidung zwischen Wirklichkeit und Wahrnehmung. Im militärischen Bereich wird die Einsatzfähigkeit von der Einsatzabsicht unterschieden. Wie ein Staat seine nationale Sicherheit bewertet, wird von seiner Wahrnehmung der tatsächlichen oder latenten Bedrohungen seiner Sicherheit und Bedürfnisse abhängen sowie von seinem Vermögen, mit solchen Bedrohungen fertig zu werden. Diese Wahrnehmung kann entscheidend sein, besonders wenn sie einen Staat zu der Überzeugung bringt, daß seine Sicherheit bedroht sei. Selbst wenn eine solche Überzeugung falsch ist, kann sie eine selbsterfüllende („self-fulfilling“) Wirkung haben und auf diese Weise ein Wettrüsten oder einen offenen zwischenstaatlichen Konflikt auslösen. Die nationale Sicherheit eines Staates kann nicht nur durch militärische Macht, sondern auch durch politische und ökonomische Maßnahmen bedroht sein. Die auf die Abhängigkeit von anderen Ländern zurückzuführende Verwundbarkeit kann jedoch in eine wechselseitige Abhängigkeit umgewandelt werden. In diesem Falle könnte die feindliche Handlung eines Landes allen schaden und deshalb wieder auf das Land zurückschlagen.

350. Nur einige wenige Staaten sind bis heute im Besitz von Kernwaffen.[49] Es gibt jedoch viele Gründe für ihren Erwerb: die Erhöhung der nationalen Sicherheit, die Steigerung des nationalen Status und Prestiges, der Schutz der nationalen Unabhängigkeit und Handlungsfreiheit, die Förderung der wissenschaftlichen und technologischen Entwicklung, der Druck bestimmter Interessengruppen innerhalb der Regierungen und der Wunsch nach einem überlegenen Instrument der Politik. Von daher ist es wahrscheinlich, daß auch andere Staaten diese Motive für ihre atomare Bewaffnung anführen.

351. Wir sollten im Auge behalten, daß die große Mehrheit der Staaten nicht in der Lage ist, Kernwaffen zu entwickeln. Viele Staaten haben direkt oder indirekt auf den Erwerb von Kernwaffen verzichtet, und zwar durch den Beitritt zum Vertrag über Nichtverbreitung von Kernwaffen (Treaty on the Non-Proliferation of Nuclear Weapons), zum Vertrag über das Verbot von Kernwaffen in Lateinamerika (Treaty of Tlatelolco) und durch andere internationale Vereinbarungen. Gleichzeitig gibt es einige Staaten, die zu Bündnissystemen gehören und sich in Bezug auf ihre Sicherheit auf Kernwaffen verlassen. Sie haben sie in ihrem Gebiet stationiert und bilden ihre Streitkräfte in deren Handhabung und Einsatz aus. Mit der Zeit vermindern sich die technischen und wirtschaftlichen Hindernisse für die Produktion von Kernwaffen. Deshalb bedarf es des politischen Willens der kernwaffenfreien Staaten, weiterhin auf diese Waffen zu verzichten. Zugleich verschaffen Kernwaffen in der Hand militärisch wichtiger Staaten der Ansicht Geltung, daß Staaten, die nach einem Großmachtstatus streben, ebenfalls Kernwaffen besitzen müssen.

352. Die Inanspruchnahme der Kernwaffenstaaten durch die vertikale Ausweitung ihrer Arsenale hat zu einer Situation geführt, in der sich ihre Fähigkeiten, zur regionalen Sicherheit beizutragen, vermindert haben. Auf verschiedenen internationalen Tagungen wird häufig behauptet, daß heutzutage Kernwaffen sogar für begrenzte Sicherheitszwecke wenig glaubhaft seien. Einige Beobachter halten diese Situation für nicht ganz unabhängig von der weltweiten Besorgnis über die horizontale Nuklearverbreitung.

A.[49a] *Kernwaffen und nationale Sicherheit*

353. Regierungen definieren nationale Sicherheit in verschiedener Weise. Das gilt ebenso für das Verhältnis zwischen nationaler Sicherheit und der Rolle der Kernwaffen. Die folgenden Abschnitte werden sich mit

den Supermächten, anderen Kernwaffenstaaten und Staaten ohne Kernwaffen einschließlich der Staaten mit bedeutenden industriellen und technologischen Infrastrukturen befassen.

Die Supermächte

354. Die beiden Supermächte Sowjetunion und USA unterhalten die beiden größten Kernwaffenarsenale der Welt. Sie besitzen ebenfalls sehr umfangreiche konventionelle Streitkräfte. Sie sind starke Wirtschaftsmächte mit einer großen Bevölkerung, einer großen Industriekapazität, hochentwickelten wissenschaftlichen und technologischen Fähigkeiten und bedeutenden Bodenschätzen. Vom Standpunkt ihrer nationalen Sicherheit hingegen betrachtet jede die strategischen Kernwaffensysteme der anderen Supermacht als die Hauptbedrohung. In den vorangegangenen Kapiteln wurde gezeigt, wie diese Arsenale vergrößert und wie verschiedene strategische Doktrinen zu unterschiedlichen Zeiten von jeder Supermacht entwickelt wurden mit dem Zweck, das Nötige für die Erhöhung des Schutzes ihrer nationalen Sicherheit zu tun. Eine Befürchtung war, daß möglicherweise eine der Supermächte die „nukleare Überlegenheit" vor allem hinsichtlich der Erstschlagsfähigkeit erlangen würde, die die strategischen Waffen der anderen Supermacht ausschalten könnte. Eine zweite Überlegung bezieht sich auf die instabile Situation gegenseitiger Abschrekkung. Sie stellt die Frage, wie durch politische, technische oder menschliche Irrtümer ein strategischer Schlagabtausch mit ungeheueren Folgen entfesselt werden könnte.

355. Für den Fall, daß eine Supermacht eine bedeutende und dauerhafte „nukleare Überlegenheit" (sofern überhaupt möglich) erlangen sollte, gäbe es dann nur noch eine nukleare Supermacht, was für die internationalen Beziehungen sehr folgenreich wäre. Es überrascht deshalb nicht, wenn jede Seite bezweifelt, daß die andere das Ziel der Überlegenheit aufgegeben hat. Selbst wenn die beiden Supermächte darin übereinstimmten, ein Ungleichgewicht zu vermeiden, betrachtet jede ihre nationale Sicherheit als von der dauernden Verbesserung ihrer Kräfte abhängig. Jede verfolgt den Zweck, den Kräftezuwachs der anderen Seite zu kompensieren, oder überlegen zu bleiben. Gleichzeitig erscheint es unmöglich, beim derzeitigen Stand der strategischen Kräfte in puncto Zahl, Verteilung und Schutzeinrichtungen eine nukleare Überlegenheit zu erreichen. Die Argumentation wirkt überzeugender in der umgekehrten Richtung: wegen der beträchtlichen Anzahl

strategischer Kernwaffen sollte es möglich sein, einen größeren Rüstungsabbau vorzunehmen, ohne die nationale Sicherheit der beiden Supermächte zu gefährden.

356. Die gleiche Schlußfolgerung ergibt sich aus einer Betrachtung der Stabilität der nuklearen Abschreckung: je zahlreicher die Waffen, je komplexer die Systeme und je verfeinerter die Doktrinen, desto wahrscheinlicher ist es, daß die Waffen irrtümlich eingesetzt werden, sei es durch ein politisches, militärisches, technisches oder menschliches Versehen. Es gibt kein narrensicheres System zur Kontrolle von Kernwaffen. Man mag verschiedene Methoden zur Risikominderung anwenden, aber trotz aller Bemühungen sind Unfälle mit Kernwaffen passiert und werden auch in Zukunft geschehen. Dies ist die konkrete Bedrohung für die nationale Sicherheit beider Supermächte. Jede hängt von der „nuklearen Stabilität" der anderen ab. Ein Beispiel hierfür ist der Fehlalarm in den Vereinigten Staaten am 9. November 1979 wegen eines sowjetischen Raketenangriffs. Die Warnung vor dem Angriff ließ der amerikanischen Militärzentrale kaum fünf Minuten zur Reaktion, bevor die vermutlich von einem U-Boot gestartete erste sowjetische Rakete ihre Ziele treffen sollte. Doch erst eine Minute nach der vorausberechneten Detonation der Gefechtsköpfe war klar, daß der Alarm durch einen Computerirrtum verursacht worden war. Ein Kriegsspiel-Tonband war irgendwie als echter Kriegsfall abgelaufen. Noch andere falsche Alarmierungen, wie die vom 3. und 6. Juni 1980, hat es gegeben.

357. Ein weiterer und höchst wichtiger Aspekt der Stabilität des Systems gegenseitiger Abschreckung betrifft die Qualität des atomaren Wettrüstens. In Bezug auf die Ursachen und Gründe des Wettrüstens gibt es mehrere Auffassungen, und jede von ihnen beleuchtet vielleicht einen besonderen Aspekt des Problems. Bei all diesen Theorien muß man hingegen fragen, welche Sicherheiten sie dafür liefern, daß der zugrundeliegende Prozeß der Forschung und Entwicklung keine militärische Anwendung mit destabilisierender Wirkung hervorbringt. Es kann somit eine unheilvolle Investition für die Zukunft sein, wenn man sein Vertrauen in das Prinzip „mit dem atomaren Wettrüsten leben" legt.

358. Das atomare Wettrüsten ist seit dem Zweiten Weltkrieg ein Hauptmerkmal der internationalen Beziehungen gewesen. Manchmal schien es, als ob die eine Supermacht nach einer offensiven Fähigkeit strebte, die der anderen Supermacht überlegen war. In anderen Fällen hat das gegenseitige Mißtrauen beide Staaten dazu gebracht, gleichzeitig militärisch aufzurü-

sten. Beide wollten den anderen von einem Militärangriff abschrecken oder davon überzeugen, daß er bei einem Angriff nicht erfolgreich sein würde oder in einer militärischen Auseinandersetzung unterliege. Nach herkömmlicher Ansicht vergrößern sich die militärischen Fähigkeiten der beiden Staaten durch einen Aktions-Reaktions-Prozeß mit dem Endergebnis eines status quo auf höherem Rüstungsniveau. Hierauf wird oft als „Spirale des Wettrüstens" verwiesen.

359. Dieses Phänomen könnte sogar eintreten, wenn beide Seiten mit dem Paritätsprinzip für ihre Streitkräfte einverstanden wären. Die Fähigkeit der gegnerischen Streitkräfte ist in der Praxis oft überschätzt worden, um Fehler und Ungewißheiten der verfügbaren Informationen zu kompensieren. Die Kräfte, die man als notwendig ansieht, um den gegnerischen Streitkräften etwas Gleiches gegenüberzustellen, sind ebenso überschätzt worden, um eine Reservekapazität zu schaffen. Wenn man diese Entwicklung nicht kontrolliert, könnte gerade das Prinzip der Parität der Streitkräfte ein Wettrüsten verursachen.

360. Nach einer anderen Auffassung ist die Entwicklung neuer strategischer Waffensysteme nicht als Aktions-Reaktions-Prozeß zu sehen, sondern als Ergebnis zweier paralleler, doch getrennt verlaufender Prozesse, die von unabhängigen Stimuli innerhalb der beiden betroffenen Supermächte ausgehen. Die Entscheidungen zur Beschaffung von Kernwaffensystemen (und anderen Mitteln) könnten getroffen werden, um Forderungen verschiedener Interessengruppierungen innerhalb der Regierungen zu erfüllen. (Treffende Beispiele dafür sind vielleicht die Rivalitäten zwischen den Waffengattungen des militärischen Apparats oder zwischen anderen Interessengruppen.)

361. Die tiefgreifenden Verfeinerungen der strategischen Nuklearsysteme sind durch riesige Investitionen für angewandte Forschung und für Militärtechnologie ermöglicht worden. Das atomare Wettrüsten wurde dadurch angeheizt. Von der einen Macht wurden Programme finanziert, um sicherzustellen, daß die andere Macht keinen Entwicklungsvorteil in einer bestimmten Technologie gewinnen würde. Ist diese Technologie dagegen einmal entwickelt, dürfte es schwer fallen, der Versuchung zu widerstehen, sie sich zunutze zu machen.

362. Es soll nicht versucht werden, den Anteil der erwähnten Faktoren am atomaren Wettrüsten zu gewichten. Was immer das atomare Wettrüsten bestimmen mag, jede Supermacht macht ihre nationale Sicherheit stark von den Kernwaffensystemen und deren ständiger Verbesserung ab-

hängig. Ohne Zweifel hat das Risiko einer Atomkatastrophe die Supermächte davor abgeschreckt, eine Konfrontation zwischen ihnen zu einem Weltkrieg eskalieren zu lassen. Es ist jedoch ein bedauernswerter Zustand, daß im Fall eines umfassenden Konflikts mit der sicheren Zerstörung der Supermächte und schwerwiegendsten Konsequenzen für die übrige Welt zu rechnen ist.

363. Es war ein ermutigender Anfang, als die beiden Supermächte übereinkamen, „Gespräche über die Begrenzung strategischer Waffen" [Strategic Arms Limitation Talks, SALT] zu führen. Eine eingehende Erörterung ihrer gemeinsamen Interessen an einer verbesserten nationalen Sicherheit hätte bedeutende Wirkungen haben können, mit größtem Nutzen für sie und die übrige Welt. Dies hätte nicht nur hinsichtlich der Rüstungsbegrenzung, sondern auch für eine Stärkung der Entspannung und der internationalen Beziehungen allgemein gegolten. Bis heute hat SALT jedoch nicht zu Abrüstungsschritten geführt und aus der Sicht der Rüstungskontrolle nur begrenzte Wirkung gehabt. SALT hat eher die Supermacht-Meinung gestärkt, daß Abschreckung auf dem Gleichgewicht des Schreckens beruhen muß. Auf dem Hintergrund der gegenwärtigen Ratlosigkeit bei den SALT-Verhandlungen werden Entscheidungen getroffen, die den Umfang und die Kapazität der nuklearen Kräfte der Supermächte weiter steigern. Auf lange Sicht werden sich dadurch wahrscheinlich eher nachteilige Folgen für das nationale Sicherheitsgefühl beider Staaten ergeben.

Die anderen Kernwaffenstaaten

364. Die Nuklearkräfte Chinas, Frankreichs und Großbritanniens sind viel kleiner als die der beiden Supermächte. Dennoch sind diese Arsenale keineswegs unbedeutend. Sie enthalten Atomwaffen auf Kernspaltungs- und Kernverschmelzungsbasis, die große Verwüstungen anrichten können, vor allem beim Einsatz gegen Städte.

365. Die Staaten mit mittlerer Nuklearkapazität strebten eine solche nicht unbedingt nur aus Gründen der nationalen Sicherheit – wie sie sie selbst einschätzten – an. Nationale Prestigeinteressen können ebenfalls von Bedeutung gewesen sein. Im Fall Frankreichs bestand gleichzeitig das Bestreben, die Unabhängigkeit von der amerikanischen Abschreckung zu gewährleisten. Frankreich hat wie Großbritannien versucht, einen gewissen Einfluß auf die Anwendung dieser Abschreckung auszuüben. Sobald Frankreich jedoch über Kernwaffen verfügte, erlangten diese Tatsache und

die sich daraus ergebenden Folgen für die nationale Sicherheit der mittleren Kernwaffenmächte grundlegende Bedeutung.

366. Aus dem großen zahlenmäßigen Unterschied der beiderseitig verfügbaren Kernwaffen ist ersichtlich, daß die Möglichkeit, eine Supermacht von einem Atomangriff abzuschrecken, davon abhängt, inwieweit die Mittelmacht Zivilzielen glaubhaft bedeutsamen Vergeltungsschaden zufügen kann. Mit einer verwundbaren Nuklearstreitmacht müßte sich eine „counter-value"-Strategie [vgl. Absätze 223 ff. Anm. d. Übers.] auf einen Erstschlag gegen die Supermacht verlassen. Andererseits wäre das Interesse eines mittleren Kernwaffenstaates mit SLBM-Kernwaffen (submarine-launched ballistic missile; U-Boot-gestützte ballistische Rakete mit Atomsprengköpfen) auf den langfristigen Schutz und die Überlebensfähigkeit des SLBM-Systems gerichtet. U-Boot Abwehr (anti-submarine warfare, ASW) ist ein Bereich intensiver Forschung und Entwicklung der Supermächte. Vom Standpunkt der nationalen Sicherheit ruht die isolierte Abschreckungsfähigkeit der mittleren Kernwaffenstaaten somit auf noch unsichereren Grundlagen als die der Supermächte.

367. Schließlich gibt es die Überlegung, daß die Entscheidung einer mittleren Nuklearmacht, Kernwaffen gegen eine Supermacht einzusetzen, diese zum Gegenangriff einladen würde. Hat eine mittlere Nuklearmacht einmal zum Einsatz von Kernwaffen gegriffen, wäre sie deswegen einer viel größeren Zerstörung ausgesetzt, als sie selber beizubringen imstande ist. Dies wiederum wirft die fundamentale Frage nach der Glaubwürdigkeit der mittleren Nuklearmächte auf.

Die kernwaffenlosen Staaten

368. Unter den verschiedenen Interessen, die einen kernwaffenlosen Staat zur Anschaffung von Kernwaffen veranlassen könnten, spielt die Bedeutung für die nationale Sicherheit eine zentrale Rolle. Falls es keine zufriedenstellenden Sicherheitsargumente für den Erwerb gibt und falls im Gegenteil schlüssige Argumente in die andere Richtung weisen, dann ist es ein fragwürdiges Unterfangen, ein Kernwaffenstaat zu werden. Es ist jedoch schwierig, in diesem Punkt zu einer Zeit zu überzeugen, in der die Kernwaffenstaaten den Ausbau ihrer Nukleararsenale im Eiltempo fortsetzen. Sie geben ein schlechtes Beispiel ab. Dies bietet anderen Staaten eine Rechtfertigung für den Erwerb von Kernwaffen. Gleichzeitig vermindern sich beim Aufbau der Nuklearbewaffnung nach und nach die

technischen und wirtschaftlichen Schwierigkeiten, wie im Kapitel II erörtert.

369. Kernwaffen sind schon einmal im Krieg gegen einen kernwaffenlosen Staat, nämlich Japan, eingesetzt worden. Von daher ist es nicht undenkbar, daß ein Staat, der sich im Konflikt mit einem Kernwaffenstaat befindet, sich dem Einsatz oder der Drohung mit dem Einsatz von Kernwaffen aussetzt. Ein solcher Handlungsablauf wird jedoch immer unwahrscheinlicher, teilweise wegen der Entwicklung einer Hemmschwelle gegen den Kernwaffeneinsatz im Krieg und teilweise wegen der Besorgnis einer möglichen Ausbreitung oder Eskalation des Konflikts aufgrund des Einsatzes solcher Waffen.

370. Dieser Zustand könnte indessen unstabil werden. Insbesondere die Supermächte haben umfangreiche Arsenale taktischer Kernwaffen aufgebaut. Ihre Militärplaner schließen die Integration dieser Waffen in die Operationsplanung für bestimmte Kriegsschauplätze, vor allem in Europa, nicht aus. Folglich könnte die Möglichkeit eines Kernwaffeneinsatzes in einem Konflikt, der zum Beispiel mit einem konventionellen Angriff beginnen würde, glaubhaft erscheinen. Die Tatsache, daß die bloße Existenz von Kernwaffen in bestimmten Krisensituationen als Bedrohung verstanden werden kann, spielt hier ebenfalls eine Rolle. Die Existenz der Waffen schließt außerdem die Möglichkeit ihres zufälligen oder unabsichtlichen Einsatzes mit weiterführenden Konsequenzen ein.

371. Wegen des Vorhandenseins von Kernwaffen haben die Staaten, die sie nicht besitzen, verschiedene Mittel gewählt, um sich gegen einen möglichen Atomangriff zu schützen. Im Zusammenhang damit steht die Überlegung, daß der Besitz von Kernwaffen eine Atomdrohung oder einen Atomangriff herausfordern könnte. Doch sind einige der Ansicht, daß das Fehlen einer Zusage seitens der Kernwaffenmächte, in keinem Fall Kernwaffen gegen Staaten ohne Kernwaffen einzusetzen, die Gültigkeit dieser Überlegung untergräbt.

372. Einige Staaten suchten zusätzlichen Schutz gegen einen Atomangriff, indem sie einem Bündnis mit einem Kernwaffenstaat, der ihnen einen „Atomschirm" bietet, beitraten, manchmal unter Hinnahme der Stationierung von Kernwaffen in ihrem Land. Dieses Problem wird im nächsten Abschnitt „Kernwaffen und regionale Sicherheit" behandelt. Andere kernwaffenlose Staaten verfolgen den umgekehrten Weg und suchen Schutz-Garantien gegen den Einsatz oder die Einsatzdrohung von Atomwaffen durch Kernwaffenstaaten. Eine Reihe von Staaten hat auf internationalen

Foren angeregt, daß die Kernwaffenstaaten sich vertraglich verpflichten, den Einsatz von Kernwaffen zu unterlassen. Solche Vorschläge sind im allgemeinen von den Kernwaffenstaaten nicht unterstützt worden. Diese „negativen“ Sicherheitsgarantien werden im Kapitel VII [Absatz 487f.] eingehender erörtert.

373. Es bleibt die Frage, inwiefern kernwaffenlose Staaten durch eigene Atombewaffnung einen Atomangriff abschrecken könnten und welche Wirkung ein solcher Schritt auf ihre nationale Sicherheit haben würde. Eine beträchtliche Anzahl der Nicht-Kernwaffenstaaten verfügt über die geeignete industrielle und technologische Basis zur Entwicklung von Atombomben. Einige würden mit der Zeit auch über die technologische Fähigkeit verfügen, eine Nuklearstreitmacht aufzubauen, die mit derjenigen der mittleren Nuklearmächte vergleichbar wäre. Demnach sind zwei grundlegende Stufen militärischen Abschreckungspotentials zu betrachten – die Fähigkeit, einen (nuklearen oder konventionellen) Angriff eines Kernwaffenstaates abzuschrecken und die Fähigkeit, die militärische Bedrohung durch die konventionellen Streitkräfte eines Nicht-Kernwaffenstaates abzuschrecken.

374. Jeder Staat, der einen Kernwaffenstaat von einem Atomangriff abschrecken will, müßte ein System erwerben, das dem Kernwaffenstaat bedeutsamen Schaden zufügen könnte und das gegenüber einem Präemptivangriff unverwundbar wäre [Präemptivkrieg = Vorwegnahme eines erwarteten gegnerischen Angriffs (dagegen: Präventivkrieg = man will dem Gegner zuvorkommen, obwohl kein unmittelbarer Angriff bevorsteht) Anm. d. Übers.]. Diese Fähigkeit entspräche der eines mittleren Kernwaffenstaates, wie oben ausgeführt. Ein größerer Teil der Kosten eines solchen Systems ergäbe sich aus dem Aufwand für seine Überlebenssicherung bei einem Angriff und für seine Wirksamkeit gegenüber den Verteidigungseinrichtungen des Kernwaffenstaates. Diese Kostenrechnung könnte hoch genug ausfallen, um sogar wohlhabende Staaten von der Nuklearoption abzubringen.

375. Japan wird gelegentlich als Beispiel eines Staates angeführt, dem der Erwerb mittleren Nuklearpotentials technisch und wirtschaftlich möglich gewesen wäre. Neben der äußerst starken öffentlichen Einstellung gegen Kernwaffen aus moralischen und psychologischen Gründen, die auf die nationalen Erfahrungen von 1945 zurückzuführen sind, gibt es andere Überlegungen zur Bedeutung der Sicherheit im Zusammenhang mit Kernwaffen. Während der öffentlichen Debatte, die der Ratifizierung des

Nichtverbreitungs-Vertrages über Kernwaffen durch Japan 1976 vorausging, war ein vielfach begründeter Konsensus vorhanden, daß Japans nationale Sicherheit durch den Erwerb von Kernwaffen nicht erhöht werden würde. Aufgrund seiner hohen Bevölkerungszahl ist Japan gegenüber einem Atomangriff sehr verwundbar. Die nukleare Abschreckung müßte deshalb eine mittelgroße Kapazität haben, d. h. gut geschützt sein und ein hochentwickeltes Fernmelde- und Unterstützungssystem umfassen. Die Kosten hierfür wären extrem hoch gewesen. Der Aufbau einer solchen Streitmacht hätte ferner eine lange Anlaufzeit bedingt. Schließlich war damit zu rechnen, daß das Arsenal bei Fertigstellung schon wieder verfeinerte Systeme benötigen würde, wie zum Beispiel verbesserte Befehls- und Führungseinrichtungen.

376. Eine niedrigere Stufe nuklearer Kapazität, die ein kernwaffenloser Staat zu erlangen versuchen könnte, ist die nukleare Abschreckung eines konventionellen militärischen Angriffs. Der Erwerb eines solchen „taktischen Kernwaffenpotentials“ wurde von Schweden in den späten 50er und frühen 60er Jahren eingehend geprüft. Zusammengefaßt führte die Beratung zu dem Ergebnis, daß Schwedens nationale Sicherheit eher geschwächt als gestärkt worden wäre. Erstens hätte die Anschaffung der Nuklearstreitmacht aus Kostengründen die vorhandene konventionelle militärische Fähigkeit geschwächt. Zweitens hätte der Einsatz von Gefechtsfeld-Kernwaffen oder deren Einsatzdrohung in vielen Fällen die nukleare Vergeltung eines Kernwaffenstaates herausgefordert. Dies hätte zu einer weit größeren Zerstörung schwedischen Territoriums geführt als im Falle eines konventionellen Militärkonflikts. Seine Abschreckungsstrategie hätte folglich ernste Schwierigkeiten mit der Glaubwürdigkeit.

377. Eine noch niedrigere Stufe der Abschreckung, die ein kernwaffenloser Staat in Erwägung ziehen mag, ist ein bruchstückhaftes bis bescheidenes Nuklearpotential gegen einen möglichen militärischen Angriff eines anderen kernwaffenlosen Staates. Eine solche Nuklearstreitkraft würde grundsätzlich eine ausreichende Zahl an Kernwaffen erfordern, um das gegnerische Gebiet mit weitreichender Zerstörung und Verlusten zu bedrohen. Die Schwierigkeit dieses Szenarios liegt natürlich darin, daß der abzuschreckende kernwaffenlose Staat ebenfalls geneigt sein kann, sich atomar zu bewaffnen. Und es versteht sich keineswegs von selbst, daß für die nationale Sicherheit beider Staaten eine nukleare Konfrontation besser wäre als eine konventionelle. Vielmehr scheinen überzeugende Argumente für das Gegenteil zu sprechen.

378. Erstens würde der Erwerb einer bescheidenen Kernwaffenkapazität durch einen Staat einen dramatischen Effekt auf das unmittelbare strategische Umfeld haben. Nicht nur der Hauptgegner, auch viele andere Staaten der Region könnten sich veranlaßt sehen, ihre nationale Sicherheit zu überprüfen. Diejenigen, die ihre nationale Sicherheit irgendwie betroffen sähen, könnten sich entschließen, ein vergleichbares Nuklearpotential aufzubauen. Infolgedessen wird es wahrscheinlich, daß mit der Zeit die gesamte Region atomar bewaffnet ist. In diesem Zusammenhang muß daran erinnert werden, daß der Prozeß der Kernwaffen-Weiterverbreitung nur schwer rückgängig zu machen ist. Denn das Nuklearpotential dürfte ziemlich leicht wieder neu herzustellen sein, wenn das Know-how zum Bau von Kernwaffen vorhanden ist.

379. Zweitens ist mit der Weiterverbreitung von Kernwaffen das grundlegende Problem verknüpft, daß neue nukleare Potentiale nicht nur beschränkt wären hinsichtlich der Waffenzahl, sondern auch schwach entwickelte Führungs- und Befehlsgebungssysteme sowie geringen Angriffsschutz hätten. Dies wiederum kann zu einem „heiklen Gleichgewicht des Schreckens" führen, wodurch sich die Furcht vor einem Angriff in politischen Spannungssituationen vergrößert.

380. In der Hauptsache würde sich dadurch, wie im Fall des atomaren Wettrüstens der Supermächte, nur der Zerstörungsgrad in einem möglichen Konflikt erhöhen. Durch die Weiterverbreitung würde sich das internationale Staatensystem auf eine Situation zubewegen, in der die nationale Sicherheit nicht auf der Basis des Völkerrechts, sondern durch härteste Strafbestimmungen aufrechterhalten würde.

381. Ferner gilt es, das allgemeine Problem der Konflikteskalation bis zur Nuklearebene und bis zu einem immer größeren Kreis von Staaten, die gegenwärtigen Kernwaffenstaaten eingeschlossen, zu berücksichtigen. Daraus ergibt sich zum Beispiel die Möglichkeit, daß ein oder mehrere Kernwaffenstaaten einige ihrer Kernwaffen gegen einen neuen Kernwaffenstaat einsetzen könnten, um diesen davon abzuhalten, sich auf die nukleare Erpressung oder die Bedrohung anderer Länder einzulassen.

382. Wegen der vielen Ungewißheiten und destabilisierenden Elemente auf dem Gebiet der Weiterverbreitung überrascht es nicht, daß die internationale Staatengemeinschaft genau auf das Problem achtet. Ein atomar aufrüstender Staat könnte sich deshalb einer weiten Skala politischer Mißbilligung – Sanktionen eingeschlossen – aussetzen. Sie könnten sich direkt auf die nationale Sicherheit im militärischen Sinne beziehen oder auf ver-

schiedene Bereiche der internationalen Beziehungen, wie zum Beispiel Handel, Wirtschaft und technische Zusammenarbeit. Hier wird deutlich, daß die Verpflichtung zum Verzicht auf Kernwaffen inzwischen eng mit dem gesamten Komplex der zwischenstaatlichen Beziehungen verbunden ist.

383. Staaten demonstrierten mit der Durchführung eines Atomwaffentests, daß sie zur Kernwaffenmacht geworden waren. Im Gegensatz dazu gibt es heute das Phänomen des „nicht erklärten" (undeclared) Kernwaffenstaates. Es hat wiederholt Berichte gegeben, daß einige Staaten bereits erhebliche Entwicklungsarbeit in ihre Kernwaffenkapazität gesteckt haben. Ein Staat dieser Kategorie könnte folglich verdächtigt werden, ein Nuklearpotential zu besitzen, ohne dies offengelegt zu haben. Konsequenterweise könnte er als Initiator eines drohenden Atomangriffs betrachtet werden. Wenn dies zuträfe, wären viele der nachteiligen Folgen für die nationale Sicherheit im oben diskutierten Sinn gegeben. Diesbezüglich gibt es beharrliche Gerüchte, daß Israel und Südafrika im Besitz von Kernwaffen sind oder bald über sie verfügen werden. Zwei Untersuchungen der Vereinten Nationen befassen sich augenblicklich mit diesem Thema. Ohne Zweifel sind diese beiden Fälle ein Anlaß zur Besorgnis innerhalb der internationalen Staatengemeinschaft.

B. Kernwaffen und regionale Sicherheit

384. Es gibt verschiedene Konzepte regionaler Sicherheit. Einige Länder suchen Stabilität im Rahmen eines Militärbündnisses, andere durch Vereinbarungen über regionale Zusammenarbeit. Der regionale Rahmen erweist sich dadurch als vorteilhaft für die Erhöhung der Sicherheit, daß die Maßnahmen auf die Ausschaltung des nuklearen Risikos abzielen. Das eindrucksvollste Beispiel hierfür stellt der Vertrag von Tlatelolco zur Schaffung einer kernwaffenfreien Zone in Lateinamerika dar.

385. Die Kernwaffen der Supermächte sollen innerhalb eines Bündnisses eine wichtige Rolle spielen, indem sie – explizit oder implizit – den verbündeten Ländern einen „Schirm" anbieten. Demnach werden Kernwaffen allgemein als Abschreckungsmittel gegen alle möglichen Formen eines militärischen Angriffs – konventioneller und nuklearer Art – betrachtet.

386. Ungeachtet des allgemeinen Widerstandes gegenüber dem Konzept der Einflußsphären, wie er vor allem von den Ländern der Dritten Welt

geäußert wird, besteht die Gefahr, daß lokale oder regionale Konflikte sich durch die Intervention der Nuklearmächte zu internationalen Konflikten mit nachfolgender Eskalationsgefahr ausweiten.

387. In Europa, wo die Interessen der Supermächte direkt berührt werden, soll die Existenz nuklearer Schutzschirme für verbündete Staaten einer Abschreckungssituation Nachdruck verleihen, in der die Sicherheit einer Region als unabtrennbar von der Sicherheit einer Supermacht betrachtet wird. Entsprechend könnte jeder Angriff der einen Supermacht auf die Verbündeten der anderen als Angriff auf die zweite Supermacht gesehen und behandelt werden. Dadurch könnte leicht eine erste Entgegnung mit Gefechtsfeld- oder taktischen Kernwaffen, wenn nicht gar mit strategischen Waffen, herausgefordert werden. Die abschreckende Wirkung ist deshalb groß.

388. Was die grundlegende Glaubwürdigkeit der Entschlossenheit der strategischen Supermacht-Streitkräfte zur Abschreckung eines Angriffs in Europa anbetrifft, so ist bezweifelt worden, ob die Supermächte tatsächlich bereit sind, die Verwüstung ihrer eigenen Länder für die Verteidigung ihrer Verbündeten aufs Spiel zu setzen. Es besteht immerhin die Möglichkeit, daß man sich auf beiden Seiten unter Einsatz der „theater nuclear forces“ [TNF, Streitkräfte und Kernwaffensysteme für oder in einem bestimmten Kriegsschauplatz, z. B. Europa; daher auch bezeichnet als „Nuklearkräfte in und für Europa“ Anm. d. Übers.] angreift und verteidigt und so Mitteleuropa als atomares Ödland zurückläßt. Hin und wieder wird auf diese Möglichkeit als Abkopplung („decoupling“) Bezug genommen.

389. Eine weitere Überlegung, die andererseits der Funktion der Nuklearschirme in Europa neue Bedeutung verleihen kann, betrifft den Besitz einer regionalen „strategischen“ Dimension seitens der Supermächte durch die Stationierung ihrer Nuklearkräfte in Europa. Im Rahmen der Bündnisse haben Waffensysteme wie zum Beispiel Pershing II, Marschflugkörper (cruise missiles), SS-20 und der Backfire-Bomber eher eine strategische als eine Gefechtsfeldfunktion. Deshalb wird jetzt erwartet, daß das Phänomen des strategischen Atomwettrüstens zwischen den Supermächten und alle damit zusammenhängenden Fragen einer weltweiten Stabilität sich nun in einem kleineren Ausmaß auf der europäischen Szene abspielen und die Probleme in kleinerem Maßstab aufgeworfen werden. Eines davon bezieht sich auf das unsichere Gleichgewicht, das die Kernwaffen in die europäische Sicherheit hineintragen.

390. Auch in anderen Regionen, wo die Sicherheitsinteressen der Supermächte vielleicht weniger groß oder weniger direkt betroffen sind als in Europa, sind ihre Kernwaffen dazu bestimmt oder werden als Mittel angesehen, daß sie als umfassende Abschreckung gegen einen Supermachtangriff auf den eigenen Verbündeten dienen. Sogar ohne ein formelles Bündnis könnte eine Abschreckungswirkung durch das Nuklearpotential der einen Supermacht entstehen, die eine mögliche Beteiligung der anderen Supermacht an einem regionalen Konflikt verhindert, in dem für beide Seiten wichtige nationale Interessen auf dem Spiel stehen. Das Problem in diesem Fall besteht darin, daß beide Supermächte (wie auch andere Staaten) das nationale Interesse manchmal so weit auslegen, daß es über die Wahrung der eigenen nationalen Sicherheit hinausgeht und die Unabhängigkeit und Souveränität anderer Staaten beeinflußt.

391. Die Staaten einer Region können Vereinbarungen über Sicherheit, Rüstungskontrolle oder Abrüstung treffen, ohne sich in einem Bündnis zu organisieren. Kernwaffenfreie Zonen, entmilitarisierte Zonen und „Friedenszonen" sind hierfür treffende Beispiele. In diesen Fällen mag man sich ebenfalls an die Kernwaffenstaaten wenden, bestimmte Garantien hinsichtlich des Kernwaffeneinsatzes, der Einsatzdrohung oder sogar der Präsenz dieser Waffen im betreffenden Gebiet zu geben. Man hat vorgeschlagen, dies sollte Zusicherungen der Kernwaffenstaaten einschließen, Kernwaffen nur zur eigenen Verteidigung oder der ihrer Verbündeten einzusetzen und ebenso die Garantie, solche Waffen nicht gegen kernwaffenlose Staaten zu verwenden, die ausdrücklich auf den Erwerb von Kernwaffen verzichtet haben. In der Praxis sind solche Vorschläge nicht allgemein akzeptiert worden. Es bleiben die Sicherheitszusagen der Kernwaffenstaaten, die im Kapitel VII angeführt werden. Viele Nicht-Kernwaffenstaaten sind mit diesen Versicherungen nicht zufrieden; sie haben genauer festgelegte Garantien verlangt.

392. Das erste Beispiel einer kernwaffenfreien Zone ist im Vertrag von Tlatelolco für Lateinamerika gegeben worden. Die Staaten der Region verpflichten sich in dieser Vereinbarung, in keiner Form Kernwaffen anzustreben oder zu besitzen. Die Kernwaffenstaaten haben ihrerseits zugestimmt, den atomwaffenfreien Status der Region zu respektieren. Die Bildung solcher Zonen ist in den Vereinten Nationen auch im Hinblick auf andere Regionen erwogen worden, besonders für Afrika, den Nahen Osten, Südasien, für einige Teile Europas, das Mittelmeer, den Indischen Ozean und den Südpazifik. Dadurch könnte erreicht werden, daß weder

die Supermächte Kernwaffen einsetzen, noch daß neue Kernwaffenstaaten entstehen. Kernwaffenfreie Zonen geben die Aussicht, daß Kernwaffen aus den Sicherheitsüberlegungen einer Region ganz ausgeschlossen werden. Das Zonenkonzept wird im Kapitel VII weiter diskutiert.

393. Einen noch umfassenderen Zugang zur regionalen Stabilität bieten die Konzepte der „entmilitarisierten Zonen" und der „Friedenszonen". Der Vertrag über die Entmilitarisierung der Antarktis ist das führende Beispiel für den ersten Fall; bezüglich des zweiten Falls werden einige Anstrengungen unternommen, um im Indischen Ozean und im Mittelmeer eine Friedenszone zu schaffen.

C. Kernwaffen und internationale Sicherheit

394. In einem weiten Sinne soll unter internationaler Sicherheit ein fortlaufendes Bemühen verstanden werden, den vorherrschenden Gebrauch militärischer Macht in den internationalen Beziehungen durch das Vertrauen auf die Grundsätze der Charta der Vereinten Nationen und auf andere Instrumente des Völkerrechts zu ersetzen.

395. Das dominierende Merkmal der internationalen Beziehungen in der Nachkriegszeit war die Entwicklung einer bipolaren Verteilung militärischer Macht – beherrscht von den beiden Supermächten. Gleichzeitig vollzog sich die Auflösung der Kolonialreiche und die Aufnahme einer großen Zahl neuer Staaten in die Völkerfamilie der Vereinten Nationen, die eine neue, dritte Dimension in die Handhabung der internationalen Politik einführte. Aus dieser Situation ergeben sich einige Konsequenzen und Schlußfolgerungen.

396. Zuallererst ist klar, daß Kernwaffen eine beispiellose Bedrohung für die internationale Sicherheit darstellen. Wie in Kapitel IV ausführlich gezeigt, würden diese Waffen im Kriegseinsatz unvermittelt unvorstellbares Leid über die Bevölkerung der Erde bringen. Deshalb liegt es im vitalsten Interesse aller Staaten, sich mit dieser Bedrohung auseinanderzusetzen.

397. Die internationale Staatengemeinschaft hat über die Vereinten Nationen bei vielen Gelegenheiten die Meinung vertreten, daß zur Erlangung der internationalen Sicherheit die endgültige Beseitigung aller Kernwaffen nötig ist. Selbst wenn das Risiko eines Atomkriegs sehr gering wäre,

könnte es ein gefährliches Spiel mit der internationalen Sicherheit sein, wenn wir versuchen wollten, längere Zeit in einer Welt voller Kernwaffen zu leben. Da es überdies keine Garantie gibt, daß das Kriegsrisiko vermieden werden kann, muß der Wunsch nach nuklearer Abrüstung zur absoluten Notwendigkeit werden. In diesem Zusammenhang ist es wichtig, daran zu erinnern, daß die Generalversammlung auf ihrer 10. Sondertagung alle Staaten – insbesondere die Kernwaffenstaaten – dazu aufrief, sobald wie möglich verschiedene Vorschläge zu prüfen, die die Vermeidung des Kernwaffeneinsatzes ebenso wie die Verhinderung eines Atomkriegs und ähnliche Ziele gewährleisten sollen. Womöglich soll dies durch internationale Abkommen geschehen, um dabei sicherzustellen, daß das Überleben der Menschheit nicht gefährdet ist. Die besondere Verantwortung der Kernwaffenstaaten ist auch im Artikel VI des Nichtverbreitungs-Vertrages über Kernwaffen (Resolution 2373 (XXII), Anhang der Vereinten Nationen) betont, in dem festgestellt wird: „Jede Vertragspartei versichert, im guten Glauben Verhandlungen über wirksame Maßnahmen zu suchen, die sich auf die baldige Beendigung des atomaren Wettrüstens und auf die nukleare Abrüstung beziehen, sowie über einen Vertrag hinsichtlich allgemeiner und vollständiger Abrüstung unter einer strengen und wirksamen internationalen Kontrolle.“[49b]

398. Falls es keinen Fortschritt im Bereich der nuklearen Abrüstung gibt, wird das atomare Wettrüsten weitergehen. Einige Staaten mögen dann ihren Anspruch gerechtfertigt sehen, ein Nuklearpotential zu bekommen, um massive Angriffe gegen ihre Zivilbevölkerung abzuschrecken und um sich selbst in einer konventionellen militärischen Auseinandersetzung zu verteidigen.

399. Von vielen Beobachtern wird es für wahrscheinlich gehalten, daß das Sicherheitssystem der strategischen Beziehung zwischen den Supermächten auf der Basis des atomaren „Gleichgewichts des Schreckens“ für über drei Jahrzehnte die Supermächte davon abgehalten hat, miteinander einen direkten Militärkonflikt zu beginnen. Es wird ebenfalls angenommen, daß es bei regionalen Konflikten, in die vielleicht beide einbezogen waren, die Eskalation zu einem globalen nuklearen Konflikt verhindert hat. Jedoch hat es keine der beiden Supermächte von einer größeren Beteiligung an umfangreichen konventionellen Militärkonflikten auf subglobaler Ebene abgehalten. Man hat sogar die Ansicht geäußert, daß das Vertrauen in die Wirksamkeit der gegenseitigen strategischen Abschreckung auf globaler Ebene den Effekt gehabt haben könnte, Hemmungen für das

Engagement einer Supermacht in bestimmten regionalen Konflikten abzubauen.

400. In einer Welt mit Kernwaffen zu leben bedeutet auch, daß gewisse unvermeidliche Elemente des atomaren Wettrüstens den Weltfrieden und die internationale Sicherheit gefährden. Es kann Zeiten geben, in denen die eine oder die andere Supermacht und manchmal beide vom Zustand ihrer nationalen Sicherheit weniger überzeugt sind. Dies könnte der Fall sein, wenn eine der Ansicht ist, daß die andere einen Wettbewerbsvorteil im strategischen Nuklearpotential erreicht habe. Es bedarf fast keines Beweises, daß die internationale Sicherheit ungünstig beeinflußt wird, wenn sich eine Supermacht ihrer eigenen Sicherheit nicht mehr gewiß ist. Im allgemeinen würde der Zustand der internationalen Sicherheit auf diese Weise mit dem Auf und Ab des atomaren Wettrüstens variieren. Und es ist eine Tatsache, daß die Dynamik des atomaren Wettrüstens zu einem höheren Niveau des Nuklearpotentials geführt hat, auf dem beide Supermächte das Abschreckungsgleichgewicht wieder herstellen.

401. Das Vertrauen der Supermächte in eine Sicherheit durch Kernwaffen verleiht diesen Waffen Legitimität als Instrumente der Macht. Die Bemühungen, Staaten zur Annahme verbindlicher multilateraler Verpflichtungen zum Kernwaffenverzicht zu ermutigen, werden deshalb behindert, wenn nicht die Kernwaffenstaaten selbst die Bereitschaft zeigen, eindeutige Schritte zur Abschaffung der Kernwaffen zu unternehmen. Die Anschaffung von Kernwaffen durch zusätzliche Staaten ist hingegen geeignet, die internationale Sicherheit zu untergraben.

402. Folglich besteht für die Supermächte die Notwendigkeit, das Gesamtniveau der internationalen Sicherheit zu erhöhen. Geeignete Maßnahmen bestünden darin, daß sie Ordnung und Vorhersagbarkeit in ihre strategischen Beziehungen einführen, daß sie über Reduzierungen und qualitative Einschränkungen beim Ausbau ihres Kernwaffenvorrats verhandeln und daß sie schließlich weitreichende Reduzierungen ihrer Arsenale zustandebringen mit dem Ziel der endgültigen Beseitigung aller Kernwaffen. Die Möglichkeit hierfür hängt ab vom Grad gegenseitigen Vertrauens und von ihrer Neigung zum Ausgleich zwischen ihnen. Jede Seite muß zuversichtlich daran glauben, daß auch die andere der Ansicht ist, nationale Sicherheit und nationales Interesse viel besser durch Verhandlungen über Rüstungskontrolle und Abrüstung erreichen zu können als durch Vertrauen auf militärische Macht. Wenn eine Supermacht zur Waffengewalt greift, ist das Klima gegenseitigen Vertrauens, auf dem Ausgleich und Ver-

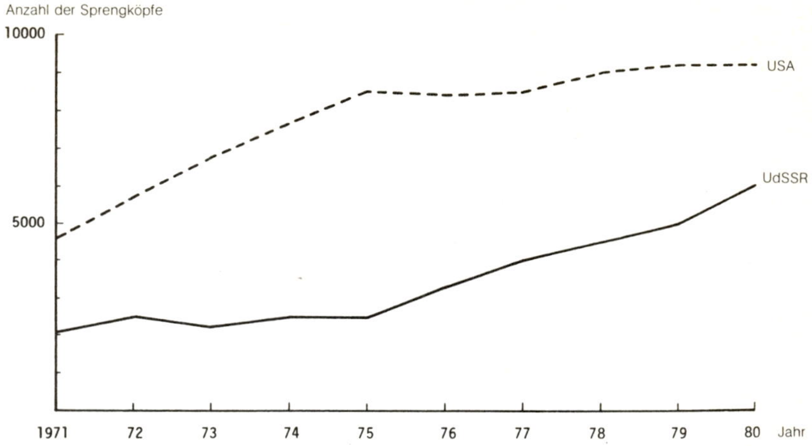

Abbildung 13. Entwicklung der strategischen Potentiale

Wachstum der strategischen Arsenale der Supermächte innerhalb der letzten zehn Jahre. Die Angaben der Abbildung beruhen auf offiziellen Schätzungen der USA, wie sie im *SIPRI-Jahrbuch 1980* zitiert sind. Die tatsächlichen Zahlen liegen wahrscheinlich höher.

ständigung beruhen müssen, ernsthaft untergraben. Jeder derartige Rückschlag kann die schwerwiegendsten Folgen für die internationale Sicherheit haben.

D. Vertikale Proliferation von Kernwaffen – Die Bedeutung des quantitativen Ausbaus der gegenwärtigen Arsenale

403. Die Vereinigten Staaten verfügen schätzungsweise über 10000, die Sowjetunion über 7000 Atomsprengköpfe des strategischen Kernwaffenpotentials. Noch im Jahr 1967 beliefen sich vergleichbare Schätzungen über die Anzahl strategischer Gefechtsköpfe auf 4500 bzw. 1000 Stück. Die Gesamtzahl der von den Supermächten stationierten Sprengköpfe wird sich unter den Richtlinien von SALT-II anfänglich noch erhöhen, allerdings nur unter dem Vorbehalt, daß für einige Startrampen mehr als ein

Gefechtskopf zugelassen wird. Sollte das SALT-II-Abkommen wirksam werden, setzt es jedoch auch eine oberste Grenze für die Stationierung von Sprengköpfen.

404. In der Praxis haben qualitative Verbesserungen der Kernwaffensysteme tendenziell eine größere Bedeutung für die strategische Fähigkeit der Supermächte gehabt als einfache zahlenmäßige Vergrößerungen. Die Zahl der von einer Seite stationierten Trägerraketen wird hingegen besonders wichtig werden, wenn sie die für die Zerstörung der Startrampen der anderen Seite erforderliche Zahl übersteigt. Doch normalerweise ist es nicht die erhöhte Anzahl der Trägersysteme, die allein die Kapazität verbessert. Erst quantitative und qualitative Verbesserungen erhöhen zusammen die Systemfähigkeiten.

405. Es ist möglich, die Zahl der Kernwaffen zu berechnen, die nötig ist, um einer Partei die Fähigkeit zu garantieren, der Gegenseite eine nicht hinnehmbare Zerstörung beizubringen.[50] Es hat sich jedoch gezeigt, daß die Grenzen für die Entwicklung und Dislozierung der Kernwaffensysteme nicht nur auf strategischen Berechnungen beruhen. Ebenso können interne Zwänge dadurch entstehen, daß das quantitative Wachstum bei den strategischen Systemen die öffentlichen und politischen Vorstellungen prägt, was vergleichbare Stufen strategischer Macht sind. Selbst wenn die strategische Situation der einen Seite durch das quantitative Wachstum bei der anderen Seite nicht untergraben wird, könnte es deshalb Zwänge zur Reaktion geben, damit das Gesamtniveau der strategischen Macht beider Seiten vergleichbar *erscheint*.

406. Die quantitative Erhöhung der strategischen Systeme kann die Stabilität der wechselseitigen Abschreckung beeinflussen. Eine Supermacht könnte eine Streitkraft aufstellen, die in der Lage ist, die bodengestützten Raketenrampen der anderen Seite zu zerstören. Dies könnte wiederum durch eine zahlenmäßige Steigerung landgestützter Raketen, die getroffen werden müssen, verhindert werden. Wird hingegen die Genauigkeit derart verbessert, daß eine ICBM-Abschußanlage mit einem Gefechtskopf zerstört werden kann, dann wäre es nicht länger wirkungsvoll, die Verteidigung durch die Erhöhung der Raketenzahl sichern zu wollen. Die verbesserte Treffgenauigkeit, die eine größere Verwundbarkeit schafft, verringert bis zu einem gewissen Grad die Stärke der Abschreckung. Um diese Situation auszugleichen, kann ein Staat dazu gezwungen sein, seine Vergeltungsfähigkeit durch sicherere Stationierung seiner Kräfte oder durch Vermehrung seiner festen landgestützten Raketen aufrechtzuerhalten.

407. Der quantitative Ausbau der strategischen Systeme der Supermächte kann in gleicher Weise die mittleren Nuklearmächte veranlassen, ihre Nukleararsenale zu verstärken. Bei einer Steigerung des Zerstörungsgrades, den eine Supermacht einer mittleren Nuklearmacht als Vergeltung für einen Angriff androhen kann, wird sich die Glaubwürdigkeit der Abschreckung dieser Mittelmacht verringern. Um dies zu verhindern, müßte sie die kostspielige Anstrengung unternehmen, die Zerstörungskraft ihrer Streitmacht in die Höhe zu treiben. Andererseits verändern zahlenmäßige Steigerungen bei strategischen Kernwaffen den bestehenden Einfluß auf die nationale Sicherheit von kernwaffenlosen Staaten wahrscheinlich nicht.

E. Vertikale Proliferation von Kernwaffen – Die Bedeutung der qualitativen Verbesserung von Kernwaffensystemen

408. Die Supermächte verfügen schon seit vielen Jahren über die Fähigkeit, sich gegenseitig nicht hinnehmbare Zerstörung zuzufügen. Die grundlegende strategische Sorge bestand demnach darin, ob eine Seite so stark werden könnte, daß die andere Seite diese Fähigkeit verliert. Dies ist auch heute noch das fundamentale Problem.

409. Die Fähigkeit zur wechselseitigen Auslöschung kann auf zweierlei Weise beeinflußt werden (solange weiterhin Kernwaffen existieren). Erstens gibt es die Möglichkeit, ein wirksames Verteidigungssystem aufzubauen, das einen Angreifer daran hindert, seine Ziele (zivile oder militärische) zu treffen. Zweitens kann die Fähigkeit zur Durchführung eines Präemptivschlages [vgl. die Absätze 374 und 500] erworben werden, der die Nuklearstreitmacht der anderen Seite zerstören würde. Diese Möglichkeiten werden in den folgenden Abschnitten betrachtet.

410. Eine Verteidigungsmethode würde sich auf Abwehrraketen gegen ballistische Flugkörper (anti-ballistic missile, ABM) verlassen. Im ABM-Vertrag von 1972 vereinbarten die Vereinigten Staaten und die Sowjetunion eine Begrenzung der Dislozierung von ABM-Systemen. Seitdem ist die Entwicklung von Technologien für die Aufstellung eines ABM-Systems kein Bereich größerer Anstrengung gewesen. Trotzdem ist einige Forschungsarbeit, zum Beispiel über Laser- und Partikel-Strahlenwaffen (particle-beam weapon, PBW), durchgeführt worden, die im Bereich der ABM-

Technologie Anwendung finden kann. Ein technologischer Durchbruch in einem dieser Bereiche könnte deshalb die Entscheidung, keine ABM-Systeme zu entwickeln, neu zur Diskussion stellen.

411. Formen passiver Verteidigung (Zivilschutz), wie zum Beispiel Schutzräume und Evakuierung, können einem atomaren Zerstörungsschlag nichts Wirkungsvolles entgegensetzen. Dies wird anhand der in Kapitel IV beschriebenen Wirkungen eines Atomkrieges eindringlich klar.

412. Die größte Aufmerksamkeit wird deshalb der technologischen Entwicklung von Kernwaffensystemen gewidmet, die das Risiko eines präemptiven Atomschlages verändern könnten. Die Supermächte haben sich in den letzten Jahren auf Entwicklungen konzentriert, die die Leistung der Triebwerke, der Gefechtsköpfe und die Lenksysteme der Raketen betreffen. Wie aus Kapitel III ersichtlich, ist inzwischen ein bedeutender technologischer Fortschritt erzielt worden. Triebwerksentwicklungen umfassen wirkungsvollere Festtreibstoff-Startraketen und relativ kleine und wirksame Luftstrahl- und Strahlturbinentriebwerke. Letztere haben in Verbindung mit modernen Lenksystemen eine wesentliche technische Verbesserung der Marschflugkörper ermöglicht. Die grundlegende Entwicklung bei den Sprengköpfen bestand in der Vergrößerung der Vielfalt und Reichweite der Gefechtsfeldwaffen, um so die Wirksamkeit in der Kampfzone zu verbessern und die Beweglichkeit zu erhöhen. Das Präzisionsniveau der Lenksysteme ist ebenfalls entscheidend gesteigert worden. Diese Entwicklung eröffnet die Aussicht auf eine sehr hohe „Einzelschuß-Trefferfähigkeit" („single-shot kill capability") mit landgestützten ballistischen Raketen und eine größere Treffgenauigkeit mit SLBMs.

413. Zusätzlich zu den Entwicklungen in der Waffentechnologie werden Fortschritte in anderen Bereichen mit wichtigen Implikationen für die strategischen Grundsätze erzielt. Verbesserungen in den strategischen Nuklearstreitkräften bei Führungs-, Befehlsgebungs- und Fernmeldeverbindungssystemen umfassen schnellere und genauere Satellitenaufklärung, Überhorizont-Radarsysteme („over the horizon radar") und andere Mittel, die eine bessere Warnung vor einem Angriff ermöglichen. Ebenso wurde die Ermittlung und Analyse solcher Daten verbessert, die für eine raschere Lagebeurteilung und Verfahren sorgen können, um während eines atomaren Schlagabtausches noch die Zielprogrammierung der Raketen zu ändern.

414. Diese verschiedenen Entwicklungen verbessern die Kapazität der Supermächte entscheidend. Die erzielte Genauigkeit ballistischer Raketen

würde die Wirksamkeit eines möglichen Erstschlages gegen landgestützte Raketenstreitkräfte erhöhen. Solche Treffgenauigkeit könnte zu der Überzeugung führen, daß spezifische Ziele mit einem Minimum an Kollateralschäden vernichtet werden könnten. Auf diese Weise würde die Skala der Bedingungen erweitert, unter denen man einen atomaren Angriff durchführen könnte.

415. Der Erwerb dieser neuen Fähigkeiten erlaubt es aber nicht, präemptive Schläge gegen Unterseeboot-gestützte Raketen oder gegen eine strategische Luftwaffe zu führen, die sich teilweise in der Luft in Alarmbereitschaft hält. Die relative Stabilität des nuklearen Gleichgewichts zwischen den Supermächten bleibt deshalb – wenigstens einstweilen – erhalten. Die erwähnten Entwicklungen werden auch für andere Bereiche der Nuklearstrategie wichtig sein und eine Durchsicht und wahrscheinlich eine Überarbeitung der strategischen Doktrinen erforderlich machen. Die allgemeineren, besonders die weltweite Stabilität und Sicherheit betreffenden Auswirkungen werden im folgenden behandelt.

416. Der Ausbau der Möglichkeiten, sich auf die nukleare Kriegsführung einzulassen und auf verschiedene Angriffsstufen zu reagieren, erzwingt eine Überprüfung dessen, was glaubwürdige Abschreckung bedeutet. Der Kern der nuklearen Abschreckung lag darin, jedem mit einem Atomangriff drohenden Staat durch seine vollständige Zerstörung antworten zu können. Die Fähigkeit zu begrenztem Einsatz von Atomsprengköpfen legt jedoch eine Reihe von Umständen nahe, in denen Drohungen von Vergeltung gegen Bevölkerung und Industrie nicht als geeignete oder glaubwürdige Reaktion betrachtet werden können. Eine Supermacht kann deshalb nicht der Ansicht sein, daß sie eine glaubwürdige Abschreckung auf allen Stufen besitzt, es sei denn, sie hat die Fähigkeit zur freien Auswahl der Ziele und zur totalen Zerstörung des Gegners.

417. Ein anderer Punkt ist zu berücksichtigen. Ein System ist dort verwundbar, wo die Kommunikationsverbindungen, die die strategischen Waffen stützen und Flexibilität zu verschiedenen Reaktionen verleihen, zerstört werden. Die Vernichtung dieser Unterstützungssysteme würde das Konzept des kontrollierten nuklearen Schlagabtausches in Frage stellen und die Counterforce-Fähigkeit einer Supermacht ernsthaft untergraben.

418. Die Supermacht mag die Fähigkeit zu kontrollierter und begrenzter Reaktion anstreben, um in Krisenzeiten einen gewissen Vorteil zu haben. Sie könnte in die Lage versetzen, eine wohlüberlegte Reaktion auf einen begrenzten oder versehentlichen Angriff zu geben, ohne automatisch ver-

heerend zu eskalieren. Andererseits dürfte sich das Krisenmanagement schwieriger gestalten. Die Abschreckung mit einem Zweitschlag könnte unterhöhlt werden. Dies wäre zum Beispiel dann der Fall, wenn eine Seite nur einen Teil ihrer landgestützten Raketen verwenden muß, um die festen landgestützten Raketen der anderen Seite zu vernichten. Vergeltung für einen solchen Angriff auf die landgestützte Streitmacht würde zu einer weiteren Antwort mit verheerender Zerstörung herausfordern.

419. Ein Atomkrieg kann dann wirkungsvoll verhindert werden, wenn die zu überschreitende Schwelle für den Beginn des nuklearen Schlagabtausches sehr genau definiert ist. Die von den Supermächten eingeführte breite Auswahl von Strategien für kontrollierte Reaktionen und begrenzte Atomangriffe könnte zu einer Verwischung der Nuklearschwelle führen. Diesen Strategien liegt die Vermutung zugrunde, daß ein nuklearer Schlagabtausch ohne die Notwendigkeit zu einer Eskalation stattfinden kann. Eine andere wichtige technologische Entwicklung war der Aufbau von Systemen, die strategische und taktische Aufgaben erfüllen können (sogenannte „Grauzonensysteme“, grey area systems). Eine Folge ihrer Stationierung könnte darin bestehen, daß die Unterscheidung zwischen strategischem und taktischem Kernwaffeneinsatz verwischt würde.

420. Das Konzept der Langstrecken-Marschflugkörper enthält die Möglichkeit einer grundlegenden qualitativen Entwicklung nuklearer Trägermittel für strategischen und taktischen Einsatz. Bei ihrem Start von Langstreckenbombern aus würden sie tendenziell primär die Nukleareinsatzfähigkeit des Bombers verstärken, weil die Überlebensfähigkeit der Atomsprengköpfe durch diese Einsatzmittel vergrößert würde. Der Einsatz dieser Flugkörper von mobilen Bodenabschußanlagen und vor allem seegestützte Startanlagen würden ebenfalls erheblich zur Flexibilität der Supermacht-Arsenale beitragen. Indirekt kann die Entwicklung von Doppel-Zweck-Abschußanlagen auch zur nuklearen Proliferation beitragen, da sie einem kernwaffenlosen Staat den direkten Zugang zu einem möglicherweise kaum zerstörbaren Kernwaffensystem verschafft.

421. Die Stationierung von Marschflugkörpern verstärkt auch die Gefahr der direkten Einbeziehung Dritter – einschließlich kernwaffenloser Staaten – in eine nukleare Auseinandersetzung. Ein wesentliches Merkmal des Marschflugkörpers ist seine Fähigkeit, sich in geringer Höhe mit einer Geschwindigkeit im Unterschallbereich dem Gelände genau anzupassen. Dies legt nahe, daß der Flugkörper für die Durchquerung des Luftraumes von unbeteiligten Staaten geeigneter ist als andere Transportmittel für

strategische Kräfte. Aber diese unbeteiligten Staaten würden mit der Aussicht eines de-facto-Einbezugs in den nuklearen Konflikt konfrontiert sein. Jeder Protest oder Maßnahmen gegen die Verletzung des Luftraumes können einen Konflikt mit dem Staat heraufbeschwören, der die Flugkörper einsetzt; die Duldung kann zu einem Konflikt mit dem Staat führen, gegen den die Flugkörper eingesetzt werden.

422. Die technische Entwicklung könnte auch zur weiteren Entwicklung von Kernwaffen mit sehr geringer Sprengkraft und von anderen taktischen Kernwaffentypen mit einem breiteren Wirkungsspektrum führen. Mit einer ausgedehnteren Dislozierung der taktischen Kernwaffen und einem größeren Aufgabenbereich könnte das Risiko höher sein, in einem Konflikt zu Kernwaffen zu greifen. Dies bedeutet, daß der Übergang vom konventionellen zum nuklearen Konflikt dort erleichtert wird, wo taktische Kernwaffen stationiert sind [engl. firebreak, Brandschneise zur Eindämmung bei (Wald)bränden, üblicherweise spricht man in diesem Zusammenhang von der Senkung der „nuklearen Schwelle", Anm. d. Übers.] Es ist schwer, wenn taktische Kernwaffen eingesetzt werden, eine Eskalation zum strategischen Nuklearkrieg auszuschließen.

423. Eine umfassende Beurteilung aller qualitativen Verbesserungen ist schwierig, da die verschiedenen Entwicklungen Stabilität sowohl fördern als auch schwächen dürften. Im weitesten Sinn können qualitative Verbesserungen das Vertrauen der Supermächte in Kernwaffen vergrößern. Dadurch wird die ungünstige Wirkung auf die internationale Sicherheit, die man den Kernwaffen an sich zuschreibt, verstärkt.

424. Der Erwerb eines Potentials, mit dem die Beteiligung an einem nuklearen Krieg möglich ist, kann als Ergebnis weitergehender Verbesserungen von Kernwaffensystemen leichter fallen. Diese Gefahr kann erwartungsgemäß die strategische Beziehung zwischen den Supermächten verkomplizieren. Die strategische Abschreckung kann dann komplexer werden und Krisenmanagement und Eskalationskontrolle könnten noch größere Probleme aufwerfen. In diesem Fall könnte daraus ein höherer Grad an Instabilität in der Beziehung zwischen den Supermächten entstehen. Wenn dann als Konsequenz die Supermächte für einen begrenzten nuklearen Schlagabtausch planen müßten, würde sich das Spektrum der Bedingungen, unter denen der Kernwaffeneinsatz erwogen würde, vergrößern. Falls dieser Aspekt mit einer zunehmenden Stationierung von nuklearen Gefechtsfeldwaffen verbunden wird, könnte die Folge darin bestehen, daß die Nuklearschwelle herabgesetzt wird.

F. Horizontale Proliferation – Die Bedeutung der Kernwaffenverbreitung

425. Als Frankreich und China Nuklearmächte wurden, bestand weitgehend die Meinung, daß dieser Prozeß horizontaler Proliferation von Kernwaffen unaufhaltsam sei. Nach allgemeiner Ansicht sollte die Entwicklung erst zum Stillstand kommen, wenn auch das letzte Land über Kernwaffen verfügt. Seit 1964 ist jedoch kein weiterer Staat als Kernwaffenstaat bekannt geworden. Indien brachte 1974 eine Nuklearexplosion zustande und demonstrierte damit seine Fähigkeit zur Entwicklung von Kernwaffen, erklärte aber gleichzeitig, daß es sie nicht bauen werde. Berichte der letzten Jahre über den geheimen Kernwaffenbau anderer Staaten geben Anlaß zur Besorgnis, doch haben die Entwicklungen bisher nicht die früheren Befürchtungen über eine sehr rasche horizontale Nuklearproliferation bestätigt.

426. Der Hauptgrund besteht darin, daß ein Staat nicht einfach deshalb Kernwaffen entwickeln wird, weil er die Fähigkeit dazu besitzt. Eine solche grundlegende Entscheidung beruht auf anderen Faktoren, die in den Abschnitten 368–383 diskutiert worden sind. Trotzdem erhöht sich die Anzahl der Länder, die latent die Fähigkeit zur Kernwaffenentwicklung hätten, und zwar aufgrund des allgemeinen technologischen Fortschritts sowie des international wachsenden Zutrauens in die Kernenergie für die Stromerzeugung. Dies heißt nicht, daß der Betrieb eines kommerziellen Kernkraftreaktors einem Staat automatisch die Möglichkeit zum Kernwaffenbau verschafft. Die jüngste INFCE-Studie [„International Nuclear Fuel Cycle Evaluation", dt. Bez.: „Konferenz für die internationale Bewertung des nuklearen Brennstoffkreislaufs] nimmt an, daß die Anlagen eines Brennstoff-Kreislaufs nicht den wirksamsten Weg zur Materialgewinnung für den Kernwaffenbau darstellen. Hat indessen ein Staat eine kleine Nuklearindustrie mit einer wirkungsvollen, aber nicht notwendigerweise großen Forschungskomponente, verfügt er über einen Wissensbestand, der gegebenenfalls für ein Entwicklungsprogramm von Kernwaffen verwendet werden könnte.

427. Die Verbreitung der Kernkraft war auch von der allmählichen Ausbreitung sicherheitsempfindlicher Technologien begleitet, mit deren Hilfe spaltbares Material für die Verwendung in Waffen hergestellt werden kann – Urananreicherung und Wiederaufarbeitung. Inzwischen besit-

zen wahrscheinlich ungefähr fünfzehn bis fünfundzwanzig Länder die Fähigkeit zur Herstellung von Material, das für Waffen brauchbar ist.

428. Als Reaktion auf den internationalen Energiebedarf erhöhte sich die weltweite Kernenergiekapazität zwischen 1970 und 1976 von ungefähr 14000 MWe auf mehr als 78000 MWe (1 Million Watt = MWe). INFCE spricht von einer Zahl von 131000 MWe gegen Ende des Jahres 1979 und für 1985 belaufen sich die Schätzungen auf fast 200000 MWe auf der Basis der derzeitigen Ausbaurate. Die Zahl der Länder mit Kernreaktoren wird ebenfalls zunehmen. 1970 hatten dreizehn Staaten wenigstens je einen Kernreaktor mit einer Leistung von mehr als 20 MWe. Bis 1981 wird es den Planungen entsprechend siebenundzwanzig Staaten in dieser Kategorie geben.[51] Der weltweite Bestand an Plutonium, das in ‚abgebrannten' Reaktorbrennstoffen anfällt, wird den Erwartungen nach als Resultat sich erweiternder Kernkraftprogramme bedeutsam ansteigen, und zwar von ungefähr 67 Tonnen im Jahr 1977 bis auf ungefähr 227 Tonnen 1985. Die aus verbrauchtem Brennstoff gewonnene Plutoniummenge wird sich schätzungsweise von 36 Tonnen im Jahr 1977 auf 90 Tonnen 1985 erhöhen.[52] Die Zahlen für 1985 sind angesichts der Kürzungen beim Umfang der Kernenergieerzeugung wahrscheinlich kleiner im Vergleich zu früheren Plänen.

429. Wegen dieser engen Verbindung von friedlichen und militärischen Entwicklungsmöglichkeiten sind die Nuklearanlagen und der internationale Handel mit Nuklearmaterialien einer Vielzahl internationaler Kontrollen unterworfen. Sie sollen garantieren, daß die Nuklearindustrie nicht für die Kernwaffenentwicklung benutzt wird. Ungefähr 115 Staaten haben den Nichtverbreitungs-Vertrag über Kernwaffen unterzeichnet. Die Nicht-Kernwaffenstaaten akzeptieren die Verpflichtung, keine Kernwaffen zu erwerben. Sie stimmen auch der Anwendung der Schutzbestimmungen zu[53], die von der Internationalen Atomenergie-Organisation (International Atomic Energy Agency, IAEA) für alle ihre friedlichen Aktivitäten im Nuklearbereich erlassen wurden, um sicherzustellen, daß kein spaltbares Material für Kernwaffen abgezweigt wird.[54] In Lateinamerika haben sich bis auf vier Staaten alle durch ihren Beitritt zum Vertrag von Tlatelolco verpflichtet, keine Kernwaffen in die Region einzuführen. Dieser Vertrag sieht auch eine besondere Form der IAEA-Schutzbestimmungen vor. Die IAEA überwacht ebenfalls ein getrenntes System von Sicherungen für die Staaten, die nicht den Bestimmungen des Nichtverbreitungs-Vertrages unterliegen, aber die Sicherheitsbestimmungen über Nuklearmaterial in spezifi-

schen Anlagen oder über besondere Mengen von Nuklearmaterial übernehmen wollen. Nur fünf Nicht-Kernwaffenstaaten betreiben bedeutende Nuklearanlagen, die keinen internationalen Schutzbestimmungen unterliegen.[55] Es hat Berichte gegeben, nach denen größere Mengen von für Waffen geeignetem Material entweder fehlten, gestohlen worden waren oder unaufgeklärt blieben. Dies gibt Anlaß zu ernster Besorgnis und es ist die Meinung geäußert worden, daß die IAEA-Schutzbestimmungen für alle Nuklearanlagen gelten sollten.

430. In den letzten Jahren fanden wichtige Debatten über die Nichtverbreitung von Kernwaffen und über die Grundlage des Nuklearhandels statt. Staaten, die wichtige Atomlieferanten sind, vertreten die Ansicht, daß nukleare Materialien, Technologien und Ausrüstungen, die für die Kernwaffenentwicklung verwendet werden könnten, nicht geliefert werden sollten, bis der Empfängerstaat den IAEA-Schutzbestimmungen zugestimmt und weitere Bedingungen akzeptiert habe.[56] Einige Staaten haben bindende nationale Richtlinien erlassen, um spezifische Sicherheiten zu haben, daß die nukleare Kooperation nicht zur Entwicklung einer Kernwaffenkapazität führt oder sie fördert.

431. Man hat die Befürchtung geäußert, daß die Bedingungen, die den Zugang zur nuklearen Energie (Technologie, Ausrüstung, Material, Wartung) bestimmen, nicht genügend berücksichtigen, daß nationale Stabilität und Entwicklung in erster Linie vom sicheren Zugang zu Energieressourcen abhängen können. Einige Grundsätze von Lieferstaaten sind in diesem Punkt von vielen Staaten kritisiert worden. International besteht Konsens darüber, daß alle Staaten das Recht auf Zugang zur Entwicklung von Kernenergie haben und daß zugleich Maßnahmen notwendig sind, die Proliferation von Kernwaffen wirksam zu verhindern. Das augenblickliche Interesse in der internationalen Diskussion über diese Themen besteht in der Suche nach einer praktischen und allseits akzeptierten Basis. Mit ihrer Hilfe soll die Forderung von Staaten nach vollständigem Zugang zu dieser Technologie mit der Notwendigkeit von Garantien gegen die weitere Verbreitung von Kernwaffen in Einklang gebracht werden.

432. Der Erfolg der Bemühungen um einen internationalen Konsens, der universal und ohne zu diskriminieren die Proliferation von Kernwaffen konkret verhindert, hängt überwiegend von der Bereitschaft der Kernwaffenstaaten ab, ihre eigenen Nukleararsenale einzuschränken und Abrüstungsmaßnahmen zu beginnen. Das Aktionsprogramm der 10. Sondertagung wurde einstimmig angenommen und enthält folgende Empfehlung:

„48. Die Aufgabe, die Ziele der nuklearen Abrüstung zu erreichen, bringt für alle Kernwaffenstaaten, insbesondere für jene, die über die bedeutendsten nuklearen Arsenale verfügen, eine besondere Verantwortung mit sich.“ Wie schon im Absatz 431 dargelegt, haben die Kernwaffenstaaten, die Vertragspartner im Nichtverbreitungs-Vertrag sind, eine diesbezügliche Verpflichtung im Artikel VI des Vertrages angenommen. Die Erfüllung dieses Artikels ist eine zentrale Grundlage dieses Vertrags. Es hat jedoch bisher noch kein wesentliches Ergebnis hinsichtlich der Ausführung dieser Verpflichtung gegeben.

433. Die technischen Voraussetzungen für den Kernwaffenbau sind detailliert im Kapitel II besprochen worden. In der Praxis braucht ein Staat mit dem Wunsch nach einem einfachen Kernwaffenpotential keine große Menge von geeignetem spaltbaren Material. Zwölf Sprengköpfe könnten schon eine solche Macht konstituieren. Obwohl diese Zahl völlig willkürlich ist, würde sie die Fähigkeit verleihen, vier Städte mit je drei 20 KT-Bomben oder zwölf Städte mit je einer Bombe anzugreifen. Berücksichtigt man das Risiko eines Versagens bei einer von drei Bomben, könnten mit dieser Macht doch drei bis acht Städte ernsthaft bedroht werden.

434. 20 bis 25 Nicht-Kernwaffenstaaten haben wahrscheinlich die Fähigkeit, eine solche Nuklearstreitmacht zu erlangen. Man kann damit rechnen, daß sich die Zahl entsprechend dem wachsenden Verlaß auf die Kernenergie erhöhen wird, obwohl es durchaus bekannt ist, daß der Ausbau der Kernenergie nicht den optimalen Weg zum Erwerb von Kernwaffen bietet. In Anbetracht der Bedeutung der Kernenergie für die Entwicklung eines Landes werden die Staaten verlangen, vollen Zugang zu dieser wichtigen Hilfsquelle zu bekommen. Gleichzeitig hat die internationale Gemeinschaft Anspruch auf die wirkungsvollste Garantie im Rahmen geeigneter internationaler Vereinbarungen, daß die Verbreitung der Kernenergie nicht die Zahl der Kernwaffenstaaten erhöht. In diesem Zusammenhang sind Berichte über Staaten, die heimlich auf eine Kernwaffenkapazität hingearbeitet haben, von Interesse.

VII. Die Bedeutung von Verträgen, Übereinkommen und Verhandlungen für die nukleare Abrüstung

A. Abrüstung im Atomzeitalter[56a]

435. Der Anbruch des Atomzeitalters hat gleichzeitig den enormen Nutzen der Kernenergie und die fatale Fähigkeit zur Auslöschung der Menschheit mit sich gebracht. Die Zerstörung von Hiroshima und Nagasaki hat sowohl mit ihren unmittelbaren wie auch ihren langfristig andauernden Schrecken auf tragische Weise ein nukleares Zerstörungspotential praktisch vor Augen geführt, das – nach heutigen Maßstäben – noch als gering anzusehen ist. Obwohl die Welt vor dem Ende des bis dahin zerstörerischsten Krieges stand, begann sich bereits ein neues Beziehungsgeflecht zwischen den Mächten abzuzeichnen, und vielleicht war es unvermeidbar, daß die militärischen Planer den Erwerb eines Atompotentials als ein wesentliches Element für die Arsenale einer Großmacht ansehen würden. Das atomare Wettrüsten begann deshalb in den Anfängen des Zweiten Weltkriegs und führte vor Kriegsende zur Zerstörung von Hiroshima und Nagasaki. Es ist vielleicht eines der verhängnisvollsten Paradoxe der Geschichte, daß Schrecken und Tragik dieser beiden Ereignisse den militärischen Planern sowohl das Bedürfnis, wie auch den Zwang auferlegt haben, die Waffen, die diese erschreckende Zerstörungsfähigkeit demonstriert hatten, in ständig zunehmender Anzahl und weiter entwickelter technischer Qualität zu erwerben. Obgleich das atomare Wettrüsten in den frühen 40er Jahren begann, nahmen die Bemühungen zur Kontrolle dieses Wettrüstens erst Gestalt an, als die Sowjetunion ihre erste Kernexplosion gezündet hatte und damit nukleare Parität zu den Vereinigten Staaten zu erlangen drohte.

436. Die erste, von der Generalversammlung verabschiedete Resolution forderte 1946 das vollständige Verbot von Kernwaffen. Die Initiativen, die in den ersten Nachkriegsjahren – auch im Rahmen der Vereinten Nationen – ergriffen wurden, verlangten die umfassende Zerstörung und Beseitigung der Atomwaffen. Bedauerlicherweise scheiterten diese Initiativen am Vertrauensmangel zwischen den beiden großen Machtblöcken, insbesondere

während der Periode des Kalten Krieges. Die eine Seite war nicht gewillt, ihren Vorteil im Bereich der atomaren Rüstung aufzugeben, während die andere sich mit Entschiedenheit dagegen wehrte, zurückzustehen. Folglich nahm das nukleare Wettrüsten trotz der Abrüstungsgespräche weiter zu. Dies führte zur Entwicklung der Wasserstoffbombe, der Interkontinentalraketen, der Weltraumsatelliten etc.

437. Angesichts des entstehenden nuklearen Gegensatzes zwischen beiden Seiten versuchte man praktische und weniger anspruchsvolle Ziele zu erreichen, so z. B. die Schaffung einer kernwaffenfreien Zone in Mitteleuropa. Dies scheiterte jedoch ebenfalls, und so blieb als einziger versöhnlicher Gesichtspunkt die Tatsache, daß weder die Sowjetunion noch die Vereinigten Staaten in ihren öffentlichen Stellungnahmen von der Verpflichtung auf das Ziel der allgemeinen und vollständigen Abrüstung abrückten.

438. Zu Beginn der 60er Jahre nahmen die Vereinigten Staaten und die Sowjetunion ihre Verhandlungen in Richtung auf die „allgemeine und vollständige Abrüstung", einschließlich einer umfassenden nuklearen Abrüstung wieder auf. Dabei erzielten sie ein Übereinkommen über die Grundsätze, von denen ihre Abrüstungsverhandlungen geleitet werden sollten (das sog. McCloy – Sorin Agreement vom September 1961). Dennoch tauchten sehr bald Meinungsverschiedenheiten und Interessengegensätze über das weitere Vorgehen auf, die sich in den von den Vereinigten Staaten und der Sowjetunion vorgelegten Vertragsentwürfen zur allgemeinen und umfassenden Abrüstung deutlich zeigten. Bemühungen dieser beiden Mächte und später auch einiger blockfreier Staaten und Staaten der Dritten Welt, den Gegensatz zwischen den beiden Standpunkten zu überbrücken, blieben erfolglos. Die Aufmerksamkeit wandte sich deshalb mehr begrenzten Zielvorstellungen zu, wie z. B. dem Vertrag über das Verbot von Kernwaffenversuchen, dem Weltraumvertrag und dem Nichtverbreitungs-Vertrag.

B. Antarktis-Vertrag

439. Der Antarktis-Vertrag war das erste internationale Abkommen, in dem vertraglich eine entmilitarisierte Zone eingerichtet wurde und der Bestimmungen darüber enthält, daß keine Kernwaffen in diese Zone gebracht werden dürfen. Er wurde 1959 von zwölf Staaten unterzeichnet

(Argentinien, Australien, Belgien, Chile, Frankreich, Großbritannien, Japan, Neuseeland, Norwegen, Südafrika, UdSSR und USA) und ist gegenwärtig für 19 Staaten in Kraft. [Am 31. 12. 1981 waren einschließlich der Bundesrepublik Deutschland und der DDR insgesamt 22 Staaten Partei dieses Vertrags.]

440. Der Vertrag bestimmt, daß die Antarktis nur für friedliche Zwecke genutzt werden darf, und er verbietet u. a. jegliche Art von militärischen Maßnahmen wie z. B. die Errichtung von militärischen Stützpunkten und Befestigungen, die Durchführung von Manövern und die Erprobung von Waffen aller Art.

441. Der Vertrag verbietet alle Kernexplosionen in der Antarktis und ebenso die Lagerung radioaktiver Abfälle. Jedoch gelten die in internationalen Abkommen festgelegten Bestimmungen über die Nutzung der Kernenergie einschließlich derjenigen über Kernexplosionen und die Lagerung radioaktiver Abfälle auch in der Antarktis, sofern die ursprünglichen Unterzeichner und alle, die ein Interesse an dem Kontinent zeigen, ebenfalls Parteien dieser Abkommen sind.

442. Der Vertrag schuf ein Kontrollsystem auf der Grundlage nationaler Verifikation [Verfahren, durch das sich jede Seite bis zu dem für sie erforderlichen Ausmaß Gewißheit verschaffen darf, daß andere Vertragspartner die getroffenen Vereinbarungen einhalten, Anm. d. Übers.] mittels Inspektion durch nationale, von den vertragsschließenden Parteien benannte Beobachter. Der Vertrag erlaubt die Luftbeobachtung zu jeder Zeit in jedem Gebiet der Antarktis. Die Beobachter haben jederzeit freien Zutritt zu allen Gebieten und Einrichtungen in der Antarktis und zu allen Schiffen und Flugzeugen an den Landestellen auf dem Kontinent.

443. Die Bestimmungen des Vertrags gelten in dem Gebiet südlich des 60. Breitengrads. Sie beeinträchtigen in keiner Weise Rechte oder die Ausübung von Rechten, die einem Staat völkerrechtlich auf der hohen See innerhalb dieses Gebietes zustehen.

C. Weltraum-Vertrag

444. Ende der 50er Jahre wurden in den Vereinten Nationen Anstrengungen unternommen, das Übergreifen des Wettrüstens auf den Weltraum zu verhindern. Im November 1958 legte die UdSSR einen Resolutionsentwurf vor, in dem insbesondere ein Verbot der Nutzung des Weltraums zu

militärischen Zwecken vorschlug. Ferner sollten die Staaten sich verpflichten, Raketen nur im Rahmen eines international abgestimmten Programms in den Weltraum zu schießen. In den folgenden Jahren wurden ähnliche Vorschläge im Zehn-Mächte-Abrüstungsausschuß, im Achtzehn-Mächte-Abrüstungsausschuß und in den Vereinten Nationen erörtert. Die Bemühungen zielten darauf ab sicherzustellen, daß sich Staaten bei der Erforschung und Nutzung des Weltraums von dem Grundsatz leiten lassen, daß das Völkerrecht einschließlich der Charta der Vereinten Nationen auf den Weltraum und die Himmelskörper Anwendung findet. Sie sollten ferner sicherstellen, daß der Weltraum und die Himmelskörper allen Staaten in Übereinstimmung mit dem Völkerrecht zur Erforschung und Nutzung freistehen und nicht nationaler Aneignung unterliegen.

445. Mexiko legte 1963 dem Achtzehn-Mächte-Abrüstungsausschuß einen Vertragsentwurf vor, der das Verbot enthielt, Kernwaffen oder andere Massenvernichtungswaffen auf Umlaufbahnen zu bringen oder im Weltraum zu stationieren und solche Waffen im Weltraum zu testen. Im gleichen Jahr nahm die Generalversammlung eine Resolution gleichen Inhalts an.

446. Im Jahr 1966 einigten sich die Sowjetunion und die Vereinigten Staaten auf den „Vertrag über die Grundsätze zur Regelung der Tätigkeiten von Staaten bei der Erforschung und Nutzung des Weltraums einschließlich des Mondes und anderer Himmelskörper". Der Vertrag trat am 10. Oktober 1967 in Kraft und war am 12. Juli 1980 für 78 Staaten verbindlich. [Am 31. 12. 1981 waren es 80 Staaten einschließlich der Bundesrepublik Deutschland und der DDR.] Die für diese Untersuchung wichtigsten Bestimmungen des Vertrags sind:

(a) Die Verpflichtung der Vertragsstaaten, weder Flugobjekte auf eine Erdumlaufbahn zu bringen, die Kernwaffen oder andere Massenvernichtungswaffen mit sich führen, noch solche Waffen auf Himmelskörpern oder auf irgendeine andere Weise im Weltraum zu stationieren.

(b) Das Verbot aller militärischen Aktivitäten auf dem Mond und anderen Himmelskörpern einschließlich der Errichtung von militärischen Stützpunkten, Anlagen und Befestigungen, der Erprobung von Waffen jeglicher Art oder die Durchführung von Manövern. Ausgenommen davon sind der Einsatz von Militärpersonal für wissenschaftliche Forschungen oder andere friedliche Zwecke und der Gebrauch von Ausrüstungsgegenständen, die für friedliche Forschungsarbeit benötigt werden.

(c) Die Bestimmung, daß alle Raumstationen, Einrichtungen, Ausrüstungsgüter und Raumfahrzeuge auf dem Mond und allen anderen Himmelskörpern Vertretern anderer Vertragsstaaten „auf der Grundlage der Gegenseitigkeit“ zugänglich sein sollen.

447. Ebenso wenig wie der Antarktis-Vertrag dient auch der Weltraum-Vertrag nicht der Abrüstung im eigentlichen Sinn. Doch ist er insofern eine einschränkende Maßnahme, als er die Verbreitung von Kernwaffen in Gebiete und Räume zu verhindern sucht, in denen es sie früher nicht gab.

448. Obwohl der Vertrag ein System der ‚Entnuklearisierung‘ des Weltraums vorsieht, verbietet er dennoch nicht einige bedeutende Nutzungsmöglichkeiten des Weltraums für militärische Zwecke. Da in dem Vertrag „Weltraum“ nicht definiert ist, schränkt er das ‚Durchfliegen‘ des Weltraums von einem Punkt der Erde zu einem anderen von mit nuklearen Sprengköpfen ausgerüsteten, ballistischen Raketen nicht ein. Er verbietet auch nur die Stationierung von Massenvernichtungswaffen auf Erdumlaufbahnen. Der Vertrag läßt damit den Einsatz von sog. „Teilerdumlauffähigen Bombensystemen“ (Fractional Orbital Bombardment System, FOBS) zu, d. h. von mit nuklearen Sprengköpfen ausgerüsteten Raketen, die in einer niedrigen Umlaufbahn von ungefähr 100 Meilen (ca. 185 km) Höhe fliegen und vor Vollendung eines Umlaufs um die Erde ihre Geschwindigkeit verringern, wieder in die Atmosphäre eintreten und die mitgeführten nuklearen Sprengköpfe auf eine ballistische Bahn zu ihren Zielen lenken. Darüber hinaus läßt der Vertrag Satelliten als wichtiges Mittel für Führung und Einsatz von strategischen Kernwaffen zu und er würde auch zulassen, im Weltraum Plattformen für Systeme zur Abwehr ballistischer Raketen zu stationieren.

449. Der Weltraum-Vertrag läßt somit breiten Spielraum für die militärische, nukleare Nutzung des Weltraums. Dazu gehört ebenfalls die Entwicklung von sog. Killer-Satelliten, die eine neue Dimension im Wettrüsten zwischen den Vereinigten Staaten und der Sowjetunion geschaffen haben. In den Vereinten Nationen haben viele Staaten ihre Besorgnis über diesen neuen Aspekt des Wettrüstens ausgesprochen. Als Ergebnis wurde im „Schlußdokument der 10. Sondertagung der Generalversammlung“ erklärt, daß zur Verhinderung des Wettrüstens im Weltraum weitere Maßnahmen ergriffen und entsprechende internationale Verhandlungen in Übereinstimmung mit dem Geist des Weltraum-Vertrages geführt werden sollten. Das Thema wird ebenfalls im Genfer Abrüstungsausschuß behandelt.

D. Meeresboden-Vertrag

450. Die Generalversammlung hat 1967 mit der Prüfung des Grundsatzes begonnen, den Meeresboden und den Meeresuntergrund ausschließlich für friedliche Zwecke vorzubehalten. Im Jahre 1969 hat die Sowjetunion dem Achtzehn-Mächte-Abrüstungsausschuß einen Vertragsentwurf vorgelegt, der die militärische Nutzung des Meeresbodens und Meeresuntergrundes einschließlich der Stationierung von Kernwaffen in diesem Bereich verbot. Der Abrüstungsausschuß hat 1970 der Generalversammlung den Entwurf zu einem „Vertrag über das Verbot der Anbringung von Kernwaffen und anderen Massenvernichtungswaffen auf dem Meeresboden und im Meeresuntergrund" (Resolution 2660 (XXV)) zugeleitet. Der Vertrag trat am 18. Mai 1972 in Kraft und galt am 31. 12. 1981 für 67 Staaten.

451. Die Vertragsparteien verpflichten sich, jenseits der Zwölf-Meilen-Zone vor ihren Küsten auf dem Meeresboden oder im Meeresuntergrund weder Kernwaffen noch andere Massenvernichtungswaffen, noch Bauten, Abschußanlagen oder sonstige eigens für die Lagerung, Erprobung oder Verwendung solcher Waffen vorgesehene Einrichtungen anzubringen. Innerhalb ihrer Zwölf-Meilen-Zone gilt diese Verpflichtung nicht für die Küstenstaaten.

452. Zu den Verifikations-Verfahren gehört die Beobachtung der Tätigkeiten im Meeresbodenbereich. Besteht der Verdacht einer Verletzung der Vereinbarungen, werden Konsultationen zwischen den Staaten, die begründete Zweifel über die Tätigkeit eines anderen Staates haben und dem dafür verantwortlichen Staat abgehalten. Wenn die Zweifel durch die Konsultationen nicht ausgeräumt werden können, so ist vorgesehen, dies den anderen Vertragsstaaten zu notifizieren, um mit ihrer Zusammenarbeit weitere Verfahren der Nachprüfung, einschließlich von Inspektionen, durchzuführen. Bleiben ernste Zweifel über die Einhaltung des Vertrages bestehen, so kann jeder Vertragsstaat die Angelegenheit dem Sicherheitsrat vorlegen.

453. Die Vertragspartner verpflichten sich, nach Treu und Glauben ihre Verhandlungen über weitere Maßnahmen im Bereich der Abrüstung fortzusetzen, um ein Wettrüsten auf dem Meeresboden und im Meeresuntergrund zu verhindern.

454. Der Vertrag legt der militärisch-nuklearen Nutzung des Wassers über dem Meeresboden keinerlei Beschränkungen auf; mit Kernwaffen

ausgerüstete U-Boote werden wie andere Schiffe behandelt und von vertraglichen Beschränkungen in keiner Weise betroffen.

455. Nach Inkrafttreten des Meeresboden-Vertrages wurde im Juli 1977 in Genf eine Konferenz der Vertragsstaaten abgehalten, um die Wirksamkeit des Vertrags zu überprüfen mit besonderem Augenmerk darauf, daß die Zielsetzung der Präambel und die Vertragsbestimmungen eingehalten werden unter Berücksichtigung der einschlägigen technologischen Entwicklungen. In ihrer Schlußerklärung hat die Überprüfungskonferenz versichert, daß die im Rahmen des Vertrages eingegangenen Verpflichtungen von den Vertragsstaaten gewissenhaft eingehalten worden sind. Zugleich bekräftigte die Konferenz die Verpflichtung, Verhandlungen zur Verhinderung eines Wettrüstens in diesem Bereich fortzusetzen.

E. Test-Stopp-Vertrag

456. Kernwaffenversuche haben bei der andauernden Fortentwicklung und Verfeinerung der Kernwaffen und ihrer Trägersysteme eine maßgebliche Rolle gespielt. Dies wird offenkundig durch die Tatsache, daß es seit 1945 mehr als 1200 bekanntgewordene Kernexplosionen gegeben hat, von denen etwa 90% auf die Supermächte entfallen. Während der 70er Jahre, der Abrüstungsdekade, wurde von 419 Kernexplosionen berichtet, von denen die Sowjetunion 189, die Vereinigten Staaten 153, Frankreich 56, China 15, Großbritannien 5 und Indien eine durchgeführt haben.[57] Deshalb hat es viele Jahre lang Verhandlungen über einen umfassenden Kernwaffen-Test-Stopp (comprehensive test ban, CTB) gegeben. Diese Bemühungen wurden jedoch durch den Wunsch der Kernwaffenstaaten eingeschränkt, Kernwaffenversuche zumindest unterirdisch fortzusetzen.

457. Im Jahr 1963 einigten sich die Vereinigten Staaten, Großbritannien und die Sowjetunion auf einen Vertrag über einen teilweisen Test-Stopp (partial test ban treaty, PTBT). Der Vertrag erhielt allgemeine Unterstützung von den Nicht-Kernwaffenstaaten (NKWS), wurde jedoch von zwei Kernwaffenmächten, Frankreich und China, abgelehnt. Sie sahen darin den Versuch, ihre Bestrebungen aufzuhalten, bei der Entwicklung von Kernwaffen einen qualitativen Gleichstand mit den beiden Supermächten zu erreichen. Bis vor kurzem haben daher Frankreich und China Kernwaffenversuche in der Atmosphäre fortgesetzt, wohingegen die Parteien des Test-Stopp-Vertrages unterirdische Kernwaffenversuche in noch rascherer

Folge als vor dem teilweisen Test-Stopp durchführten. Allein im Jahre 1979 fanden mindestens 52 Kernwaffenversuche statt.

458. Ein wichtiges Problem, das der Test-Stopp-Vertrag nicht anspricht und das insbesondere nach dem indischen Kernwaffenversuch im Mai 1974 an Bedeutung gewann, war die Frage, ob Kernsprengungen zu friedlichen Zwecken (peaceful nuclear explosions, PNE) ebenfalls verboten werden sollten. In den frühen 60er Jahren waren die beiden Hauptkernwaffenmächte der Ansicht, daß solche Kernexplosionen für wirtschaftliche Zwecke von Nutzen sein könnten. Später kamen Experten der Vereinigten Staaten zu der Überzeugung, daß Kernsprengungen zu friedlichen Zwekken mit verschiedenen Nachteilen, auch wirtschaftlicher Natur, verbunden seien. Dieser Standpunkt wurde von der Sowjetunion und einigen Nicht-Kernwaffenstaaten nicht geteilt, wenngleich die UdSSR andeutete, daß sie unter bestimmten Umständen und im Rahmen eines Kernwaffen-Versuchs-Verbots bereit sein könnte, ein Moratorium über Kernsprengungen zu friedlichen Zwecken zu akzeptieren. Die Vereinigten Staaten und viele andere Länder kamen zu dem Schluß, daß die Fortsetzung von Kernsprengungen zu friedlichen Zwecken wegen der Verwendbarkeit dieser Technologie für die Entwicklung von Kernwaffen die Tür offen lassen würde für die horizontale und vertikale Proliferation von Kernwaffen.

459. Die internationale Staatengemeinschaft hat Jahr für Jahr ein umfassendes Kernwaffen-Versuchs-Verbot gefordert. Anstrengungen in dieser Richtung haben der Achtzehn-Mächte-Abrüstungsausschuß (Eighteen-Nation-Committee on Disarmament, ENDC), die Konferenz des Genfer Abrüstungsausschusses (Conference of the Committee on Disarmament, CCD) und nunmehr der Genfer Abrüstungsausschuß (Committee on Disarmament, CD) unternommen. Die beiden Supermächte haben jedoch eine grundlegende Abneigung beibehalten, über einen solchen Vertrag ernsthaft und in diesem multilateralen Gremium zu diskutieren und zu verhandeln. Das Problem der Verifikation (Feststellung der Einhaltung) blieb eines der Haupthindernisse auf dem Weg zu einem Übereinkommen über ein umfassendes Kernwaffen-Versuchs-Verbot. Ein anderes Hindernis liegt in dem angeblichen Wert der Fortsetzung einiger Versuche für die Aufrechterhaltung der Betriebssicherheit von strategischen Waffenlagern. Seit 1977 haben die Vereinigten Staaten, die UdSSR und Großbritannien getrennte Verhandlungen über einen Test-Stopp-Vertrag geführt. Über den genauen Inhalt dieser Verhandlungen liegen jedoch keine Informationen vor. Weil die dreiseitigen Verhandlungen nicht abgeschlossen sind, ist der Genfer

Abrüstungsausschuß (CD) trotz der wiederholten Aufforderungen der Generalversammlung nicht in der Lage gewesen, ins einzelne gehende Verhandlungen über diesen Gegenstand zu führen. Vielfach wurde auch vorgeschlagen, ein Moratorium für alle Kernwaffenversuche zu fordern, solange ein Übereinkommen über einen umfassenden Test-Stopp-Vertrag fehlt. Eine Untersuchung des Problems eines umfassenden Versuchsstopps wurde vom Generalsekretär der Vereinten Nationen mit Unterstützung einer Expertengruppe erarbeitet und dem Genfer Abrüstungsausschuß vorgelegt (CD/86).

460. In ihren Berichten über den Stand der Verhandlungen haben die drei beteiligten Kernwaffenstaaten dem Genfer Abrüstungsausschuß bisher keine Einzelheiten mitgeteilt, über welche Teile eines umfassenden Kernwaffenversuchsverbots sie Einigkeit erzielt haben. Resolutionen der Generalversammlung haben wiederholt zum Ausdruck gebracht, daß Kernwaffenversuche umfassend verboten und sie überall und für alle Zeit unterbunden werden sollten. Die Bedeutung eines umfassenden Versuchsverbots als einer Maßnahme zur Beschränkung der vertikalen Proliferation liegt darin, daß es ein Hindernis für die qualitativen Verbesserungen von Kernwaffensystemen schaffen würde; denn damit wäre die Möglichkeit genommen, neu entwickelte Sprengköpfe zu erproben.

F. Schwellen-Vertrag

461. Bilaterale Verhandlungen zwischen den Vereinigten Staaten und der UdSSR führten 1975 zu einem Interimsabkommen, das [unterirdische] Kernwaffenversuche mit Detonationswerten von mehr als 150 KT nach dem 31. März 1976 verbietet. Viele hatten das Gefühl, daß dieser ‚Schwellenvertrag' (Threshold Test Ban Treaty, TTBT) – anstatt ein Schritt auf ein umfassendes Kernwaffenversuchsverbot hin zu sein – Kernwaffenversuche unterhalb der 150-KT Schwelle legitimiert hat. Diese Schwelle lag jedenfalls hoch genug, um fast alle Kernwaffenversuche zu erlauben, die die Supermächte für die fortlaufende Verbesserung ihrer Kernwaffen brauchen würden. Obwohl das Abkommen ursprünglich die Frage der Kernexplosionen für friedliche Zwecke nicht behandelte, wurden diese ein Jahr später in das Verbot von Versuchen mit Detonationswerten oberhalb der 150-KT Schwelle mit eingeschlossen. Der Vertrag ist zwar nicht in Kraft getreten, doch scheinen die Bestimmungen bisher eingehalten worden zu sein.

G. Nichtverbreitungs-Vertrag

462. In den späten 50er und den frühen 60er Jahren haben viele Staaten die Frage der Weiterverbreitung von Kernwaffen in den Vordergrund des Weltinteresses gerückt. Dies lag in der Angst begründet, daß das Hinzukommen vieler neuer Mitglieder zum Atom-Club das Risiko des Ausbruchs eines Atomkriegs vervielfachen würde und insbesondere in der Sorge des Einsatzes von Kernwaffen in Europa. 1967 legten die Vereinigten Staaten und die UdSSR getrennt voneinander gleichlautende Entwürfe eines Nichtverbreitungs-Vertrags (NV-Vertrag, Non-Proliferation Treaty, NPT) der Konferenz des Genfer Abrüstungsausschusses vor.

463. Die Grundlage für den Nichtverbreitungs-Vertrag kann man in einer Übereinkunft über drei allgemeine Erwägungen sehen: erstens die Verpflichtung der Kernwaffenstaaten (KWS), keine Kernwaffen oder die Kontrolle über sie weiter zu geben sowie die Verpflichtung der Nicht-Kernwaffenstaaten (NKWS), keine Kernwaffen zu erwerben und internationale Sicherungsüberwachungen ihrer Nuklear-Industrie hinzunehmen; zweitens die Verpflichtung derjenigen Vertragsparteien, die dazu in der Lage sind, weitestmöglich den Ausbau der Kernenergie für friedliche Zwecke zu fördern, insbesondere in Nicht-Kernwaffenstaaten unter gebührender Berücksichtigung der Bedürfnisse der Entwicklungsgebiete der Welt; und drittens die Verpflichtung der Kernwaffenstaaten entsprechend Artikel VI des Vertrages in redlicher Absicht Verhandlungen über Abrüstung zu führen.

464. Um den Besorgnissen der Nicht-Kernwaffenstaaten im Hinblick auf ihre Verwundbarkeit durch einen nuklearen Angriff oder nukleare Erpressung Rechnung zu tragen, haben die UdSSR, Großbritannien und die Vereinigten Staaten im Sicherheitsrat politische Absichtserklärungen abgegeben, mittels des Sicherheitsrates den NKWS Hilfe zu leisten, dem NV-Vertrag beigetreten sind, wenn sie mit Kernwaffen angegriffen oder bedroht werden. Diese Erklärungen wurden in der Resolution 255 (1968) des Sicherheitsrats niedergelegt. Doch haben viele NKWS, die Partei des NV-Vertrags sind, ihre Unzufriedenheit mit diesen Vorkehrungen zum Ausdruck gebracht und die Notwendigkeit wirksamer Sicherheitsgarantien betont.

465. Der Nichtverbreitungs-Vertrag wird von vielen als ein großer Erfolg auf dem Gebiet der Kontrolle der Kernwaffen angesehen. Der Vertrag

trat 1970 in Kraft und die Zahl der Vertragsparteien ist auf etwa 114 gewachsen. Die Wirksamkeit des Nichtverbreitungs-Vertrags wurde 1975 überprüft und 1980 findet eine zweite Überprüfungskonferenz statt. Diejenigen Staaten, die es vorgezogen haben, dem Vertrag nicht beizutreten, haben zur Begründung ihrer ablehnenden Entscheidung das kritisiert, was sie als Ungleichheit und diskriminierenden Charakter des Vertrages ansehen.

466. In dem Zeitraum seit Inkrafttreten des Vertrags haben etliche Entwicklungen das internationale Umfeld verändert, in dem der Nichtverbreitungs-Vertrag Anwendung findet, und die Einschätzung des Vertrags beeinflußt. Die Verhandlungen zwischen den Supermächten über nukleare Abrüstung kommen nicht voran; eine Anzahl von Staaten ist über die Möglichkeit besorgt, daß weitere Staaten die Fähigkeit zu Kerndetonationen erwerben und viele Staaten sind darum bemüht, sich den Zugang zu Energiequellen einschließlich der Kernenergie zu sichern.

466a. In einer dieser Entwicklungen haben einige Lieferländer Schritte unternommen, die Lieferung von Kernmaterial, nuklearen Anlagen und Technologien über die NV-Vertragsbestimmungen hinaus an bestimmte Bedingungen zu knüpfen. Diese beziehen die Richtlinien der ‚Nuclear Supplier Group', des sog. ‚London Club' ein. Einige Lieferländer behaupten, daß diese Richtlinien aus dem Bedürfnis heraus entworfen wurden, die Vorkehrungen zur Verhinderung der Weiterverbreitung von Kernwaffen zu stärken. Aus der Sicht vieler anderer Länder laufen diese Richtlinien jedoch auf eine Neuinterpretation einiger Bestimmungen des NV-Vertrages hinaus. Auch haben einige Staaten ihre Unzufriedenheit darüber zum Ausdruck gebracht, daß die von den Liefer-Staaten einzeln oder gemeinsam ergriffenen Maßnahmen der friedlichen Nutzung der Kernenergie größere Beschränkungen und Kontrollen auferlegen.

467. Diese Entwicklungen haben Meinungsverschiedenheiten zwischen den Staaten über die allgemeinen Fragen der Nichtverbreitung von Kernwaffen, die Sicherheitsvorkehrungen und die Bedingungen des Nuklear-Handels verschärft. Es ist ein grundlegendes Problem, wie die Sorge einzelner oder aller Lieferstaaten um eine striktere Kontrolle der Nichtverbreitung mit dem Wunsch anderer Staaten nach breiterem Zugang zur Kerntechnologie für friedliche Zwecke und wirtschaftliche Entwicklung in Einklang gebracht werden könnte. Das „Schlußdokument der 10. Sondertagung der Generalversammlung der Vereinten Nationen" hat aufgrund dieser Einsicht auf die Notwendigkeit hingewiesen, einen ‚internationalen

Konsens' über die Frage der Nichtverbreitung von Kernwaffen und die friedliche Nutzung der Kernenergie herzustellen. Bezüglich des Nichtverbreitungs-Vertrags haben viele Vertragsparteien ihrer Ansicht Ausdruck verliehen, daß die Wirksamkeit des Vertrages als eines Mittels zur Kontrolle von Kernwaffen abhängt von der Aufrechterhaltung des Gleichgewichts der Rechte und Pflichten zwischen den Kernwaffenstaaten und den Nicht-Kernwaffenstaaten. Dieses Gleichgewicht bildet die Grundlage des Vertrages.

H. Kernwaffenfreie Zonen

468. Ein Schritt zur Nichtverbreitung hat in den letzten Jahren zunehmend internationale Unterstützung gefunden – die Errichtung kernwaffenfreier Zonen. Die ersten Vorschläge für diese Zonen wurden für Regionen gemacht, wo – wie z. B. in Mitteleuropa – bereits Kernwaffen stationiert waren. Doch zustande gekommen ist allein der Vertrag über das Verbot von Kernwaffen in Lateinamerika (Treaty for the Prohibition of Nuclear Weapons in Latin America), dessen Abschluß in vielen Jahren von Mexiko und anderen Staaten Lateinamerikas vorangetrieben wurde.

469. Dieser Vertrag (oft nach dem Ort der Unterzeichnung als Vertrag von Tlatelolco bezeichnet) ist das bisher einzige völkerrechtliche Instrument zur Errichtung einer kernwaffenfreien Zone in einer bewohnten Region. Der 1967 zur Unterschrift aufgelegte Vertrag errichtete auch ein Kontrollsystem durch ein ständiges Aufsichtsorgan: Die Agentur zum Verbot von Kernwaffen in Lateinamerika (Agency for the Prohibition of Nuclear Weapons in Latin America, span.: Organismo para la Proscripción de las Armas Nucleares en la América Latina, OPANAL).

470. Die wichtigsten Verpflichtungen der Vertragsparteien sind nukleares Material und Anlagen unter ihrer Herrschaftsgewalt ausschließlich zu friedlichen Zwecken zu nutzen und auf ihrem Staatsgebiet zu verbieten und zu verhindern:

(a) die Erprobung, Verwendung, Herstellung, Erzeugung oder Beschaffung (mit welchen Mitteln auch immer) von Kernwaffen durch die Vertragspartner selbst, weder unmittelbar noch mittelbar, im Namen anderer noch auf irgendeine andere Weise.

(b) den Empfang, Lagerung, Einbau, Aufstellung und jede andere Form des Besitzes von Kernwaffen weder unmittelbar noch mittelbar durch die Vertragspartner selbst, im Namen anderer, noch auf irgendeine andere Weise.

471. Der Vertrag bekräftigt das Recht der Vertragsparteien zur Nutzung der Kernenergie für friedliche Zwecke, insbesondere für ihre wirtschaftliche Entwicklung und ihren sozialen Fortschritt. Dies schließt das Recht auf die Durchführung von Kernsprengungen zu friedlichen Zwecken ein unter der Voraussetzung, daß keine Vertragspflicht verletzt wird.

472. Der Vertrag ist für die 22 Staaten dieser Region in Kraft getreten, nachdem diese auf die Einhaltung des vertraglich vorgesehenen Verfahrens über das Inkrafttreten verzichtet haben. Zwei Staaten, Brasilien und Chile, haben das Abkommen unterzeichnet und ratifiziert, haben jedoch nicht auf die Einhaltung der betreffenden Bestimmungen verzichtet, so daß der Vertrag für sie nicht in Kraft ist. Brasilien hat offiziell erklärt, daß es sich verpflichtet fühlt, in Übereinstimmung mit den Normen des internationalen Rechts keine Handlungen zu begehen, die gegen Ziele des Vertrages von Tlatelolco verstoßen. Argentinien hat den Vertrag unterzeichnet und während der 10. Sondertagung der Generalversammlung der Vereinten Nationen erklärt, daß es den Vertrag ratifizieren würde; und zwei Staaten der Region, Kuba und Guyana, haben ihn nicht unterzeichnet. Zwei Länder, die kürzlich unabhängig wurden, Sankt Lucia und Dominica, sind bisher nicht Vertragsparteien geworden.

473. Der Vertrag schließt zwei Zusatzprotokolle ein, die Verpflichtungen enthalten, die von Staaten außerhalb der Region einzugehen sind. Zusatzprotokoll I legt fest, daß das Statut der kernwaffenfreien Zone auch für die in der Region liegenden Territorien gilt, die *de jure* oder *de facto* der Herrschaftsgewalt eines Staates außerhalb der Region unterstehen. Dieses Protokoll ist von den Niederlanden und Großbritannien ratifiziert und von den Vereinigten Staaten und Frankreich unterzeichnet worden.

474. Nach dem Zusatzprotokoll II verpflichten sich die Kernwaffenstaaten, „den Status Lateinamerikas als kernwaffenfreie Zone“ voll anzuerkennen und gegen die Vertragsparteien keine Kernwaffen einzusetzen und nicht mit ihrem Einsatz zu drohen. Alle Kernwaffenstaaten haben das Zustatzprotokoll II ratifiziert.

475. Als Reaktion auf die französischen Atomversuche in der Sahara haben etliche afrikanische Staaten den Vorschlag unterbreitet, Afrika zu einer kernwaffenfreien Zone zu erklären. Auf dem Gipfeltreffen der OAU (Organization for African Unity, Organisation afrikanischer Einheit) im

Jahre 1963 wurde die „Deklaration über die kernwaffenfreie Zone in Afrika" angenommen. Die Einrichtung der kernwaffenfreien Zone in Afrika ist jedoch bisher nicht verwirklicht worden, hauptsächlich wegen der Möglichkeit, daß Südafrika ein Kernwaffenpotential erwerben könnte und wegen der Situation im Nahen Osten. Einschlägige Resolutionen der Generalversammlung der Vereinten Nationen haben wiederholt die Einstellung jeder nuklearen Zusammenarbeit mit dem rassistischen Regime in Südafrika gefordert. Diese Anstrengungen erwiesen sich als besonders dringlich auf Grund von Berichten im Jahre 1979, daß eine Kernwaffendetonation vor der Küste Südafrikas stattgefunden haben könnte. Angesichts dieser Berichte wurde eine besondere Expertengruppe der Vereinten Nationen ernannt, um das möglicherweise vorhandene Kernwaffenpotential Südafrikas zu untersuchen.

476. Der Vorschlag zur Errichtung einer kernwaffenfreien Zone in der Nahost-Region wurde zuerst 1974 von Iran vorgebracht; Ägypten schloß sich ihm später an. Die Generalversammlung der Vereinten Nationen hat zur Förderung dieses Zieles die Staaten der Region aufgefordert, dem Nichtverbreitungs-Vertrag beizutreten oder dem Sicherheitsrat verbindlich zu erklären, daß sie keine Kernwaffen erwerben oder entwickeln werden. Israel hat sich geweigert, dieser Aufforderung nachzukommen und stattdessen direkte Verhandlungen zwischen den Staaten der Region zur Vorbedingung gemacht.

477. Nach dem indischen Atomversuch im Jahre 1974 hat Pakistan die Schaffung einer kernwaffenfreien Zone in Südasien vorgeschlagen. Indien hat sich jedoch diesem Vorschlag widersetzt und sich geweigert, die Frage durch die Generalversammlung der Vereinten Nationen erörtern zu lassen mit der Begründung, daß die Region nicht für eine kernwaffenfreie Zone geeignet sei. Alle Staaten der Region Südasien haben jedoch ihre feste Absicht bekundet, ihre Länder von Kernwaffen frei zu halten. Die Vereinten Nationen haben verlangt, daß die Staaten der Region keine Handlung vornehmen sollen, die von dieser Zielsetzung abweichen könnte. Die Frage der Errichtung einer kernwaffenfreien Zone in Südasien ist in etlichen Resolutionen der Generalversammlung behandelt worden, die diese Angelegenheit weiterhin verfolgen wird.

478. Zu verschiedenen Zeiten sind Vorschläge für kernwaffenfreie Zonen in anderen Teilen der Welt einschließlich des Südpazifik und verschiedener Teile Europas gemacht worden.

478a. Die Errichtung von kernwaffenfreien Zonen auf der Grundlage von freiwilligen Vereinbarungen zwischen den Staaten der jeweiligen Region sind ein wichtiger Schritt zur Abrüstung. Er bedarf jedoch stärkerer Förderung durch die internationale Staatengemeinschaft, um weitere Fortschritte bei der Lösung der damit verbundenen praktischen und rechtlichen Probleme zu erzielen.

479. Die internationale Staatengemeinschaft mißt der Kontrolle, der Verringerung und der vollständigen Beseitigung von Kernwaffen höchste Bedeutung bei. Dieses Ziel wurde erneut im „Schlußdokument der 10. Sondertagung der Generalversammlung der Vereinten Nationen" bestätigt. Eine umfassende Untersuchung des Problems kernwaffenfreier Zonen wurde in allen seinen Aspekten durchgeführt und unter der Schirmherrschaft der CCD (Konferenz des Genfer Abrüstungsausschusses) wurde im Sommer 1975 darüber ein Bericht erstellt.

I. Gespräche über die Begrenzung strategischer Waffen – SALT

480. Seit 1969 haben die Vereinigten Staaten und die Sowjetunion Gespräche über die Begrenzung strategischer Waffen (Strategic Arms Limitation Talks, SALT) geführt. Das SALT-I-Abkommen wurde 1972 unterzeichnet; es setzte für eine Fünf-Jahres-Periode Höchstgrenzen für die strategischen Arsenale fest und lief formell im Jahre 1977 aus, wurde aber tatsächlich weiterhin befolgt; ebenso begrenzte es die Anzahl der Anti-Raketensysteme (ABM-Systeme) für die UdSSR und die USA auf je zwei, eine Zahl, die 1974 auf je ein System herabgesetzt wurde. Während der symbolische Wert des SALT-I-Abkommens wichtig und anerkennenswert ist, war der tatsächliche Wert für die Abrüstung nicht sehr bedeutend, weil beide Mächte ohnehin schon zu der Überzeugung gekommen waren, daß ABM-Systeme zu kostspielig und letztlich unwirksam seien. Die Vereinigten Staaten haben sogar das eine unter SALT-I zugelassene ABM-System demontiert.

481. Das nächste Stadium der SALT-Verhandlungen dauerte beinahe sieben Jahre, bevor der SALT-II-Vertrag im Juni 1979 unterzeichnet wurde. Er geht von einem strategisch-nuklearen Gleichgewicht (strategic nuclear equivalence) zwischen den Vereinigten Staaten und der Sowjetunion aus. Nach dem Abkommen gäbe es für beide Seiten eine Gesamt-Höchstgrenze für strategisch-nukleare Trägersysteme. Bei diesen Systemen handelt es sich um ICBM- und SLBM-Abschußanlagen, schwere Bomber

und weitreichende ASBMs (long range air-to-surface ballistic missile, weitreichender ballistischer Luft-Boden Flugkörper). Diese anfängliche Höchstgrenze würde nach den Vereinbarungen des Gipfeltreffens von Wladiwostok im Jahre 1974 bei 2400 liegen. Sie sollte bis Ende 1981 auf 2250 verringert werden. Innerhalb dieser Gesamt-Höchstzahl sollte es für die einzelnen Trägersysteme folgende Obergrenzen geben:

(a) Eine Grenze von 1320 für die Zahl der Abschußanlagen der mit Mehrfachsprengköpfen (MIRV) ausgestatteten ICBMs, SLBMs und weitreichenden ASBMs mit MIRVs und der mit LRCMs (long range cruise missile, weitreichender Marschflugkörper) ausgerüsteten Bomber;

(b) Eine Grenze von 1200 für mit MIRVs ausgestatteten ICBMs, SLBMs und ASBMs;

(c) und davon nicht mehr als 850 Abschußanlagen für mit MIRVs ausgerüstete ICBMs.

482. Der SALT-II-Vertrag schließt die Erweiterung der Kernwaffenarsenale der Supermächte in bestimmten Richtungen nicht aus, so z. B. die Entwicklung der MX-Rakete (siehe Absatz 102f.) und die begrenzte Stationierung von Marschflugkörpern (CM) auf amerikanischer Seite sowie die Stationierung von Backfire-Bombern und verbesserter strategischer Flugkörper auf sowjetischer Seite. Die Beschaffung dieser bereits geplanten Waffensysteme wird, auch wenn sie im Rahmen der Vertragsgrenzen bleibt, die Verteidigungsausgaben der Supermächte und ihrer Verbündeten weiter erhöhen. Die strategischen Potentiale der beiden Mächte umfassen gegenwärtig mehr als 15 000 Nuklearbomben und -Sprengköpfe. Der SALT-II-Vertrag ist eindeutig ein Rüstungskontrollabkommen. Die beiden Supermächte haben ihn jedoch noch nicht ratifiziert.

483. Das „Schlußdokument der 10. Sondertagung der Generalversammlung der Vereinten Nationen" forderte neben dem Abschluß des SALT-II-Abkommens zum frühest möglichen Zeitpunkt, daß diesem Vertrag unmittelbar weitere Verhandlungen zwischen den Vereinigten Staaten und der UdSSR über die Begrenzung der strategischen Waffen folgen sollten, die zur Vereinbarung einer wesentlichen Reduzierung und qualitativen Begrenzung der strategischen Waffen führen sollen und einen wichtigen Schritt zur atomaren Abrüstung und schließlich zur Schaffung einer Welt ohne solche Waffen darstellen würden. Das SALT-II-Abkommen und die dadurch hervorgerufene Debatte haben die Schwierigkeiten bei der Erzielung eines Einverständnisses darüber, was ein ausgewogenes Gleichgewicht der Kräfte darstellt, aufgezeigt. Die SALT-III-Verhandlungen wer-

den noch komplizierter sein, weil sie neben dem Verhältnis zwischen strategischen und Kriegsschauplatz-Kernwaffen (theatre nuclear forces, TNF) beider Seiten die fortlaufenden, qualitativen Verbesserungen in den Kernwaffenarsenalen zu berücksichtigen haben.

K. Weitere strategische Abkommen und Verträge

484. Neben den bereits angeführten Abkommen wurde über eine Anzahl weiterer Verträge verhandelt, die zumeist für Kernwaffen wichtige vertrauensbildende Maßnahmen betrafen. Tabelle 6 gibt eine Aufzählung solcher Verträge wieder:

Tabelle 6: Strategische Abkommen und Verträge

Vertrag	*Datum des Inkrafttretens*
Vereinigte Staaten – UdSSR	
– „Hot-Line Agreement“ Abkommen über die Einrichtung des „heißen Drahtes“, d. h. von zwei unabhängigen, direkten Draht- bzw. Funkfernschreibverbindungen zwischen den Entscheidungszentren zur Aufrechterhaltung der Kommunikation in Krisenzeiten.	20. Juni 1963
– „Hot-Line Modernization Agreement“ Abkommen zur Modernisierung des „heißen Drahtes“.	30. September 1971
Änderungsabkommen	29. April 1975
Großbritannien–UdSSR	
– „Hot-Line Agreement“ Abkommen zur Einrichtung einer festen Fernschreibverbindung zwischen Downing Street Nr. 10 und dem Kreml für Kontakte auf Regierungsebene.	27. Oktober 1967
Vereinigte Staaten – UdSSR	
– „Nuclear Accident Agreement“ Abkommen über Maßnahmen zur Verminderung der Gefahr des unbeabsichtigten Ausbruchs eines Kernwaffenkrieges.	30. September 1971

Vertrag	*Datum des Inkrafttretens*
– „Agreement on the Prevention of Incidents on and over High Seas“ Abkommen über die Verhütung von Zwischenfällen auf und über der Hohen See	25. Mai 1972
– Protokoll	22. Mai 1973
– ABM-Treaty Der ‚Vertrag über die Begrenzung von Systemen zur Abwehr ballistischer Raketen‘ wurde in Moskau am 26. Mai 1972 im Rahmen von SALT-I unterzeichnet. – Protokoll	25. Mai 1976
– Interim-Agreement (SALT-I) Interimsabkommen über bestimmte Maßnahmen hinsichtlich der Begrenzung von strategischen Offensivwaffen (mit Protokoll als weiterem Teil von SALT-I), am 26. Mai 1972 in Moskau unterzeichnet.	3. Oktober 1972, ausgelaufen am 3. Oktober 1977
– Standing Consultative Commission Memorandum über die Vereinbarung über die Einrichtung einer Ständigen Beratungskommission für die zwischen beiden Staaten bestehenden Rüstungssteuerungsabkommen.	21. Dezember 1972
– Protokoll	30. Mai 1973
– Agreement on the Prevention of Nuclear War Abkommen zur Verhinderung eines Atomkrieges (AVA), am 22. Juni in Washington unterzeichnet.	22. Juni 1973
– Threshold Test-Ban Treaty (TTBT) Vertrag über die Begrenzung unterirdischer Kernwaffenversuche (mit Protokoll), unterzeichnet am 3. Juli 1974, in dem ab 31. März 1976 unterirdische Kernwaffenversuche mit Detonationswerten über 150 KT verboten werden, auch als ‚Schwellenvertrag‘ bezeichnet.	–
– Peaceful Nuclear Explosions Treaty (PNET) Vertrag über Kernsprengungen zu friedlichen Zwecken, am 28. Mai 1976 unterzeichnet als Ergänzung zu TTBT.	–
– Wladivostok Accord Gemeinsame Erklärung über eine Begrenzung der strategischen Rüstung.	24. November 1974

Vertrag	*Datum des Inkrafttretens*
Frankreich – UdSSR – Nuclear Accident Agreement Abkommen zur Verhütung des unbeabsichtigten Ausbruchs eines Atomkriegs.	16. Juli 1976
Großbritannien – UdSSR – Nuclear Accident Agreement Abkommen zur Verhütung des unbeabsichtigten Ausbruchs eines Atomkriegs.	10. Oktober 1977
Vereinigte Staaten – UdSSR Limitation of Strategic Offensive Arms (SALT II) mit Protokoll Vertrag zur Begrenzung der strategischen Offensivwaffen, am 18. Juni 1979 in Wien unterzeichnet, mit Geltungsdauer bis 1985 für den Vertrag und bis Ende 1981 für das Protokoll, wurde von USA bisher nicht ratifiziert.	–

L. Vorschläge zum Einsatzverbot von Kernwaffen

485. Die Generalversammlung der Vereinten Nationen hat 1961 eine Empfehlung zum absoluten Verbot des Einsatzes von Kernwaffen verabschiedet und diese 1977 noch einmal bekräftigt. Die meisten Kernwaffenmächte haben diesen Vorschlag jedoch nicht angenommen.

486. Es ist auch vorgeschlagen worden, daß die Kernwaffenmächte ein Übereinkommen über den Verzicht auf den ‚Ersteinsatz' (non-first-use) von Kernwaffen treffen sollten. Von den Kernwaffenmächten hat China eine solche Zusicherung gegeben. Die Sowjetunion und ihre Verbündeten im Warschauer Pakt haben den NATO-Staaten ein Abkommen über den Verzicht auf den Ersteinsatz im europäischen Rahmen vorgeschlagen. Die NATO-Staaten glauben jedoch bei den konventionellen Streitkräften in Europa unterlegen zu sein und sind deshalb nicht bereit, die Option auf den ‚Ersteinsatz' von Kernwaffen als einem Mittel der Selbstverteidigung gegen einen überlegenen konventionellen Angriff aufzugeben. Die Sowjetunion hat den Vorschlag unterbreitet, ein Abkommen über den Verzicht auf den Ersteinsatz sowohl von nuklearen als auch von konventionellen

Waffen abzuschließen. Doch wurde darauf hingewiesen, daß solche Initiativen nur dann Erfolg haben können, wenn sie zu einem generellen Abkommen über den Verzicht auf den Ersteinsatz von Kernwaffen ausgeweitet werden und auch mit einem Gleichgewicht der Kräfte bei den konventionellen Streitkräften verbunden werden.

487. Viele Nicht-Kernwaffenstaaten haben die Kernwaffenstaaten dringend zu glaubhaften und wirksamen Zusicherungen aufgefordert, keine Kernwaffen einzusetzen oder mit deren Einsatz zu drohen. Solche Zusicherungen können die Form ‚positiver' Garantien, d. h. von Unterstützung wie zwischen Verbündeten im Falle nuklearer Bedrohung oder Erpressung, wie auch die Form ‚negativer' Zusicherungen annehmen, daß die Kernwaffenstaaten keine Kernwaffen gegen Nicht-Kernwaffenstaaten einsetzen oder diese mit deren Einsatz bedrohen werden. Die Vereinigten Staaten, die UdSSR und Großbritannien haben sich außerstande erklärt, durch die Gewährung der ‚positiven' Garantien über die Resolution 255 (1968) des Sicherheitsrats hinauszugehen, obwohl Artikel 51 der Charta der Vereinten Nationen so interpretiert werden könnte, daß er eine kollektive Verteidigung gegen konventionelle wie auch gegen Kernwaffenangriffe vorsieht. Andererseits hat die Idee der ‚negativen' Sicherheitszusicherungen gegenüber Nicht-Kernwaffenstaaten allgemeine Unterstützung gefunden. Die derzeitigen Zusicherungen wurden jedoch nicht vorbehaltlos gegeben.

488. Im Jahre 1976 hat die Generalversammlung der Vereinten Nationen die Kernwaffenstaaten ersucht, gegen den Einsatz von Kernwaffen und dessen Androhung denjenigen Nicht-Kernwaffenstaaten Zusicherungen zu geben, „die nicht Vertragspartner der nuklearen Sicherheitsvorkehrungen der Kernwaffenmächte sind". Gegenüber der 10. Sondertagung der Generalversammlung haben die Kernwaffenmächte einseitige Erklärungen zu diesem Problem abgegeben. Diese Erklärungen waren mit einer Ausnahme an Bedingungen geknüpft und in ihrer Reichweite begrenzt. Das Schlußdokument forderte in Absatz 32 die Kernwaffenstaaten dringend auf, „wirksame Vereinbarungen" zu beschließen, „die den Nicht-Kernwaffenstaaten eine Sicherheit gegen die Anwendung oder Androhung von Kernwaffen geben". Ein Jahr danach haben Pakistan und die Sowjetunion eigene Vorschläge für die Beratung eines internationalen Abkommens über diesen Gegenstand eingebracht. Der Genfer Abrüstungsausschuß (CD) hat in der ersten Sitzungsperiode im Jahre 1979 diesen Themenbereich eingehend beraten und festgestellt, daß keine grundlegenden Einwände gegen die Annahme eines Konventionsentwurfs bestünden, obwohl die damit ver-

bundenen Schwierigkeiten ebenfalls aufgezeigt wurden. Sofern man Einigkeit darüber erzielen kann, würden negative Garantien die Grundlage für Verhandlungen über die Zusage des Nicht-Einsatzes sein.

489. Die Zusicherungen über den Nicht-Einsatz, die die Kernwaffenmächte während der 10. Sondertagung der Generalversammlung der Vereinten Nationen abgegeben haben, lauten:

Vereinigte Staaten

„Die Vereinigten Staaten werden keine Kernwaffen gegen einen Nicht-Kernwaffenstaat einsetzen, der Vertragspartei des Nichtverbreitungs-Vertrages oder einer vergleichbaren internationalen bindenden Vereinbarung über den Nichterwerb von Kernwaffen ist, außer im Falle eines Angriffs auf die Vereinigten Staaten, ihre Territorien oder Streitkräfte, oder ihre Verbündeten durch den mit einem Kerwaffenstaat verbündeten oder assoziierten Staat, der den Angriff vornimmt oder unterstützt." (A/S-10/AC.1/PV.9)

Sowjetunion

„Die Sowjetunion erklärt, daß sie niemals Kernwaffen gegen solche Staaten einsetzen wird, die auf die Herstellung und den Erwerb von Kernwaffen verzichten und keine Kernwaffen auf ihrem Territorium haben. Wir sind bereit, darüber mit jedem dieser Nicht-Kernwaffenstaaten Sonderabkommen zu schließen. Wir rufen alle anderen Kernwaffenmächte auf, unserem Beispiel zu folgen und gleiche Verpflichtungen einzugehen." (A/S-10/AC.1/4)

Großbritannien

„Ich gebe entsprechend im Namen meiner Regierung gegenüber den Nicht-Kernwaffenstaaten, die Vertragsparteien des Nichtverbreitungs-Vertrages oder anderer bindender internationaler Vereinbarungen über die Nichtherstellung und den Nichterwerb von Kernsprengkörpern sind, die folgende Erklärung ab: Großbritannien verpflichtet sich, keine Kernwaffen gegen solche Staaten einzusetzen außer im Falle eines Angriffs auf Großbritannien, die von ihm abhängigen Territorien, seine Streitkräfte oder seine Verbündeten durch einen Staat, der mit einem Kernwaffenstaat assoziiert oder verbündet ist." (A/S-10/PV. 26)

Frankreich

„Im Hinblick auf ihre Sicherheit sollte die Entscheidung von Staaten einer Region, einen kernwaffenfreien Status zu bewahren, die Verpflichtung für

Kernwaffenstaaten einschließen, aus einer solchen Lage keine militärischen Vorteile zu ziehen. Kernwaffenstaaten sollten insbesondere, entsprechend einer noch genau festzulegenden Bestimmung, jeden Einsatz oder jede Drohung mit dem Einsatz von Kernwaffen gegen Staaten, die Teil einer kerwaffenfreien Zone sind, verhindern." (A/S-10/PV. 3)

China
„Wir haben ... bei vielen Gelegenheiten erklärt, daß wir zu keiner Zeit und unter keinen Umständen als erste Kernwaffen einsetzen werden. ... Es ist ein dringend notwendiger Schritt, daß alle Kernwaffenstaaten sich verpflichten, nicht auf die Drohung mit dem Einsatz von Kernwaffen oder auf den Einsatz von Kernwaffen gegen Nicht-Kernwaffenstaaten und kernwaffenfreie Zonen zurückzugreifen." (A/S-10/PV.7)

(Der volle Wortlaut der im Genfer Abrüstungsausschuß im Jahre 1980 gegebenen Versprechen, keine Kernwaffen einzusetzen, findet sich in Anhang II)

VIII. Zusammenfassung
„Die ständige Bedrohung der Menschheit“

490. Der Anbruch des Atomzeitalters hat gleichzeitig den enormen Nutzen der Kernenergie und die fatale Fähigkeit zur Auslöschung der Menschheit mit sich gebracht. Die Zerstörung von Hiroshima und Nagasaki hat sowohl mit ihren unmittelbaren, wie auch ihren langfristig andauernden Schrecken auf tragische Weise ein nukleares Zerstörungspotential praktisch vor Augen geführt, das – nach heutigen Maßstäben – noch als gering anzusehen ist. Ein Jahr vor diesen Ereignissen hat der dänische Atomphysiker und Nobel-Preisträger Niels Bohr gleichlautende Briefe an den amerikanischen Präsidenten Roosevelt und den britischen Premierminister Churchill geschickt, in denen er schrieb: „Schwerwiegende Bedeutung hat die Tatsache, daß man dabei ist, eine Waffe von beispielloser Zerstörungskraft zu bauen, die alle künftigen Bedingungen der Kriegsführung vollkommen verändern wird ... Falls es nicht gelingt, rechtzeitig ein Abkommen über die Kontrolle der Nutzung der neuen, höchst radioaktiven Materialien zu schließen, so wird jeder kurzfristige Vorteil, so groß er auch sein mag, durch die ständige Bedrohung der Menschheit bei weitem übertroffen.“ Diese prophetischen Worte blieben jedoch ungehört zu einer Zeit, als die Welt vor dem Ende des bis dahin zerstörerischsten Kriegs stand. Ein neues Beziehungsgeflecht zwischen den Mächten begann sich bereits abzuzeichnen, und vielleicht war es unvermeidbar, daß die militärischen Planer den Erwerb von Atomwaffen als ein wesentliches Element für die Arsenale einer Großmacht ansehen würden. Doch es ist eines der verhängnisvollsten Paradoxe der Geschichte, daß Schrecken und Tragik von Hiroshima und Nagasaki den militärischen Planern sowohl das Bedürfnis wie auch den Zwang auferlegt haben, gerade die Waffen, die diese erschreckende Zerstörungsfähigkeit demonstriert hatten, in ständig zunehmender Anzahl und weiter entwickelter technischer Qualität zu erwerben. Dies hat dazu geführt, daß Kernwaffen heute in Niels Bohrs Worten „eine ständige Bedrohung der Menschheit“ geworden sind.

491. Selbst wenn das Wettrüsten keine neue Erscheinung ist, so ist das gegenwärtige Dilemma der Menschheit gewiß einzigartig. Während früher in den meisten, wenn nicht allen Fällen das Wettrüsten und die Rivalität

bei der Entwicklung neuer Waffen schließlich in der Auseinandersetzung auf dem Schlachtfeld endeten, so macht die gegenwärtige Lage eine solche Entwicklung unvorstellbar. Der Bau von Kernwaffen hat zumindest gegenwärtig jedes strategische Denken tiefgreifend verändert. Niemals zuvor waren Staaten in der Lage, die Grundlagen für das Fortbestehen anderer Staaten oder Regionen zu zerstören; niemals zuvor hatten Waffen eine solch unmittelbare, vollständige und weltumfassende Zerstörungskraft; niemals zuvor stand die Welt wie heute vor der realen Gefahr der Selbstauslöschung.

492. Bis heute nehmen die Kernwaffenarsenale in der Welt zahlenmäßig und in ihrer Zerstörungskraft zu. Es gibt heute mindestens 40 000 bis 50 000 Kernwaffen, deren Zerstörungskraft zusammengenommen mehr als einer Million Hiroshima-Bomben entspricht, oder anders ausgedrückt, es gibt 13 Milliarden Tonnen TNT, was einer Menge von mehr als 3 Tonnen für jeden Mann, jede Frau und jedes Kind dieser Welt gleichkommt. Trotz dieser Tatsache nimmt die Zahl der Kernsprengköpfe ebenso weiter zu wie die Genauigkeit, mit der diese Waffen ins Ziel gebracht werden können. Als eine Folge davon hat die totbringende Wirksamkeit der Arsenale weit stärker zugenommen, als ein zahlenmäßiger Vergleich der strategischen Abschußanlagen und Sprengköpfe zeigen würde. Eine große Anzahl von Kernwaffen kann heute auch strategisch vielfältiger eingesetzt werden als nur in einem Massenangriff auf die Heimatländer der Supermächte. Es besteht auch eine wachsende Fähigkeit zum Einsatz von taktischen Kernwaffen auf dem Kriegsschauplatz, die eine Bedrohung für viele Staaten darstellt, zum Beispiel für Europa. Die Kernwaffenmächte sind somit heute auf den raschen Einsatz ihrer taktischen Kernwaffen in einem Krieg vorbereitet und sie sind auch vorbereitet auf die Steigerung des Niveaus nuklearer Gewaltanwendung. Nuklearen overkill gibt es überall.

493. Die Entwicklung der Kernwaffen-Technologie hat eine wichtige Dimension des Wettrüstens geschaffen. Es ist offensichtlich, daß in vielen Fällen die Technologie die Politik bestimmt, statt ihr zu dienen, und daß häufig neue Waffensysteme entwickelt werden, nicht etwa aufgrund irgendwelcher militärischer oder sicherheitspolitischer Erfordernisse, sondern aufgrund der bloßen Eigendynamik des technologischen Prozesses. Insbesondere die ständige Verbesserung der Zielgenauigkeit der strategischen Trägersysteme heizt das Wettrüsten an, indem es eine ‚Duell‘-Situation zwischen diesen Systemen schafft. Dieser generelle Trend, daß die

Technologie eher als die Politik die Richtung bestimmt, birgt in sich die eigentliche Gefahr. Die Technologie selbst ist blind gegenüber der Gefahr des Rüstungswettlaufs. Sie treibt dahin, wohin sie die Grundgesetze der Wissenschaft und der angewandten Technik tragen mögen. In dieser Lage ist es ein Gebot der Notwendigkeit, daß die Staatsmänner und führenden Politiker ihre Verantwortung wahrnehmen. Tun sie dies nicht, so wird das Wettrüsten mit Gewißheit außer Kontrolle geraten.

494. Wenn dieser Bericht nichts anderes bewiesen hat, so sollte er schließlich dazu gedient haben, die katastrophalen Auswirkungen aufzuzeigen, die sich dann ergeben, wenn die Kernwaffenarsenale von heute oder morgen jemals in einem Krieg entfesselt werden. Es mag vielleicht Leute geben, die in Kalkulationen Trost zu finden hoffen, daß es selbst in einem Atomkrieg schwer sein dürfte, alle Männer, Frauen und Kinder dieser Welt direkt zu töten. Doch solche Kalkulationen sind ein sinnloses Unterfangen. Die Gefahr der Auslöschung der menschlichen Zivilisation sollte nicht zum Gegenstand akademischer Auseinandersetzungen gemacht werden. Sie sollte vielmehr als Grundlage für die Schaffung eines gemeinsamen Bewußtseins über die alarmierende Lage dienen, der die Welt von heute gegenübersteht, und für die Notwendigkeit, den politischen Willen für die Suche nach akzeptablen Lösungen einzusetzen.

495. In einem Atomkrieg werden vermutlich die Kernwaffenstaaten selbst die schwersten Verluste und weitreichendsten Zerstörungen erleiden. Dennoch würden alle Staaten der Welt unter schwerwiegenden physischen Auswirkungen leiden. Radioaktiver Niederschlag könnte ein gravierendes Problem besonders für die an die kriegführenden Staaten angrenzenden Länder sein. Er würde noch Jahrzehnte nach einem größeren Atomkrieg weltweit unter den gegenwärtigen und zukünftigen Generationen Millionen von Opfern fordern. Noch ernster als der radioaktive Niederschlag würden jedoch die weltweiten Folgen eines großen Atomkriegs für die Weltwirtschaft und die lebenswichtigen Funktionen der internationalen Gemeinschaft sein. Der plötzliche Zusammenbruch von vielen der führenden Handelsnationen der Welt, das Erlöschen gültiger Mechanismen des internationalen Austauschs würden zu einer tiefgreifenden Zerrüttung der weltweiten Beziehungen führen und die meisten Staaten, selbst wenn sie physisch unversehrt blieben, in eine verzweifelte Lage bringen. Ausgedehnte Hungersnöte würden in den Entwicklungsländern wie auch in den Industrienationen auftreten. Die Zahl der Verhungerten könnte möglicherweise die Zahl der unmittelbaren Opfer in den kriegführenden

Ländern übersteigen. Selbst nicht am Krieg beteiligte Länder könnten von einem Niedergang ergriffen werden, die ihre Bevölkerung in äußerste Not versetzen würde. Fast die gesamte Welt würde in ihrem Lebensstandard um viele Jahrzehnte in ihrer Entwicklung zurückversetzt. Wirtschaftliche Bedingungen dieser Art könnten politische Instabilität mit Aufständen, Bürgerkriegen und regionalen Kämpfen auslösen.

496. Angesichts der durch einen Atomkrieg verursachten Vernichtungen von unvorstellbarem Ausmaß, muß es eine entschiedene Besorgnis über die Stabilität der weltweiten Abschreckung geben. Die Beweisführung für die Stabilität des Gleichgewichts stellt die Verfechter der Abschreckung vor große Schwierigkeiten. Um mit Recht behaupten zu können, daß es möglich sei, auf ewige Zeiten mit Kernwaffen leben zu können, müßte das Gleichgewicht zu allen Zeiten aufrechterhalten werden – ungeachtet aller technologischen Herausforderungen, die sich als Folge des Wettrüstens einstellen könnten. Außerdem dürften keine menschlichen Fehlleistungen oder technischen Pannen auftreten. Dies ist, wie die verschiedenen, von Zeit zu Zeit veröffentlichten Fälle von Fehlalarmen oder Computerfehlleistungen zeigen, eine unerfüllbare Voraussetzung. Früher oder später könnte einer dieser Zwischenfälle einen wirklichen ‚Unfall‘ mit unsäglichen Konsequenzen auslösen. Aus diesem und anderen Gründen ist es unmöglich, eine umfassende Garantie für eine immerwährende Stabilität der Abschreckung zu geben, und es sollte niemandem erlaubt sein, in diesem Sinne beschwichtigende Erklärungen abzugeben. Die Folgen eines Irrtums sind zu groß. Die Chancen, sich zu irren, zu offensichtlich. Dies ist ein wichtiger Grund, weshalb das am 30. Juni 1978 verabschiedete „Schlußdokument der 10. Sondertagung der Generalversammlung der Vereinten Nationen“ in Absatz 13 kategorisch feststellte: „Ein dauerhafter Weltfrieden und eine dauerhafte internationale Sicherheit können weder auf der Anhäufung von Waffen durch Militärbündnisse aufbauen noch durch ein prekäres Gleichgewicht der Abschreckung oder Doktrinen der strategischen Überlegenheit aufrechterhalten werden.“

497. Selbst wenn das Gleichgewicht der Abschreckung eine vollkommen stabile Erscheinung wäre, gäbe es starke moralische und politische Gründe gegen ein anhaltendes Vertrauen in dieses Gleichgewicht. Es ist schlicht unzulässig, daß einige Staaten die Aussicht auf die Auslöschung der menschlichen Zivilisation dazu benutzen, ihre eigene Sicherheit zu erhöhen. Die Zukunft der Menschheit wird somit als Geisel genommen für die vermeintliche Sicherheit einiger weniger Kernwaffenstaaten und ganz be-

sonders der beiden Supermächte. Es ist außerdem inakzeptabel, auf unbegrenzte Zeit ein Weltsystem mit Kernwaffenstaaten und Nicht-Kernwaffenstaaten zu etablieren. Gerade dieses System trägt in sich die Saat der Weiterverbreitung von Kernwaffen. Auf lange Sicht enthält dieses System folglich die Ursache seiner eigenen Zerstörung.

498. Es ist darüber hinaus eine Tatsache, daß sich die Doktrinen der nuklearen Abschreckung bis zu einem gewissen Grad in Verbindung mit der Technologie entwickelt haben, daß sie zunehmend ausgeklügelter wurden je mehr die für ihre Durchführung vorhandenen Mittel weiter, komplexer und vielfältiger wurden. Doktrinen sind in gewissem Sinn Fiktionen, die auf verschiedenen hypothetischen Szenarios eines Atomkriegs aufbauen. Auch aus diesem Grund sind sie zu kompliziert und undurchsichtig geworden. Dieser Trend untergräbt die Glaubwürdigkeit der Doktrinen selbst bei jenen, die die Nützlichkeit von Kernwaffen anerkennen. Es ist deshalb höchst fragwürdig, ob die Abschreckungsdoktrinen sich als zuverlässige Kontrollinstrumente in einer Krise erweisen würden. Jedenfalls entwickeln sich die Ereignisse unabhängig von Doktrinen und niemand kann mit Gewißheit sagen, daß sich die Wirklichkeit wie erwartet verhalten wird, bzw. in Übereinstimmung mit dem, was gemäß den Doktrinen vorgesehen war.

499. Trotz all dieser Gründe haben einige Länder sich entschieden, ihre Sicherheitsvorstellungen auf Kernwaffensysteme zu stützen in der Hoffnung, daß das Gleichgewicht der Abschreckung stabil bleibt. Insbesondere die Supermächte nehmen an, daß Kernwaffen ihre nationale Sicherheit stützen, indem sie einmal vor einem direkten Konflikt miteinander abschrecken, aber auch dadurch, daß sie ihren Einfluß in anderen Teilen der Welt erhöhen. Gleichzeitig sind beide Seiten besorgt, daß die jeweils andere nukleare Überlegenheit erreichen könnte. Solange nachprüfbare Abrüstungsmaßnahmen fehlen, werden diese Besorgnisse vorgeschoben, um einen weiteren quantitativen Ausbau und weitere qualitative Entwicklungen der Kernwaffenarsenale zu rechtfertigen. Doch die zweifelhafte Stabilität der Abschreckung könnte sehr wohl als Folge des Wettrüstens weiter abnehmen, selbst wenn beide Seiten sich darauf verständigt haben, nach nuklearer Parität zu streben. Es ist deshalb in hohem Maße fragwürdig, ob die Sicherheit der Kernwaffenstaaten – wie immer definiert – auf der Grundlage des Wettrüstens erhalten werden kann.

500. Kernwaffen stellen die ernsthafteste Bedrohung der internationalen Sicherheit dar. Einer der Gründe liegt darin, daß die gegenwärtigen Kern-

waffenarsenale eine spezifische Rolle in den internationalen Beziehungen bekommen haben. Es ist heute denkbar, daß die Ursache eines schweren Zwischenfalls oder sogar eines verheerenden Krieges in den Kernwaffensystemen selbst liegt oder in der von ihnen ausgehenden Bedrohung. Dies könnte insbesondere in einer hoch angespannten Lage durch einen Präemptiv-Schlag [der in der sicheren Annahme durchgeführt wird, daß ein feindlicher Angriff unmittelbar bevorsteht bzw. schon begonnen habe, Anm. d. Übers.] oder durch Eskalation von der konventionellen auf die nukleare Ebene geschehen.

501. Es ist deshalb wichtig, in Erinnerung zu rufen, daß die Generalversammlung der Vereinten Nationen während ihrer 10. Sondertagung im Jahr 1978 erklärt hat, daß wirksamen Abrüstungsmaßnahmen und Verfahren zur Verhinderung von Atomkriegen die höchste Dringlichkeit zukommt, und sie forderte alle Kernwaffenstaaten, insbesondere diejenigen mit den wichtigsten Kernwaffenarsenalen, dringend dazu auf, die in dem Schlußdokument ausführlich dargestellten Maßnahmen zur Erlangung dieses Zieles in der Praxis zu verwirklichen. Es bereitet tiefste Betroffenheit und große Sorge, daß in den seither vergangenen Jahren kein wirklicher Fortschritt erzielt wurde, und daß das atomare Wettrüsten sowohl quantitativ wie auch qualitativ uneingeschränkt fortgesetzt wird.

502. Wenn man auf dem Wege der nuklearen Abrüstung vorankommen will, ist es unbedingt erforderlich, so klar wie irgend möglich die Probleme zu bestimmen, denen man entgegentreten und die man lösen muß. An erster Stelle steht zweifellos das Ausmaß an sich und die Komplexität des Wettrüstens. Nach jüngsten Angaben gibt die Welt jedes Jahr den schwindelerregenden Betrag von über 500 Milliarden Dollar für das Wettrüsten aus, das entspricht einer Million Dollar pro Minute. Zweitens, für keinen anderen Bereich menschlicher Tätigkeit wird ein Betrag für Forschung und Entwicklung ausgegeben, der mit dem für die Rüstungsindustrie verschwendeten vergleichbar wäre. Drittens fehlt es bei jenen, die es angeht, an politischer Willenskraft, die dringende Notwendigkeit von Schritten zur nuklearen Abrüstung zu akzeptieren. In einer Welt, die von Angst und Mißtrauen beherrscht wird, scheinen die politischen Bedingungen für eine wirkliche Abrüstung noch weit entfernt zu sein. Auch muß betont werden, daß wirtschaftliche Ungleichheit ein äußerst destabilisierender Faktor in internationalen Beziehungen darstellt und daß Abrüstung in einem Klima schwerwiegender und zunehmender wirtschaftlicher Ungleichheit nicht erfolgreich durchgeführt werden kann.

503. Darüber hinaus spielt unbestreitbar der sog. MIK, der Militärisch-industrielle Komplex eine Rolle, die offensichtlich darin besteht, aus der Fortsetzung und Steigerung des Wettrüstens einen Vorteil zu ziehen. Es ist ein Gebot für die führenden Politiker der Welt, diese Kräfte unter Kontrolle zu halten, und sich nicht umgekehrt von ihnen kontrollieren zu lassen. Sie sollten damit ihrer Verantwortung gerecht werden, die darin besteht, die internationale Sicherheit durch ein niedrigeres Rüstungsniveau zu erhöhen, und schließlich ein Sicherheitssystem zu schaffen, das nicht auf dem Einsatz oder der Drohung mit dem Einsatz von Gewalt beruhen wird.

504. Die Schaffung von Vertrauen zwischen den Nationen ist von ausschlaggebender Bedeutung für den Weltfrieden und die internationale Sicherheit. Ohne Vertrauen zwischen den Staaten können die politischen Bedingungen für die Durchsetzung der Abrüstung nicht herbeigeführt werden. Abrüstungsmaßnahmen könnten aber umgekehrt das Vertrauen zwischen den Staaten erhöhen und diese Wechselbeziehung könnte sich somit in beiden Richtungen auswirken. Dies kann jedoch die grundlegende Tatsache nicht in Frage stellen, daß Vertrauen für die Abrüstung unbedingt erforderlich ist. Abrüstung darf sich nicht nur auf die Zusicherungen stützen, daß die vereinbarten Abrüstungsmaßnahmen auch durchgeführt werden und die Einhaltung in angemessener Weise kontrolliert wird, sondern auch auf eine Haltung gegenseitigen Vertrauens. Staaten und insbesondere militärisch wichtige Staaten dürfen nicht zur Verfolgung ihrer Ziele auf Gewalt, Drohung mit der Gewalt oder Einmischung in die inneren Angelegenheiten anderer Staaten zurückgreifen, da dies unweigerlich das für die Verwirklichung des Abrüstungsprozesses notwendige Vertrauen zerstören würde. Viele Menschen nehmen auch an, daß eine Kürzung der Rüstungsausgaben und die Verringerung militärischer Aktivitäten von Bündnissen ebenso wie eine gewisse Offenheit bei militärischen Angelegenheiten das Vertrauen der Staaten untereinander erhöhen könnten.

505. In der Geschichte gibt es viele Beispiele dafür, daß vormals gegnerische Staaten sich nun friedlicher Beziehungen erfreuen, die auf einem Klima gegenseitigen Vertrauens beruhen und die durch friedliche Zusammenarbeit und ein hohes Maß an wechselseitiger Abhängigkeit gekennzeichnet sind. Die Bandbreite der Zusammenarbeit umfaßt nicht nur Handel und wirtschaftliche Zusammenarbeit, sondern auch kulturelle und wissenschaftliche Kontakte. Weltweite friedliche Zusammenarbeit zwischen den Staaten würde zu einer Situation führen, die nicht nur durch die bloße

Abwesenheit bewaffneter Auseinandersetzungen gekennzeichnet wäre, sondern auch durch die Einhaltung eines wirksamen Systems des Weltfriedens und der internationalen Sicherheit.

506. Es besteht somit die Notwendigkeit, die Alternative zum fortlaufenden Wettrüsten in allen ihren einzelnen Konsequenzen darzulegen. Solange die Auswirkungen nicht von allen Betroffenen allgemein akzeptiert werden, insbesondere von den Supermächten, die das gegenwärtige System als für sie vorteilhaft betrachten, wird weiterhin der politische Wille dazu fehlen, einen entscheidenden Wandel herbeizuführen. Der Weg zur nuklearen Abrüstung ist somit lang und schwierig.

507. Die wichtige Frage ist dann, was kann unternommen werden, um eine entscheidende Veränderung herbeizuführen, den notwendigen politischen Willen zu schaffen, um auf diese Situation Druck auszuüben und damit zu beginnen, nach allgemein annehmbaren Lösungen zu suchen? Das Schlußdokument der 10. Sondertagung der Generalversammlung der Vereinten Nationen gibt einen Überblick über die vorrangig zu verfolgenden Zielsetzungen und die wichtigsten Methoden, die bei der zukünftigen Suche nach internationaler Sicherheit und Abrüstung angewendet werden müssen. Unter diesen Schritten muß die Notwendigkeit, ein umfassendes Abrüstungsprogramm anzunehmen, nachdrücklich unterstrichen werden. Dieses Programm sollte in umfassender Weise unter aktiver Beteiligung aller Staaten verwirklicht werden. In diesem Zusammenhang besteht die fortdauernde Pflicht, die Vereinten Nationen als das Hauptinstrument nicht nur bei der Erzielung internationaler Übereinkommen im Bereich der Abrüstung, sondern auch bei der Entwicklung internationaler Zusammenarbeit und wechselseitigen Zusammhangs zu beteiligen.

508. Um dazu beizutragen, den notwendigen politischen Willen zur Abrüstung herbeizuführen, müssen die Vereinten Nationen ihr Bemühen fortsetzen, eine stärkere Beteiligung ihrer Mitglieder bei Diskussionen und Verhandlungen über konkrete Abrüstungsvorschläge zu erreichen. Der laute Ruf der Öffentlichkeit nach dauerhaftem Frieden und echter Abrüstung ist zusätzlich eine wichtige politische Kraft, die von den Vereinten Nationen in Zusammenarbeit mit nicht-staatlichen Organisationen und Persönlichkeiten weiter mobilisiert werden könnte. Die Vereinten Nationen müssen aktiver dabei werden, nicht-staatliche Organisationen und Persönlichkeiten in die Abrüstungsbemühungen einzubeziehen mit dem Ziel, einen starken weltweiten öffentlichen Druck in Abrüstungsfragen aufzubauen.

509. Dieser Weg zur Abrüstung ist notwendigerweise eine langfristige Anstrengung, doch ist es dringend notwendig, daß wirksame Schritte in diesem Sinne unternommen werden. Als Ergebnis der 10. Sondertagung sind die Vereinten Nationen dabei, wirksamere Instrumente und Apparate zu schaffen, um Informationen und notwendige Kenntnisse für die offiziellen Diskussionen und Verhandlungen über Abrüstung zur Verfügung zu stellen, wie auch die nicht-staatlichen Organisationen bei ihrem Bemühen um Meinungsbildung zu unterstützen. In diesem Zusammenhang beginnen die verschiedenartigen Untersuchungen zur Abrüstung wie auch die Bereiche von Training und Ausbildung Beachtung zu finden und stellen ein wichtiges Element für das langfristige Ziel dar, das Verständnis für diese Fragen zu erweitern.

510. Eine wichtige Voraussetzung für die Kontrolle und den Abbau von Kernwaffen ist die Verfügbarkeit von geeigneten Mitteln, mit denen überprüft werden kann, daß sich die Staaten an die zu diesem Zweck getroffenen Vereinbarungen halten. Die Art der Verifikationverfahren werden sich bei den jeweils anliegenden besonderen Abrüstungsmaßnahmen unterschiedlich gestalten. Ein wichtiges Beispiel ist das System der Internationalen Atomenergie-Organisation (International Atomic Energy Agency, IAEA) für die Überwachung, daß keine spaltbaren Materialien aus der friedlichen Nutzung zu militärischen Zwecken abgezweigt werden. In allen Bereichen müssen die Fähigkeiten zur Überprüfung der Verwirklichung der Abrüstung mit Beteiligung aller Nuklear- und Nicht-Nuklearstaaten vorangetrieben werden. Es scheint wesentlich zu sein, daß die internationale Gemeinschaft mit der Kompetenz ausgestattet und bevollmächtigt wird, auf zuverlässige Weise die Einhaltung der Abrüstungsmaßnahmen zu überprüfen. In diesem Zusammenhang sind die Einrichtung einer Abrüstungsorganisation, einer internationalen Satelliten-Aufklärungs-Behörde wie auch anderer auf ähnlichen Forderungen beruhender Institutionen äußerst wichtig.

511. Es ist offensichtlich, daß die Anwendung der modernen Wissenschaft für militärische Zwecke eine treibende Kraft des nuklearen Wettrüstens darstellt. Verhandlungen über nukleare Abrüstung müssen deshalb nach Mitteln und Wegen suchen, um den Beitrag wissenschaftlicher Forschung und Entwicklung zum Rüstungswettlauf wirksam unter Kontrolle zu bringen, insbesondere im Hinblick auf das nukleare Wettrüsten. Es war dieser Zusammenhang, der ein umfassendes Versuchsverbot für viele Jahre als unabdingbar erscheinen ließ.

512. Nukleare Abrüstung muß, wenn sie sinnvoll und umfassend sein soll, in weltweitem Zusammenhang verfolgt werden. Man muß dabei voraussetzen, daß in einem ersten Schritt die beiden Hauptkernwaffenstaaten erste Reduzierungen in ihren Kernwaffenarsenalen vornehmen und die qualitative Weiterentwicklung ihrer Kernwaffensysteme wirksam und maßgeblich einschränken müssen. Sie sollten diese Ziele im Rahmen bilateraler Verhandlungen zu erreichen suchen. Wenn diese Verhandlungen außerdem positive Reaktionen bei den anderen Kernwaffen- und Nicht-Kernwaffenstaaten hervorrufen sollen, ist es von Bedeutung, daß die Vereinigten Staaten und die Sowjetunion die Sicherheitsinteressen aller Staaten berücksichtigen und den Genfer Abrüstungsausschuß und andere relevante Institutionen über den Fortschritt bei ihren bilateralen Verhandlungen – über die Bereiche, in denen sie übereinstimmen oder Meinungsverschiedenheiten haben, etc. – informiert halten. Das gleiche gilt für die nukleare Abrüstung, die auf allen Ebenen und in allen Regionen der Welt verfolgt werden muß.

513. Bisher wurden die Gespräche der Supermächte über die Begrenzung strategischer Waffen (SALT) unter der Voraussetzung der nuklearen Parität und im Rahmen des anhaltenden Vertrauens in das Gleichgewicht der wechselseitigen Abschreckung geführt. Allgemein nimmt man an, daß es selbst bei diesem Vorgehen möglich sein könnte, durch den Abbau der enormen Zahlen der bestehenden strategischen und taktischen Kernwaffen eine neue Parität auf einem viel niedrigeren Niveau der Rüstung zu finden. Die im Rahmen von SALT getroffenen Vereinbarungen haben bisher noch zu keinem solchen Abbau geführt und sind auch dabei gescheitert, dem Wettrüsten eine Schranke zu setzen.

514. Eine andere Schwierigkeit liegt in dem Gedanken der Parität selbst. Die Waffensysteme der beiden Supermächte sind insofern tatsächlich asymmetrisch, als sie im Hinblick auf Einsatz, Stärke und Wirksamkeit nicht absolut gleich sind. Obwohl dies als Tatsache zwischen den betroffenen Supermächten akzeptiert sein dürfte, haben China und Frankreich die Haltung eingenommen, daß sie an Verhandlungen über strategische Waffen erst teilnehmen werden, nachdem die Supermächte ihre Arsenale beträchtlich verringert haben.

515. Es ist offensichtlich, daß die beiden Supermächte ständig dringend dazu aufgefordert werden, die ersten Schritte zu unternehmen, um ihre jeweilige Rüstungseskalation anzuhalten, zurückzuschrauben und den größten Beitrag zum Prozeß der nuklearen Abrüstung zu leisten. Die Staa-

tengemeinschaft der Welt muß auf raschere und substantielle Ergebnisse bei den SALT-Verhandlungen drängen. Gleichzeitig muß angesichts der Verbindung von strategischen und taktischen Streitkräften in beiden gegnerischen Blöcken die Aufmerksamkeit darauf gelenkt werden, die Stationierung von Kernwaffen für den Kriegsschauplatz in Europa (theatre nuclear forces, TNF) einzuschränken und rückgängig zu machen. Diese Anstrengungen verlangen ihrerseits, daß das Niveau der konventionellen Streitkräfte der Verhandlungspartner berücksichtigt wird.

516. Es wächst die Sorge darüber, daß sich die Zahl der Kernwaffenstaaten möglicherweise erhöht, wobei dies offen oder heimlich geschehen könnte. Dieses Problem verlangt eine ernste Beachtung durch die Weltstaatengemeinschaft, weil eine solche Entwicklung den Abrüstungsbemühungen völlig zuwiderlaufen würde. Zugleich sollten sogar größere Anstrengungen unternommen werden, um die vertikale Weiterverbreitung von Kernwaffen einzuschränken. Die Weltgemeinschaft hat entdeckt, daß auch die Probleme der horizontalen Proliferation ähnliche Schwierigkeiten wie die vertikale Proliferation einschließen. Da gibt es zum Beispiel die Fragen der Energiesicherheit, des Technologie-Transfers und der nuklearen Schutzmaßnahmen. Die Haltung derjenigen Kernwaffenstaaten, die Nachdruck ausschließlich auf die Verhinderung der horizontalen Proliferation legen, während sie zu politischen und militärischen „Sachzwängen" als Entschuldigung für die Langsamkeit bei der Einschränkung des nuklearen Rüstungswettlaufs Zuflucht nehmen, trägt nicht gerade zur wechselseitigen Vertrauensbildung in der internationalen Gemeinschaft bei.

517. Der Erfolg von Verhandlungen über einen regionalen Abbau der Kernwaffen könnte manchmal vom Erfolg der bilateralen Anstrengungen der beiden Supermächte und ihrer Verbündeten abhängen. Die Beziehung zwischen strategischen Kernwaffen, nuklearen Kriegsschauplatz- und Gefechtsfeldwaffen (strategic, „theatre" and tactical nuclear weapons) muß jedoch zunehmend berücksichtigt werden, wenn ein wirklicher Fortschritt in der nuklearen Abrüstung erreicht werden soll. In vielen Fällen müssen beim Abbau von Kernwaffen regionale Sicherheitsbedingungen berücksichtigt werden. Darunter würden Größe und Militärmacht der verschiedenen betroffenen Staaten oder Staatengruppen ein maßgeblicher Faktor sein. Somit kann in einigen Fällen ein regionales Vorgehen, unabhängig oder parallel zu bilateralen Anstrengungen erfolgen.

518. Die regionalen Situationen unterscheiden sich jedoch. In bestimmten Regionen sind Kernwaffen auf dem Territorium sowohl von Kernwaf-

fenstaaten wie auch von Nicht-Kernwaffenstaaten, die mit einem Kernwaffenstaat verbündet sind, stationiert. Kernwaffen sind auf Schiffen und U-Booten in verschiedenen Meeren stationiert, die an Gebiete von Kernwaffen- und Nicht-Kernwaffenstaaten angrenzen. Es gibt kernwaffenfreie Regionen und es müssen alle Anstrengungen unternommen werden, diesen besonderen Zustand zu erhalten. Schließlich sollte die Schaffung weiterer kernwaffenfreier Zonen auf regionaler Ebene und auf der Grundlage freiwilliger Vereinbarungen zwischen den betroffenen Staaten stark unterstützt werden.

519. Selbst wenn der Weg zur nuklearen Abrüstung lang und schwierig ist, es gibt keine Alternative zu ihm. Der Friede erfordert, die Gefahr eines Atomkrieges zu verhüten. Wenn die nukleare Abrüstung Wirklichkeit werden soll, muß die Festlegung auf die gegenseitige Abschreckung durch ein Gleichgewicht des Schreckens fallengelassen werden. Die Vorstellung, den Frieden, die Stabilität und das Gleichgewicht in der Welt durch die Fortdauer der Abschreckung bewahren zu können, ist vielleicht der gefährlichste kollektive Irrtum, der heute existiert. Dieser Bericht hat im einzelnen das massive und tödliche Ausmaß der bereits existierenden Kernwaffen und ihre tägliche Zuwachsrate dargestellt: Er hat die überaus verheerenden Auswirkungen und Folgen beim Einsatz auch nur eines Bruchteils dieser riesigen Vorräte aufgezeigt. Der Bericht hat ferner die sog. taktischen Kernwaffen mit ihren zerstörerischen Wirkungen beschrieben. Doch muß betont werden, daß schon der Einsatz einer einzigen dieser Waffen zum unmittelbaren und unausweichlichen Vorspiel eines totalen nuklearen Holocaust werden könnte. Der vorliegende Bericht hat versucht, die gegenwärtig bestehenden Kontrollsysteme zu erörtern, doch hat er sich nicht von deren voller Wirksamkeit überzeugen können – trotz des hohen Entwicklungsgrades, der diesen Systemen von ihren Besitzern zugeschrieben wird. Die recht realistischen Aussichten auf eine Weiterverbreitung von Kernwaffen werden – solange den Kernwaffenmächten die Fähigkeit fehlt, das Wettrüsten *unter sich* zu beenden und umzukehren – unausweichlich die Welt mit einem vielschichtigen Problem sehr ernster Natur konfrontieren.

520. Solange wir uns darauf verlassen werden, daß das Konzept des Gleichgewichts nuklearer Abschreckung ein Mittel zur Aufrechterhaltung des Friedens ist, solange sind unsere Aussichten für die Zukunft dunkel und bedrohlich und so unsicher wie die brüchigen Annahmen, auf denen sie beruhen. Glücklicherweise ist dies nicht die einzige Alternative, die der

Menschheit offensteht. In den Vereinten Nationen steht uns eine Institution zur Verfügung, die für alle wichtigen Vorhaben und Stufen des Abrüstungsprozesses – wo nötig – genutzt werden sollte, etwa bei Verhandlungen oder Vereinbarungen, bei der Umsetzung in die Praxis, bei Überprüfung und Ratifizierung. Es ist dringend nötig, eine starke öffentliche Meinung zu schaffen, die allmählich den politischen Willen in allen Staaten herbeiführen soll, das Sicherheitsvertrauen von den Kernwaffensystemen auf ein anderes international vereinbartes Sicherheitssystem zu verlagern. Nur ein internationales Sicherheitssystem, das sich auf die Einhaltung der Grundsätze der Charta der Vereinten Nationen und andere universell anerkannte Instrumente des Völkerrechts stützt, kann die allseitig anerkannte Grundlage für die Sicherheit darstellen. Dieses Sicherheitssystem muß deshalb das Ziel sein, auf das die nukleare Abrüstung hinführt. Die Charta der Vereinten Nationen und die Kernwaffen sind zur gleichen Zeit entstanden. Der zukünftige Weg sollte zum vollen Vertrauen in die Charta führen und zur Beseitigung aller Kernwaffen.

Anhang I
Technische Beschreibung der Wirkungen von Kernwaffen

A. Die Druckwelle und ihre Wirkungen

Druckwelle

1. Unmittelbar nach einem Kernspaltungs- (oder Kernverschmelzungs-)Prozeß werden Kernbausteine mit enormer Geschwindigkeit ausgestoßen. Aufgrund von Kollisionen und anderer recht komplizierter Vorgänge werden die meisten dieser Partikel nach sehr kurzer Entfernung abgebremst und geben ihre Energie schließlich an die sie umgebende Luft ab. In einiger Entfernung vom Detonationspunkt macht sich dieser Vorgang als sehr schnelles Ansteigen des Luftdrucks, dem sogenannten statischen Überdruck, bemerkbar, der von stürmischen Winden, dem sogenannten dynamischen Überdruck, begleitet ist. In älteren Texten wird die Höhe des Überdrucks gewöhnlich in Atmosphären (atm) oder in Pfund pro Quadratzoll (pounds per square inch, PSI) angegeben. Die neue internationale Einheit heißt Mega Pascal (MPa; 1 MPa enspricht ungefähr 10 Atmosphären oder 145 PSI). Um die Lektüre dieses Anhangs zu erleichtern, wird der Überdruck in allen drei Maßeinheiten angegeben.

2. Verglichen mit der Druckwelle einer großen chemischen Explosion hält die Druckwelle einer Kernexplosion, Waffen mit sehr kleinen Detonationswerten ausgenommen, beträchtlich länger an – in der Größenordnung von 1 Sekunde bei einer 20 KT-Detonation und von mehreren Sekunden bei einer 1 MT-Detonation. Der von der Druckwelle verursachte Schaden nimmt mit der Dauer und mit der Stärke des statischen wie des dynamischen Überdrucks zu. Deshalb verursacht eine Kernexplosion in einer gegebenen Entfernung bei gleicher Überdruckspitze eine größere Zerstörung als eine chemische Explosion.

3. Unabhängig von der Bauart der Waffe setzen alle nuklearen Luftdetonationen einen großen Teil ihrer gesamten Energie als Druck frei. Bei einer „Standardwaffe" beträgt dieser Anteil ungefähr 50%. Folglich haben Schäden überwiegend diese Ursache.

4. Zunächst möchte man glauben, daß die stärkste Druckwelle in einer vorgegebenen Entfernung vom Nullpunkt dann erzeugt würde, wenn die Kernwaffe in einer Bodendetonation gezündet wird. Dies trifft jedoch nicht zu, da die Luftdruckwelle von der Erdoberfläche reflektiert wird. Bei vorgegebenem Detonationswert

und einer vorgegebenen Höhe des Überdrucks gibt es immer eine ganz bestimmte Detonationshöhe, bei der eine größtmögliche Fläche mindestens von diesem Überdruck erfaßt wird. Diese Detonationshöhe ändert sich mit der jeweils gewählten Höhe des Überdrucks. Will man also ein solide gebautes Industriegebiet möglichst umfassend zerstören, müßte die Detonationshöhe etwas niedriger sein als bei größtmöglicher Zerstörung eines Wohngebietes.

5. Mit zunehmender Detonationshöhe nimmt der Überdruck, der die Erdoberfläche erreicht, sehr rasch ab. Wenn die Detonationshöhe unter dem für einen bestimmten Überdruck erforderlichen Optimalpunkt liegt, wird die Fläche, in der dieser Überdruck wirkt, etwas kleiner. In unmittelbarer Nähe des Nullpunktes verstärkt sich jedoch der Druck weiter, wenn die Luftdetonation allmählich in eine Bodendetonation übergeht. Ein großer Teil des Luftdrucks pflanzt sich als Druckwelle im Erdboden fort und bildet schließlich einen Krater. Dieser Krater entsteht, wenn zusätzlich zur Druckwelle der Feuerball das Erdreich zum Schmelzen und Verdampfen bringt. Allgemein geht man davon aus, daß man stark befestigten Bauwerken unter der Erde wie etwa Raketensilos schwere Schäden nur mit Boden- oder Untererddetonationen zufügen kann.[a]

Modifizierende Einflüsse

6. Das vom Überdruck einer bestimmten Stärke erfaßte Gebiet wird gewöhnlich in Form eines Kreises dargestellt. In der Wirklichkeit gibt es eine Reihe von Faktoren, die dieses Idealbild beeinflussen und verändern. Die wichtigsten von ihnen sind Eigenarten des Geländes wie Hügel, Bäume oder Gebäude in einer bewohnten Gegend. Weitläufiges Hügelland wird zum Beispiel die Wirkung der Druckwelle in einigen Gebieten verstärken, in anderen abschwächen. Diese Abschirmeffekte folgen nicht der Linie der optischen Sicht, weil die Druckwelle „um Ecken herum kommt", „sich über Anhöhen hinwegsetzt", „durch kleine Spalten hindurchkriecht", usw. Daher wird kein Gebiet, das irgendwie mit der Atmosphäre direkt verbunden ist, dem Überdruck entgehen. Wenn die Druckwelle von einer Bergwand, von einer Hauswand – innen oder außen – oder von einem ähnlichen Objekt zurückgeworfen wird, kann sich der Druck manchmal örtlich verstärken, manchmal abschwächen. Der Überdruck an der reflektierenden Fläche kann mehrfach den Spitzenwert der auftreffenden Druckwelle erreichen. In einer bebauten Gegend oder in einem hügeligen, bewaldeten Gelände werden die tatsächlichen Linien gleichen Überdrucks daher recht kompliziert aussehen.

Schäden durch die Druckwelle

7. In der Diskussion um die Wirkungen des Luftdrucks unterscheidet man gewöhnlich zwischen direkten und indirekten Schäden. Direkte Schäden liegen zum

Beispiel vor, wenn Mauern und Dächer einstürzen, weil eine Seite einem gewaltig ansteigenden statischen Druck ausgesetzt ist und die andere nicht. Direkte Schäden an Gegenständen wie Bäumen, Telefonmasten oder Metallkonstruktionen entstehen hauptsächlich durch starken Winddruck. Ein mäßiger Überdruck kann bei Menschen als direkten Schaden einen Riß des Trommelfells zur Folge haben, stärkerer Überdruck kann zusätzlich zu einer Blutung in den Lungen führen. Noch höherer Überdruck würde Luft über die Lungen in die Blutgefäße pressen und innerhalb weniger Minuten zum Tod führen. Im allgemeinen kann der Mensch ohne direkte tödliche Verletzungsgefahr einen viel höheren Überdruck ertragen als erforderlich wäre, um selbst stabile Gebäude sehr schwer zu beschädigen. Viel wahrscheinlicher sind Verletzungen und Todesfälle aufgrund indirekter Schäden, die von zusammenstürzenden Gebäuden, von durch die Luft geschleuderten Glassplittern und von anderen Trümmern verursacht werden oder von Sturmböen, welche die Menschen gegen feste Gegenstände schleudern. Denn all dies kann noch in Entfernungen vom Nullpunkt geschehen, in denen die unmittelbare Druckwelle dem Menschen direkt nur geringfügig schaden würde. Aber immerhin könnte zum Beispiel bereits ein so geringer Überdruck wie 0,015–0,02 MPa (0,15–0,2 atm oder 2–3 PSI) Menschen aus modernen Bürogebäuden hinausblasen.

8. Wenn man bedenkt, daß sich in einem angegriffenen Gebiet in der Regel Objekte unterschiedlicher Anfälligkeit gegen Druckwellen befinden, etwa mehr oder weniger stabil gebaute Gebäude, Wälder mit verschiedenen Baumarten unterschiedlicher Größe, und wenn man berücksichtigt, daß örtliche Geländeeigenheiten die Stärke des Überdrucks verändern können, dann ist ohne weiteres einsichtig, daß sich in den meisten Fällen ein sehr komplexes Bild der Druckschäden ergeben wird. Abgesehen von einem völlig verwüsteten Gebiet in der Nähe des Nullpunkts einer niedrigen Luftdetonation, können einige im Umkreis liegende Objekte wie Brücken oder Gebäude aus Stahlbeton nur mäßig beschädigt sein, während andere weiter entfernt liegende Objekte, etwa leicht gebaute Häuser, völlig eingestürzt sein können. Unter diesen Umständen und bei Berücksichtigung der vom Zufall abhängigen indirekten Druckverletzungen ist es ganz unmöglich, präzise anzugeben, in welcher Entfernung von einer Kerndetonation bei einem bestimmten Detonationswert und einer bestimmten Detonationshöhe Menschen noch eine Chance haben, die Druckwelle zu überleben. Einige Studien geben als grobe Schätzung an, daß in einem bewohnten Gebiet, welches einem Überdruck von mindestens 0,035 MPa (0,35 atm oder 5 PSI) ausgesetzt ist, genausoviele ungeschützte Personen überleben, wie in Gebieten sterben, die von einem geringeren Überdruck erfaßt werden. Folglich unterstellt man, daß innerhalb einer 0,035 MPa-Zone jeder Mensch durch den Druck getötet wird. Für militärisches Personal und Gerät oder für Personen in Schutzräumen gelten natürlich, abhängig von der angenommenen Art des Schutzes, andere Kriterien der Druckschadenanfälligkeit.

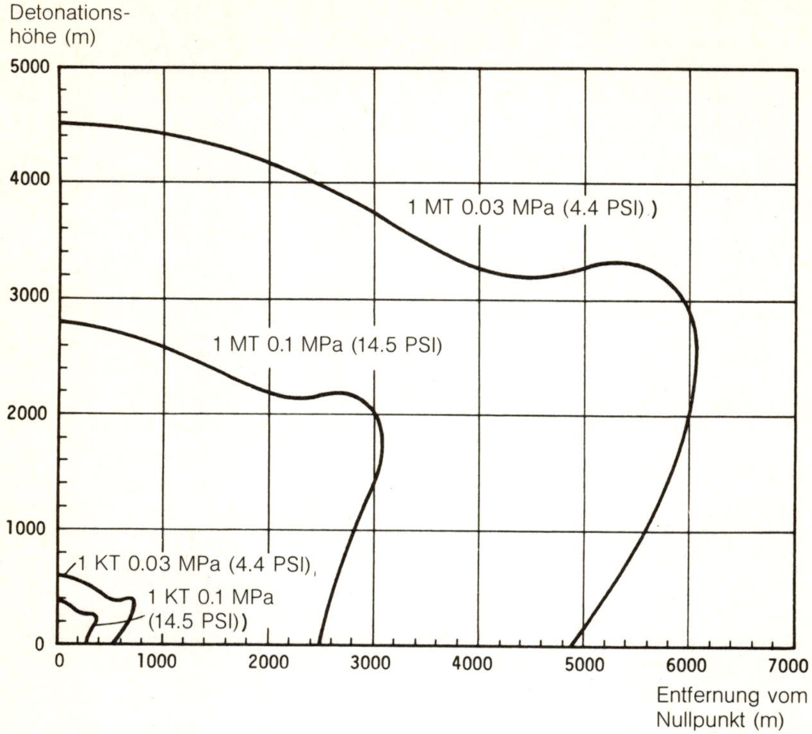

Abbildung A.1. Das Konzept der „optimalen Detonationshöhe"

Weil die Erdoberfläche die Druckwelle reflektiert, ist die Größe einer Fläche, die mindestens von dem vorgegebenen Überdruck erfaßt wird, abhängig sowohl von der Detonationshöhe als auch vom Detonationswert. Dies ist für jeweils zwei unterschiedliche Überdruck- und Detonationswerte dargestellt. Man kann zum Beispiel sehen, daß eine Bodendetonation von 1 MT etwa 4900 m vom Nullpunkt entfernt 0.03 MPa (Mega Pascal) Überdruck verursacht, während die gleiche Explosion bei einer Detonationshöhe von 2500 m den gleichen Überdruck noch 6000 m vom Nullpunkt erzeugt.

B. Thermische Strahlung und ihre Wirkungen

Thermische Strahlung

9. Ungefähr 35% der gesamten bei einer Luftdetonation freigesetzten Energie und etwa 25% bei einer Bodendetonation werden innerhalb der ersten Minute nach der Explosion als thermische Strahlung (in Form von Licht und Hitze) ausgestrahlt. Der größte Teil dieser Energie wird in den allerersten Sekunden freigesetzt.

10. Diese thermische Strahlung setzt sich ähnlich wie das Sonnenlicht aus etwas ultraviolettem Licht, doch überwiegend aus sichtbarem Licht und aus Infrarotstrahlung zusammen. Aus einiger Entfernung wird ein Beobachter daher als erstes Zeichen einer nuklearen Luftdetonation ein sehr helles Aufleuchten oder einen „Blitz" wahrnehmen und – abhängig von der Entfernung – eine mehr oder minder starke Hitzewelle. Objekte in einiger Entfernung zum Nullpunkt werden bei einer Bodendetonation von einer geringeren thermischen Strahlung getroffen als bei einer niedrigen Luftdetonation, weil das Erdreich, Felsen oder Wasser am Nullpunkt einen Teil der Wärmeenergie absorbieren und ein weiterer Teil von Unregelmäßigkeiten des umliegenden Geländes abgeschirmt wird. Bei sehr hohen Luftdetonationen, d. h. in Höhen von über 30 km (100000 Fuß), kann man die thermischen Wirkungen auf der Erdoberfläche vernachlässigen, es sei denn, es handelt sich um sehr hohe Detonationswerte in der Größenordnung von 10 MT oder mehr.

11. Wetter- und Geländebedingungen bestimmen wesentlich mit, wieviel thermische Energie von der Atmosphäre reflektiert und wieviel absorbiert wird. Nebel, Rauch und dichte Wolken lassen erheblich weniger thermische Strahlung ein Ziel erreichen als klares Wetter. Reflektierende Flächen hingegen, wie Schnee und Eis, verstärken die thermische Strahlung. Schließlich sei darauf hingewiesen, daß bei Untererd- oder Unterwasserdetonationen thermische Strahlung nur in unmittelbarer Nähe des Feuerballs wirksam wird, weil Erde oder Wasser die Hitze rasch absorbieren, wenn kein Durchbruch zur Oberfläche erfolgt.

Schäden durch die thermische Strahlung

12. Bei klarem oder ziemlich klarem Wetter erleiden Menschen noch in beträchtlicher Entfernung vom Nullpunkt auf der ungeschützten Haut Verbrennungen zweiten Grades. Abbildung A.2 gibt einen ungefähren Anhalt für diese Entfernungen. Verbrennungen zweiten Grades auf 30% der Hautfläche haben einen ernsthaften Schock zur Folge und verlangen im allgemeinen innerhalb weniger Stunden eine medizinische Versorgung, wenn man überleben will. Ohne ärztliche Versorgung führen Verbrennungen dritten Grades auf ungefähr 25% der Hautfläche zum Tode. Bekleidung bietet abhängig von der Stärke und dem Material des Gewebes einen

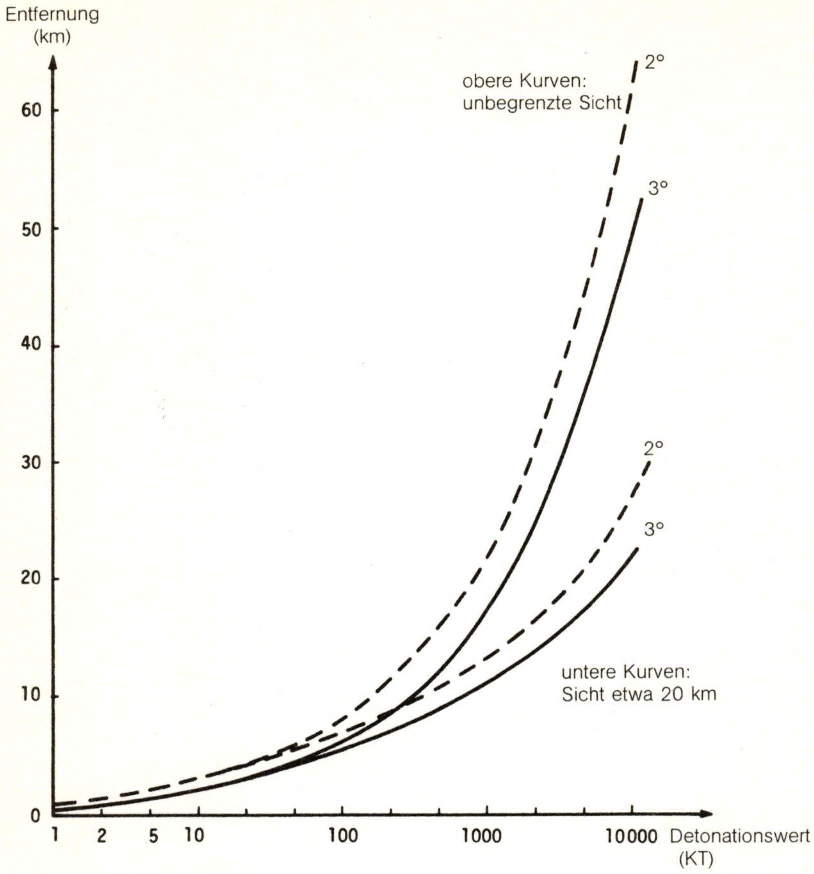

Abbildung A.2. Entfernungen für unmittelbar von der Detonation verursachte Verbrennungen

Die Entfernung vom Nullpunkt, innerhalb der die thermische Strahlung Hautverbrennungen hervorrufen kann, hängt stark vom Detonationswert und von der Wetterlage ab. Das Diagramm zeigt die theoretisch ermittelte Entfernung für Verbrennungen zweiten und dritten Grades als Funktion des Detonationswertes, und zwar bei klarem Wetter sowie für einen (theoretisch unterstellten) leeren Raum.

gewissen Schutz, doch kann sie auch Hitze zur Haut weiterleiten und (oder) Feuer fangen.

13. Meistens sind Gesicht und Hände bei Personen, die nicht vorgewarnt wurden und sich nicht schützen konnten, der Wärmestrahlung unmittelbar ausgesetzt. Zusätzlich zum Risiko von Hautverbrennungen reagieren die Augen sehr empfindlich auf das ausgestrahlte Licht. Der Lichtblitz einer 1 MT-Detonation kann am Tage in 20 km (13 Landmeilen) Entfernung und nachts auf 85 km (53 Landmeilen) Entfernung die Augen blenden und in etwas geringerer Entfernung die Netzhaut verbrennen. Auch wenn die Sehkraft nach einer Blendung durch den Lichtblitz schließlich wieder zurückkehrt, kann die zeitweise Blendung in einer kritischen Situation, wie beim Lenken eines Fahrzeuges, ernste Unfälle verursachen. Selbst wenn die Verletzungen im medizinischen Sinn nicht gravierend sind, können doch ein verbranntes Gesicht oder verbrannte Hände in der Zeit nach der Kernexplosion eine ernsthafte Behinderung bedeuten. Weil je nach Lage der Dinge weite Gebiete von der thermischen Strahlung erfaßt werden, können derartige Verletzungen bei einer erheblichen Zahl von Personen auftreten.

C. Brände

14. Die thermische Strahlung ruft nicht nur Blendungen und unmittelbare (vom Lichtblitz ausgehende) Hautverbrennungen hervor, sie entzündet auch brennbares Material. Dabei kann es sich um Gardinen, um Teppiche, Betten und um Möbel im Inneren von Gebäuden handeln, denn Fensterglas kann die thermische Strahlung nicht merklich zurück halten. Als Folge dürften ausgedehnte Gebäudebrände selbst noch in Entfernungen zu erwarten sein, in denen die Druckwelle keinen allzu großen Schaden anrichtet. Abhängig vom Wetter, von der Bodenfeuchtigkeit usw. werden Papier- und Plastikabfälle, trockenes Holz, trockenes Gras und Blätter in einem mehr oder minder großen Gebiet in Flammen aufgehen. Allgemein nimmt man jedoch an, daß die Menge an brennbarem Material dieser Art in vielen Stadtgebieten der heutigen Industriegesellschaft nicht ausreicht, um größere Brände zu verursachen. Große Unsicherheit besteht hingegen hinsichtlich der gegenseitigen Beeinflussung von Druckwelle und Feuer. Einerseits wird die Druckwelle viele Feuerherde löschen, die von der thermischen Strahlung herrühren, andererseits wird sie an bestimmten Stellen mehr Trümmer zurücklassen, somit mehr brennbares Material schaffen und auf diesem Wege das Risiko für sich später ausbreitende Brände erhöhen.

15. Eine weitere Ursache für Brände in Stadtgebieten können durch die Druckwelle beschädigte Kochherde, Heißwassergeräte, Öfen, elektrische Kabel und Gasleitungen sein. Wenn Kernwaffen über bewaldeten Gebieten – wie zum Beispiel auf einem Gefechtsfeld – gezündet werden, können bei trockenem Wetter druckbeding-

ter Baumbruch zusammen mit möglichen Waldbränden gefährliche Situationen für die Menschen in solchen Gebieten heraufbeschwören.

16. Die durch die thermische Strahlung oder indirekt durch die Druckwelle entfachten einzelnen Feuerherde können sich unter gewissen Umständen zu einem großflächigen Feuer entwickeln. Diese können entweder die Form eines Feuersturmes annehmen, bei dem kräftige Winde in Richtung auf einen Brandherd mit extrem hohen Temperaturen wehen, oder sie können in Form einer Feuersbrunst auftreten, die als Feuerfront vor umlaufenden Winden dahertreibt. Wohlbekannte Beispiele für Feuerstürme sind neben dem in Hiroshima, die Brände in Dresden, Hamburg und Tokio, die während des Zweiten Weltkrieges durch den Abwurf herkömmlicher Fliegerbomben entstanden. Von diesen Bränden eingeschlossene Menschen überlebten häufig nicht einmal in Schutzräumen, sondern fielen häufig der Hitze und dem Erstickungstod zum Opfer.

17. Selbst wenn kein Feuersturm entsteht, kann vielen Menschen, die sonst vielleicht überlebt hätten, in Stadtgebieten – und wahrscheinlich auch in Waldgebieten – der Fluchtweg durch druckbedingte Trümmer versperrt werden; oder sie könnten Beinverletzungen erleiden oder wegen Kopfverletzungen bewußtlos werden. Sie würden mithin sterben, weil sie nicht mehr in der Lage wären, selbst langsam sich ausbreitenden Bränden zu entfliehen. Schätzungsweise 50% der Todesopfer von Hiroshima sind direkt oder indirekt auf Brandverletzungen zurückzuführen. Nahezu zwei Drittel der Menschen, die wenige Tage überlebten und dann starben, sollen schwere Brandwunden gehabt haben. Die große Zahl von Brandverletzungen und Brandopfern in Hiroshima ist auf das Zusammentreffen mehrerer Faktoren zurückzuführen, die Brandverletzungen begünstigten: es war ein warmer klarer Tag und die Detonation erfolgte am Morgen, als sich viele Menschen außerhalb der Häuser aufhielten, usw. In jedem Fall muß man, wenn Kernexplosionen über oder in der Nähe von Stadtgebieten erfolgen, in diesen Verletzungsarten sehr wahrscheinlich eine der Hauptursachen für Todesopfer sehen, wenn nicht gerade außergewöhnliche Umstände herrschen. Dies gilt besonders für Waffen mit höheren Detonationswerten. Das Gebiet, in dem die thermische Strahlung stark genug ist, um Hautverbrennungen dritten Grades hervorzurufen oder leicht entzündbares Material in Brand zu setzen, ist bei ihnen beträchtlich größer als jene Region, die der gefährlichen Überdruckwelle oder der radioaktiven Anfangsstrahlung ausgesetzt ist.

D. Der elektromagnetische Impuls und seine Wirkungen

18. Eine Kerndetonation erzeugt – etwa wie ein Blitz – einen heftigen und kurzen elektromagnetischen Impuls (electromagnetic pulse, EMP), doch mit einer größeren Intensität und mit einer kürzeren Anstiegszeit. Die Mechanismen, die für die Erzeugung der elektromagnetischen Wellen in Form des EMP verantwortlich sind, sind

ziemlich verwickelt. Hauptsächlich hängen sie mit der Absorption von einigen der hochenergetischen Gammastrahlen zusammen, die durch Kernreaktionen unmittelbar bei der Detonation freiwerden. Während des Absorptionsprozesses werden Elektronen aus den Medien der Umgebung abgetrennt und es bleiben elektrisch geladene Atome (Ionen) zurück. Grob gesprochen verursacht die sehr rasche Trennung der Elektronen von den Atomen den elektromagnetischen Impuls, der sich dann mit Lichtgeschwindigkeit nach außen fortsetzt.

19. Obwohl der relative Anteil der von einer Kerndetonation als EMP freigesetzten Energie weniger als 0,01% der gesamten freiwerdenden Energie beträgt, ist dies in absoluten Zahlen doch eine beträchtliche Menge. EMP-Wellen und die von Rundfunk- (oder Fernseh-)Sendern ausgestrahlten elektromagnetischen Wellen haben zwar ähnliche Eigenschaften, aber sie unterscheiden sich in zwei wichtigen Punkten. Erstens umfaßt ein EMP elektromagnetische Wellen aller Frequenzen, von einem sehr niedrigen bis hin zu einem sehr hohen Frequenzbereich, während ein Rundfunksender nur auf einer oder auf wenigen Frequenzen sendet. Zweitens ist die Aufbau-Zeit und Dauer eines EMP extrem kurz – die Anstiegszeit ist tatsächlich ungefähr hundertmal kürzer als bei einem EMP, der von einem gewöhnlichen Blitz erzeugt wird. Folglich besteht ein EMP aus sehr starken elektromagnetischen Feldern – ungefähr eine Million mal stärker als die eines Rundfunksenders – die sich sehr schnell aufbauen (und ebenso schnell wieder abbauen). Wegen der kurzen Aufbauzeit des EMP sind Blitzableiter für elektrische und elektronische Geräte häufig nicht geeignet, um sich gegen die Wirkungen des nuklearen EMP zu schützen.

20. Ändert man die Detonationshöhe einer bestimmten Explosion, dann ändert sich auch deutlich die Stärke des EMP-Signals, das in einer bestimmten Entfernung vom Nullpunkt empfangen wird. Boden- oder niedrige Luftdetonationen von Waffen geringer Größe verursachen einen EMP, der elektrisches und elektronisches Gerät bis zu ungefähr 3 bis 10 km vom Nullpunkt entfernt erheblich beeinträchtigen kann – abhängig vom Detonationswert der Kernwaffe und von der Empfindlichkeit des Gerätes. Bei zunehmender Detonationshöhe bis hinauf zu etwa 10 bis 15 km (35000–50000 Fuß) wird die Stärke des EMP am Boden ständig abnehmen. Detonationen in noch größeren Höhen haben dagegen wieder einen starken EMP am Boden zur Folge. Dies ist auf das Zusammenwirken der von der Höhe abhängigen Luftdichte und des erdmagnetischen Feldes zurückzuführen. Der EMP einer derart hohen Detonation erstreckt sich auf ein weites Gebiet, da er sich vom Detonationspunkt in alle Richtungen geradlinig ausbreitet. Eine Kernexplosion in 80 km Höhe würde sich auf ein Gebiet mit einem Radius von 1000 km auswirken und eine Detonation in 160 km Höhe auf ein Gebiet mit einem Radius von ungefähr 1500 km. Eine Detonation in großer Höhe kann folglich am Boden selbst dort noch EMP-Schäden verursachen, wo alle anderen Detonationsfolgen (vielleicht mit Ausnahme der auf den Explosionsblitz zurückzuführenden Blendung während der Nacht) vernachlässigbar gering sind.

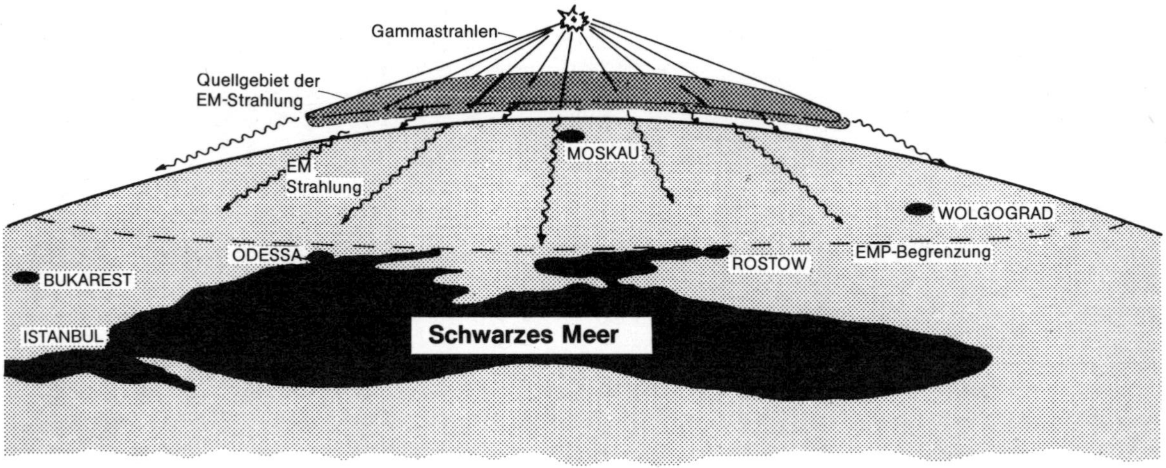

Abbildung A.3. Elektromagnetischer Impuls (EMP) bei Explosionen in großer Höhe

Eine Kernexplosion in einer Höhe von etwa 100 km über der Erdoberfläche verursacht EMP-Effekte in einem Umkreis von 1200 km. Würde man zum Beispiel Moskau als Nullpunkt wählen, dann würden die elektromagnetischen Störungen von der Halbinsel Kola bis an das Schwarze Meer reichen. Auch Teile Finnlands, Polens und Rumäniens würden in Mitleidenschaft gezogen. (Die Detonationshöhe und der Impulsherd sind im Vergleich zur Krümmung der Erdoberfläche stark verzerrt dargestellt.)

21. Die Energie des EMP wird genauso wie die Energie gewöhnlicher Radiowellen von Antennen aufgefangen oder von Vorrichtungen, die unbeabsichtigt wie Antennen wirken. Abhängig von ihrer Länge und von ihrer Ausrichtung – und auch abhängig davon, ob sie in der Luft, auf oder etwas unter der Erde angebracht ist – nimmt die Antenne mehr oder weniger EMP-Energie auf. Diese Energie kann dann – manchmal über weite Entfernungen – zu elektrischen oder elektronischen Anlagen fließen, die mit der Antenne verbunden sind. Je größer eine Antenne – oder etwa eine Telefonleitung oder ein elektrisches Kabel – desto mehr EMP-Energie nimmt sie auf.

22. Am Ende eines elektrischen Leiters kann der elektromagnetische Impuls ein empfindliches elektronisches Bauteil wie etwa einen integrierten Schaltkreis (large-scale-integrated, LSI, circuit) oder andere Komponenten eines Systems verschmoren und auf diesem Weg das gesamte System stören oder ganz zerstören. Eine Kettenreaktion könnte dann den Zusammenbruch des elektrischen Versorgungsnetzes und des Telefonnetzes herbeiführen. Alle Aussagen in diesem Bereich sind jedoch sehr unsicher.

E. Anfangsstrahlung

23. Druckwelle und Wärmestrahlung einer Kerndetonation und einer großen konventionellen (chemischen) Explosion unterscheiden sich im wesentlichen in ihren Größenordnungen. Die verschiedenen Auswirkungen spiegeln nur die unterschiedlich freigesetzten Energiemengen wieder. Eine Kernexplosion hat jedoch Folgen, die keine konventionelle Explosion haben kann: sie setzt unmittelbar Kernstrahlung frei und läßt radioaktive Teilchen entstehen, die über eine lange Zeit hin radioaktive Strahlung aussenden. Es ist üblich, diese Strahlung in zwei Komponenten aufzuteilen: eine Strahlung, die innerhalb einer Minute in der Nähe des Detonationspunktes auftritt, und jene Strahlung, die von radioaktiven Teilchen (fallout, Niederschlag) ausgeht, die während eines längeren Zeitraumes zu Boden fallen. Die erstgenannte Strahlung bezeichnet man als Anfangsstrahlung. Die Dauer von einer Minute wählte man, weil nach dieser Zeit bei einer Luftdetonation der Explosionspilz („mushroom cloud") mit den meisten radioaktiven Teilchen in eine Höhe aufgestiegen ist, von der aus nur noch vernachlässigbar geringe Mengen der Anfangsstrahlung die Erde erreichen können.

24. Die Anfangsstrahlung, die größtenteils in den ersten Sekunden nach einer Kerndetonation freigesetzt wird, besteht hauptsächlich aus schnellen Neutronen und Gammastrahlen. Nur ein Teil davon wird vom Material der Waffe absorbiert; gewaltige Strahlenmengen entweichen dagegen und bedeuten für Lebewesen und strahlungsanfällige elektronische Systeme eine ernsthafte Gefahr. Die Anfangs- (wie auch die Rückstands-)Strahlung kann für Waffen mit gleichen Gesamtdetonationswerten in einem beachtlich weiten Bereich verändert werden. Die Neutronen der Anfangsstrahlung verstrahlen darüber hinaus den Boden um den Nullpunkt herum,

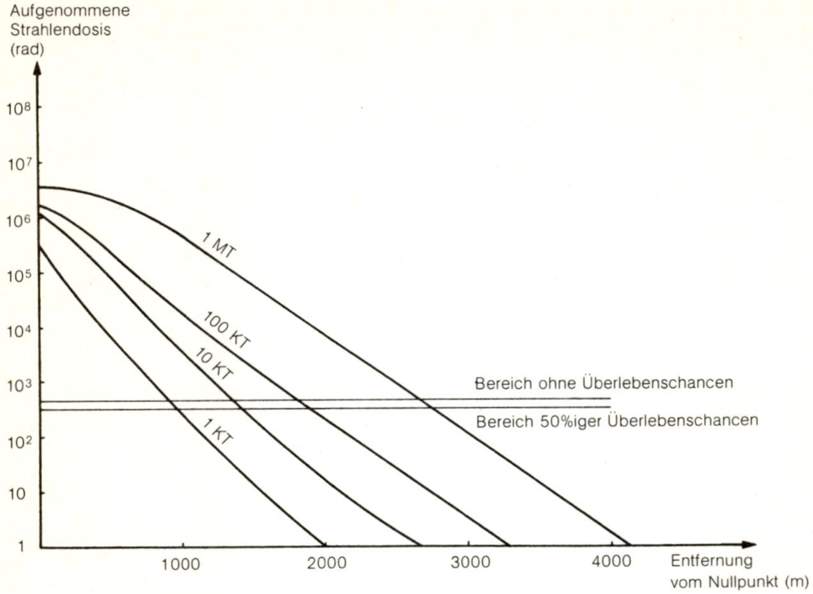

Abbildung A.4. Strahlendosis der Anfangsstrahlung in Abhängigkeit von der Entfernung vom Nullpunkt

Es ist deutlich zu sehen, daß die Anfangsstrahlung mit zunehmender Entfernung vom Nullpunkt rasch abnimmt. Die Kurven sind für folgende Detonationshöhen berechnet: 1 KT = 100 m; 10 KT = 215 m; 100 KT = 465 m; 1 MT = 1000 m. Die Abweichungen der 1 MT-Kurve sind verursacht von Geometriefaktoren und durch den Einfluß des Kernverschmelzungsanteil auf die Strahlung, sowie durch Verdünnung der umgebenden Luft, die die Schwächung der Strahlung mindert.

wobei das Ausmaß der radioaktiven Verseuchung stark von der chemischen Zusammensetzung des Bodens abhängig ist.

25. Die für die Einschätzung von Strahlenverletzungen und -schäden wichtigste Größe wird „Dosis“ genannt; sie gibt an, wieviel Strahlungsenergie eine bestimmte Einheit des bestrahlten Materials aufgenommen hat. Zusammenhänge zwischen verschieden hohen Strahlungsdosen und unterschiedlich starken Strahlenschäden beim Menschen und bei anderen Lebewesen werden in Abschnitt G dieses Anhangs behandelt.

26. In der Luft nimmt die Strahlung mit zunehmender Entfernung vom Nullpunkt sehr rasch ab. Daher kann die Entfernung von einem Ort, wo die Anfangs-

strahlung noch tödlich wirkt, zu einer Stelle, wo sie schon vernachlässigt werden kann, geringfügig sein. Allgemein verringern 400–600 m (0,25–0,40 Landmeilen) die Strahlungsdosis auf ein Zehntel. Mithin reduzieren 800–1200 m (0,5–0,8 Landmeilen) die Anfangsstrahlung auf ein Hundertstel. Diese Entfernungen ändern sich je nach Detonationswert und nach der Entfernung von der Detonation, wobei sie mit größeren Detonationswerten zunehmen. Einige Zusammenhänge zwischen aufgenommener Strahlendosis und Entfernung zur Detonation zeigt Abbildung A.4.

27. Wenn die Detonationshöhe zunimmt und von einer niedrigen in eine hohe Luftdetonation übergeht, verringert sich die Anfangsstrahlung, die den Erdboden erreicht, sehr rasch. Eine 1 MT-Detonation in 5 km Höhe würde ebenso wie eine 100 KT-Detonation in etwa 4 km Höhe eine vernachlässigbar geringe Strahlenbelastung am Nullpunkt verursachen.

28. Gegen die Anfangsstrahlung sind nicht nur Lebewesen, sondern auch manche elektronische Bauteile recht anfällig. Während ältere Geräte selbst hohen Strahlungsbelastungen standhalten, können moderne integrierte elektronische Schaltungen (LSI circuits) schon bei einer sehr geringen Strahlendosis nicht mehr richtig funktionieren oder völlig ausfallen. Zwar ist die Beschädigung eines jeden einzelnen Elementes eines Schaltkreises wenig wahrscheinlich, doch besteht der gesamte Schaltkreis aus so vielen Einzelteilen, daß die Wahrscheinlichkeit einer Störung oder eines Zusammenbruchs des gesamten Systems recht hoch ist. Auch Thyristoren [elektrische Schaltelemente, die ähnlich wie Transistoren arbeiten, Anm. d. Übers.], sind sehr empfindlich, wenn sie abrupt einer Strahlenbelastung ausgesetzt werden. Bei Explosionen mit geringen oder mittleren Detonationswerten können elektronische Systeme von der Anfangsstrahlung in Mitleidenschaft gezogen werden und gleichzeitig die Chance haben, die anderen schädlichen Folgen einer Kernexplosion zu überstehen. Derartige Systeme können zum Beispiel in militärisches Gerät eingebaut sein.

29. Ionisierende Strahlung durchdringt jedes Material und wird nur allmählich absorbiert. Um gegen sie wirksam geschützt zu sein, sind starke Schichten schweren Materials erforderlich. Als Grundregel gilt, daß die Strahlenabsorption um so besser ist, je schwerer das Material ist. Für den Schutz gegen Neutronenstrahlen gelten jedoch andere Regeln.

F. Rückstandsstrahlung (Fallout)

30. Zusätzlich zu den Gammastrahlen und den Neutronen der Anfangsstrahlung entsteht durch die Kernspaltung und wohl auch dadurch, daß die Neutronen das Material der Waffe zum Strahlen bringen, ebenfalls eine große Menge radioaktiver Elemente. Diese Elemente lagern sich an Partikel an, die von den Waffentrümmern und, im Falle einer Bodendetonation, auch vom Boden selbst stammen. Die von diesen Partikeln dann ausgehende Strahlung nennt man Rückstandsstrahlung. Bei

einer Boden- oder bodennahen Detonation verseuchen die Neutronen der Anfangsstrahlung auch den Boden radioaktiv. Ein Teil des Bodenmaterials wird in den Feuerball hineingesogen und erhöht entsprechend die Rückstandsstrahlung, die von den Kernspaltungs- und Waffentrümmern ausgeht. Eine Kernverschmelzung erzeugt dagegen keine radioaktiven Rückstandsprodukte. Die dabei auftretende Rückstandsstrahlung geht allein auf die Neutronenstrahlen zurück.

31. Radioaktive Elemente verlieren mit der Zeit ihre Radioaktivität, weil sie zerfallen („decay"). Die Zerfallszeit dauert je nach Element vom Bruchteil einer Sekunde bis hin zu vielen Jahren. Die beiden wichtigsten Elemente Strontium-90 und Caesium-137 haben zum Beispiel eine Halbwertszeit von ungefähr 30 Jahren und sind daher auf lange Zeit gesundheitsgefährdend. Kohlenstoff-14, der entsteht, wenn der Stickstoff der Luft mit Neutronen bestrahlt wird, hat eine Halbwertszeit von ungefähr 5800 Jahren. Es wird deshalb viele Generationen geringe Strahlendosen freisetzen.

32. Teilchen, von denen eine Rückstandsstrahlung ausgeht, bezeichnet man gewöhnlich als Fallout (radioaktiver Niederschlag). Aufgrund des radioaktiven Zerfalls ist der radioaktive Niederschlag um so weniger gefährlich, je später er den Boden erreicht. Früh einsetzenden Fallout gibt es nur bei Boden- oder sehr niedrigen Luftdetonationen. Deshalb haben diese Detonationsarten weitaus ernstere Folgen als Luftdetonationen in größerer Höhe.

33. Eine Bodendetonation erzeugt große und schwere radioaktive Teilchen, die innerhalb weniger Minuten dicht am Nullpunkt zu Boden fallen. Andere leichtere und kleinere Teilchen folgen dagegen dem Feuerball und der Explosionswolke weiter nach oben, treiben mit dem Wind und fallen dann in gleicher Richtung wie die vorherrschenden Winde über einem Gebiet zu Boden, dessen Umriß der Form einer Feder ähnlich ist. Obwohl diese Teilchen kleiner sind als jene, die näher am Nullpunkt entstehen, sind sie auf einer ebenen Fläche dennoch als Staub sichtbar, jedenfalls dann, wenn der Fallout so stark ist, daß er eine unmittelbare Gefahr darstellt. Dieser radioaktive Niederschlag beginnt nach weniger als einer Stunde zu Boden zu fallen und hält ein oder zwei Tage lang an, je nach der Entfernung zum Nullpunkt. Die kleinsten Teilchen werden schließlich in die Stratosphäre geschleudert – zumindest bei Explosionen mit hohem Detonationswert – und bleiben dort monate- oder jahrelang, bevor sie wieder auf den Erdboden sinken. Eine Luftdetonation hingegen, d. h. eine Detonation, bei welcher der Feuerball hoch über der Erdoberfläche liegt, läßt im wesentlichen alle von der Rückstandsstrahlung verseuchten Teilchen mit dem Feuerball und der Pilzwolke („mushroom cloud") aufsteigen. Diese werden sich schließlich ausbreiten und sich weltweit als verdünnter Fallout niederschlagen.

34. Über Ausmaß und Intensität des radioaktiven Niederschlags entscheidet eine Reihe von Faktoren, von denen der wichtigste die Wetterlage ist. Bei unsteten Winden oder bei umlaufenden Winden in unterschiedlichen Höhen nimmt das Gebiet radioaktiven Niederschlags eine sehr komplizierte Form an, möglicherweise

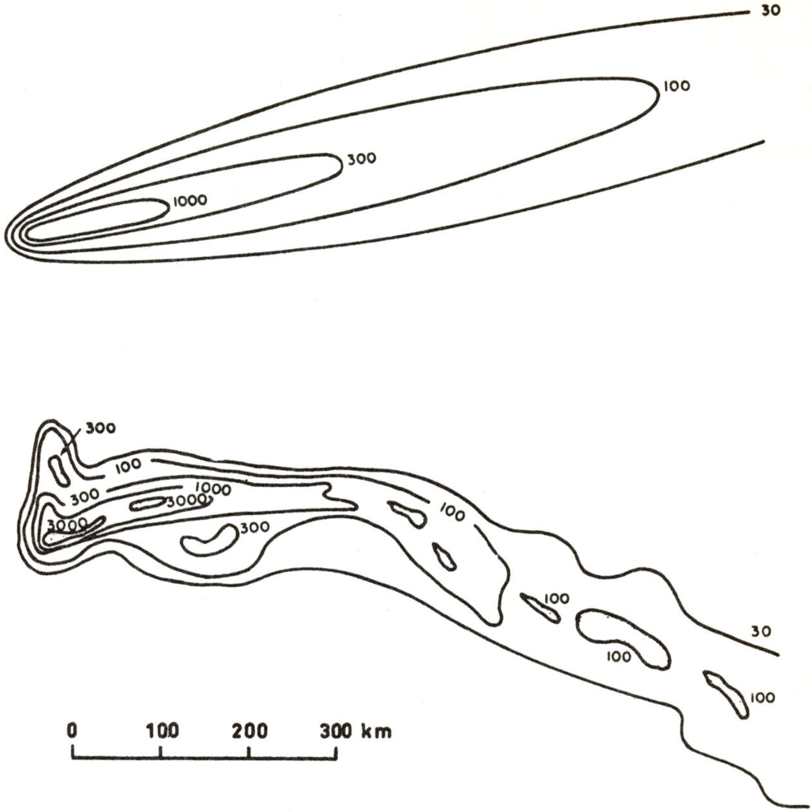

Abbildung A.5. Gebiete radioaktiven Niederschlags

Das obere Bild zeigt idealisierte Konturlinien gleicher Dosisleistung. Zahlen geben die Dosisleistung in rad pro Stunde an, und zwar 1 Stunde nach der Explosion. Das abgebildete Niederschlagsgebiet entspricht der Bodendetonation einer 10 MT Bombe mit 50%igem Fissionsanteil und einer tatsächlichen Windgeschwindigkeit von 50 km/Std. Das untere – hypothetische – Bild zeigt, wie die gleichen Konturlinien in der Wirklichkeit aussehen könnten. Man beachte die allgemeine Richtungsverlagerung des radioaktiven Niederschlaggebietes. (Aus: *Effects of Nuclear Weapons,* Washington 1977)

mit Stellen hoher Konzentration („hot spots"), so daß es in der Regel unmöglich ist, eine einigermaßen genaue Vorhersage zu machen. Bei Regen- oder Schneewetter kann eine Luftdetonation unter den Wolken, die normalerweise einen unerheblichen radioaktiven Niederschlag verursacht hätte, zu einem beträchtlichen und nicht vorhersagbaren lokalen Niederschlag führen, weil die radioaktiven Teilchen mit dem Regen (oder dem Schnee) zu Boden fallen. Allerdings ist dieser Vorgang eher bei Waffen mit geringen als mit hohen Detonationswerten von Bedeutung.

35. Der natürliche Zerfall der Radioaktivität ist der wichtigste Vorgang, der ein Gebiet wieder bewohnbar macht. Regen und Wind verkürzen die Zeit, welche erforderlich ist, damit irgendein Gebiet den Zustand „annehmbarer" Strahlungsstärke erreicht. Sie schwemmen radioaktive Teilchen ins Wasser, in den Erdboden usw., wo sie im allgemeinen weniger gefährlich sind als auf der Erdoberfläche. Schließlich kann auch eine Entstrahlung (Dekontamination) – sofern sie richtig durchgeführt wird –dazu beitragen, in begrenzten Gebieten die Strahlungsintensität zu verringern. Dennoch bleiben, wenn man die gegenwärtig gültigen Standards des Strahlenschutzes aufrechterhält, stark strahlenverseuchte Gebiete 10 oder mehr Jahre lang unbewohnbar.

G. Strahlenverletzungen

36. Kernstrahlung fügt biologischem Gewebe immer Schaden zu. Allgemein läßt sich sagen, daß dieser Schaden und die daraus entstehenden Strahlenverletzungen für den Organismus um so gefährlicher sind, je höher die aufgenommene Strahlendosis ist. Die Definition der „Strahlendosis" und verwandter Begriffe wie auch die jeweiligen Maßeinheiten sind in der Übersicht A.1 angegeben.

37. Nahezu die gesamte Anfangsstrahlendosis stammt von der sehr starken Strahlung, die innerhalb von Sekunden in unmittelbarer Nähe des Detonationsortes freigesetzt wird. Hohe Strahlendosen, die mit früh einsetzendem Fallout verbunden sind, stammen dagegen von einer schwächeren Strahlung, die während eines langen Zeitraums aufgenommen wird, der Stunden, Tage und in einigen Fällen sogar Monate dauern kann. Infolge der Regenerationsvorgänge im Körper wird eine über einen längeren Zeitraum verteilt aufgenommene Strahlendosis im allgemeinen als weniger schädlich angesehen als eine gleich hohe Dosis, die man in allerkürzester Zeit aufnimmt. Diese beiden Fälle sollen jedoch hier nicht weiter unterschieden werden.

38. Bei Menschen, Tieren und Pflanzen zerstört die aufgenommene Strahlendosis Gewebezellen, so daß Organe verletzt werden können. Das einzelne Lebewesen trägt dabei unterschiedliche Schäden davon, je nach der Art, der Höhe und Zusammensetzung der Strahlenbelastung und abhängig vom Alter und der allgemeinen Verfassung des Betroffenen.

39. Die Hauptgefährdung der sehr intensiven Rückstandsstrahlung geht von Teilchen aus, die außerhalb des menschlichen Körpers Gammastrahlen freisetzen. Aber auch beim Atmen, Essen und Trinken gelangen radioaktive Partikel in den Körper. Es ist in diesem Zusammenhang sehr wichtig, während der ersten Wochen kein radioaktives Jod-131 aufzunehmen, wobei Kinder besonders betroffen sind, weil es sich in der Schilddrüse anreichert und große Risiken einer Krebserkrankung der Schilddrüse nach sich zieht. Besonders gefährlich sind ebenfalls Strontium-90 und Caesium-137. Strontium wird von Rindern und Schafen hauptsächlich mit dem Gras gefressen und gelangt mit deren Milch und Fleisch in den menschlichen Körper. Caesium wird dagegen vom Wurzelwerk des Gemüses und anderer Pflanzen aufgenommen und gefährdet so in Form dieser Nahrungsmittel den Menschen. Während sich Strontium in den Knochen ablagert und Knochenkrebs, Leukämie usw. verursacht, verteilt sich Caesium fast gleichmäßig im ganzen Körper. Auch Plutonium wurde als mögliche Gefahr erwähnt. Allgemein zählt es jedoch nicht zu den gefährlichsten der bei einer Kernexplosion freigesetzten Bestandteile.

40. Bei der Diskussion menschlicher Strahlenverletzungen kann man drei Arten unterscheiden: Akute Strahlenverletzungen, erhöhte Wahrscheinlichkeiten für später auftretende Krebserkrankungen und genetische (erbliche) Schäden. Sofern nicht anders angegeben, wird im folgenden immer unterstellt, daß der ganze Körper der Strahlung ausgesetzt war [Ganzkörperbestrahlung] und daß die angegebenen Dosiswerte Durchschnittswerte für eine Ganzkörperdosis sind. Sie liegen ungefähr 30% niedriger als die in einigen anderen Veröffentlichungen angegebenen Oberflächendosiswerte (vgl. Übersicht A.1). Ferner ist unterstellt, daß keine weiteren Verletzungen vorliegen.

Akute Strahlenverletzungen

41. Bei einer aufgenommenen Strahlendosis von weniger als 100 rad treten im wesentlichen keine klinischen Symptome auf. Strahlenbelastungen im Bereich zwischen 100 und 200 rad würden akute Strahlenerkrankungen wie Übelkeit, Erbrechen, Durchfall und Erschöpfung verursachen. Bei den unteren Dosiswerten wäre davon ein kleiner Teil, bei den oberen der größte Teil einer der Strahlung ausgesetzten Bevölkerung betroffen. Geschädigte Blutkörperchen vermindern die Abwehrkraft des Körpers gegen Infektionen und verzögern die Heilung anderer Verletzungen. Im Bereich zwischen 200 und 400 rad werden bei den unteren Werten nach einem Monat 5 bis 10% Todesfälle eingetreten sein, bei den oberen Werten sind dagegen 90% oder mehr zu erwarten. Eine Überlebenschance von 50% hat man bis ungefähr 300 rad. Bei oberen und mittleren Werten des letztgenannten Bereichs treten schwere Strahlenkrankheiten auf, von denen man sich, wenn überhaupt, erst nach mehreren Monaten erholt. Schon in Friedenszeiten hilft eine ärztliche Behandlung wenig. Beim Auftreten von massenhaften Strahlenverletzungen sollte man daher von ihr außer einer lindernden Behandlung keine Hilfe erwarten. Strahlenbe-

Übersicht A.1. Einige Größen und Maß-Einheiten ionisierender Strahlung

Bezeichnung der Meßgröße	*Definition*	*Herkömmliche Maßeinheit*	*Maßeinheit des Internationalen Systems [SI-Einheit]*	*Bemerkungen*
Strahlungsstärke [Ionendosis]	Menge der von Gamma- oder Röntgenstrahlen in einer Maßeinheit trockener Luft erzeugten Ionen	Röntgen (R)	Coulomb pro Kilogramm (C/kg) 1 C/kg = 3 876 R	
Strahlungsintensität oder Strahlungsleistung [Ionendosisleistung]	Strahlungsstärke pro Zeiteinheit	Röntgen pro Stunde (R/h) Röntgen pro Sekunde (R/s)	Ampere pro Kilogramm (A/kg) 1 A/kg = 3 876 R/s	
Strahlendosis (aufgenommene Strahlendosis) [Energiedosis]	Menge der Energie, die von einer Einheit des absorbierenden Materials aufgenommen wird	rad [radiation absorbed dose] 1 rad = 0,01 J/kg [Joule pro Kilogramm]	Gray (Gy) 1 Gy = 1 J/kg = 100 rad	Eine Strahlungsstärke von 1 R entspricht einer Strahlendosis von ungefähr 0,9 rad in der Luft oder im Hautgewebe und einer Strahlendosis von ungefähr 0,7 rad in tiefem Gewebe (durchschnittliche Ganzkörperdosis)

Bezeichnung der Meßgröße	*Definition*	*Herkömmliche Maßeinheit*	*Maßeinheit des Internationalen Systems [SI-Einheit]*	*Bemerkungen*
Dosisleistung [Energiedosisleistung]	Strahlendosis pro Zeiteinheit	rad pro Stunde (rad/h) oder rad pro Sekunde (rad/s)	Gray pro Sekunde (Gy/s) 1 Gy/s = 100 rad/s	
Äquivalentdosis	Dosis zur Messung der relativen biologischen Wirkungen von Strahlengemischen [Produkt aus Strahlendosis und einem Bewertungsfaktor]	rem [radiation equivalent man]	Sievert (Sv)	Diese Größe ist die Grundlage der zivilen Strahlenschutzstandards (in Friedenszeiten). Für den Hauptteil der bei einer Kerndetonation freigesetzten Strahlung ist die Aequivalentdosis in rem ungefähr gleich der Strahlendosis in rad

lastungen von über 450 rad dürften tödlich sein, wobei der Tod in der Regel nach wenigen Wochen eintritt. Sehr hohe Strahlenbelastungen (Tausende von rad) führen zu einer Schädigung des zentralen Nervensystems mit Krämpfen, Zuckungen, Ataxie [Koordinationsstörung, Anm. d. Übers.] und Lethargie, wobei innerhalb von 1 bis 48 Stunden der Tod eintritt.

42. Säugetiere und Vögel sind von der Strahlung in ähnlicher Weise betroffen wie der Mensch. Es gibt jedoch einige niedere Lebewesen, die eine Strahlungsdosis von tausenden von rad überleben. Ähnliches gilt für die meisten Pflanzen.

Strahlenbedingter Krebs als Spätfolge

43. Es ist allgemein bekannt, daß große Strahlendosen die Wahrscheinlichkeit erhöhen, später an Krebs zu erkranken. Geringe Strahlendosen (d. h. in einer Größenordnung bis zu 10 rad) haben bisher die natürliche Häufigkeit von Krebserkrankungen statistisch nur unerheblich oder nicht feststellbar erhöht. Das heißt jedoch nicht, daß Strahlendosen dieser Höhe harmlos sind. Beim Strahlenschutz geht man gewöhnlich davon aus, daß bei geringen Strahlendosen zwischen der aufgenommenen Strahlendosis und der Wahrscheinlichkeit späterer Krebserkrankungen ein linearer Zusammenhang besteht. Der Internationalen Kommission für Strahlenschutz (International Commission on Radiological Protection, ICRP) zufolge[b] sind auf 10000 Mannrad jeweils ein bis zwei Todesopfer zu erwarten. (Die Maßeinheit Mannrad steht für eine „kollektive Strahlendosis" [„collective dose"], die definiert ist als das mathematische Produkt aus der durchschnittlichen Strahlendosis und der Zahl der Personen, die diese Dosis aufgenommen haben. 10000 Mannrad würde zum Beispiel eine Dosis von 1 rad bei 10000 Menschen, 10 rad bei 1000 Menschen bedeuten und so fort).

Genetische Auswirkungen

44. Die hier betrachteten genetischen Folgen äußern sich als Schädigung der Erbanlagen, die erst bei zukünftigen Generationen offen zu Tage treten. Sie entstehen durch strahlenbedingte Veränderungen in den Keimdrüsenzellen. Derartige Schäden können sich als Verminderung der Fruchtbarkeit bemerkbar machen, können sich in Frühgeburten äußern, in Totgeburten, in Geburten mißgebildeter Kinder oder in einer unspezifischen Schwächung des Allgemeinzustandes. Es ist schwierig, einen genauen Zusammenhang zwischen der Strahlendosis und der Häufigkeit genetischer Schäden herzustellen. Man nimmt jedoch an, daß er sich in etwa der gleichen Größenordnung bewegt wie das Verhältnis von Strahlendosis zu strahlenbedingten Krebserkrankungen. Nach Angaben der ICRP schätzt man, daß auf 10000 Mannrad ein schwerer genetischer Schaden kommt. Ungefähr die Hälfte aller Schäden wird in den ersten beiden Generationen manifest, die den bestrahlten Eltern folgen.

H. Mehrfachverletzungen und synergistische Wirkungen im allgemeinen

45. Die vorangegangenen Erörterungen haben sich hauptsächlich mit nur je einer Folgewirkung einer Kernexplosion befaßt und die gegenseitige Beeinflussung mehrerer Auswirkungen weitestgehend vernachlässigt. Tatsächlich wird es jedoch derartige Wechselwirkungen geben. Im allgemeinen erwartet man, daß sie synergistisch sind, das bedeutet, daß eine Kombination mehrerer Waffenwirkungen zu noch viel schwereren Folgen führt, als die Summe der Verletzungen und Schäden der einzelnen Auswirkungen zusammengenommen.

46. Für Untersuchungszwecke kann man unterstellen, daß bei einer Kerndetonation unmittelbare tödliche Ausfälle auf nur eine dominante Wirkung zurückgehen, d. h. auf jene, die in Anbetracht des Detonationswertes, der Detonationshöhe und unter Berücksichtigung des Umfanges der Schutzmaßnahmen die größte Breitenwirkung mit tödlichem Ausgang hat. Es gibt jedoch immer eine Zone, in der eine Detonationswirkung allein nicht zu einer großen Zahl von Todesopfern führt, in der aber dennoch viele Menschen sterben, weil mehrere Verletzungen gleichzeitig auftreten. Man hat dies bei den Menschen nach den Bombenabwürfen von 1945 in Japan festgestellt. Spätere Tierversuche haben zum Verständnis der daran beteiligten biologischen Vorgänge beigetragen. Sie hängen mit der durch die ionisierende Strahlung hervorgerufenen Zerstörung bestimmter weißer Blutzellen zusammen, die zu einem Zustand allgemeiner Schwäche und insbesondere zu einer Minderung der körperlichen Abwehrkräfte führt.

47. Besonders ernst scheint sich das Zusammentreffen von Hautverbrennungen und Stahlenbelastung auszuwirken. Eine so geringe Dosis wie 100 rad kann den Körper daran hindern, sich aus eigener Kraft von Brandverletzungen zu erholen und könnte mithin auch bei Personen zum Tode führen, die sonst ihre Verletzungen überstanden hätten. Ähnlich verhält es sich, wenn radioaktive Bestrahlung und von der Druckwelle verursachte mechanische Verletzungen zusammentreffen, wie tiefe Wunden von herumfliegenden Glas- und Holzteilen, Knochenbrüche, Schnittwunden und innere Verletzungen. Bei einer Strahlendosis von 200 rad können derartige Wunden, die sonst heilen würden, aufgrund einer Infektion oder wegen Blutverlustes tödlich sein. Die allgemeine Anfälligkeit gegen Infektionen kann viele Monate lang anhalten und selbst bei eigentlich leichten Verletzungen eine ernsthafte Komplikation bedeuten, besonders dann, wenn keine medizinische Versorgung vorhanden ist.

48. Kombinationsverletzungen mit einem Strahlenschadensanteil sind besonders häufig nach Detonationen mit niedrigen oder mittleren Detonationswerten (bis zu einigen –zig Kilotonnen). Dies ist auf die Tatsache zurückzuführen, daß die relative Stärke der verschiedenen Waffenwirkungen bei jeder vorgegebenen Entfernung vor allem vom Detonationswert abhängt.

49. Die von mechanischen und hitzebedingten Verletzungen zusammen hervorgerufene Belastung des Körpers würde wahrscheinlich auch jemanden töten, der ansonsten jede der Verletzungen für sich überstanden hätte. Man muß davon ausgehen, daß diese Kombination von Verletzungen häufig bei Luftdetonationen mit hohen Detonationswerten auftritt, da Personen in Reichweite der schädlichen Anfangsstrahlung nur geringe oder gar keine Chancen haben, die Druck- und Hitzewelle zu überleben.

50. Zusätzlich zu den synergistischen Wirkungen rein biologischer Art führt auf allen Ebenen – vom Individuum bis hin zur Gesellschaft als Ganzem – eine Kombination von menschlichen Verletzungen und materiellen Schäden zu einer Verschärfung der Situation nach einem Kernwaffenangriff. Als Beispiel für eine synergistische Wirkung dieser Art mag der Fall dienen, daß Personen nicht mehr entkommen können, weil sie mechanische Verletzungen erlitten haben oder in teilweise eingestürzten Häusern eingeschlossen sind und daher Bränden nicht mehr entfliehen können. Obwohl derartige Wechselwirkungen nicht auf Kernwaffenkriege beschränkt sind, sondern in jedem Krieg vorkommen, dürften sie doch nach einem Kernwaffenangriff besonders häufig sein. Aus diesem Grund kann man die Zahl der innerhalb etwa eines Monats nach einem Nuklearschlag auftretenden Todesopfer leicht unterschätzen.

Anhang II
„Sicherheitszusagen“ der Kernwaffenstaaten vor dem Genfer Abrüstungsausschuß im Jahre 1980

China

1. „Ein umfassendes Verbot von Kernwaffen und deren vollständige Zerstörung sind entscheidend dafür, daß ein Atomkrieg und atomare Bedrohungen vermieden werden. Wir sind uns bewußt, daß dies nicht einfach zu realisieren ist. Angesichts dieser Tatsache treten wir dafür ein, daß die Kernwaffenstaaten sich zumindest dazu verpflichten sollten, keine Kernwaffen gegenüber Nicht-Kernwaffenstaaten und kernwaffenfreien Zonen einzusetzen und sie nicht mit dem Einsatz dieser Waffen zu bedrohen. China hat aus eigener Initiative und einseitig bindend erklärt, daß es zu keiner Zeit und unter keinen Umständen als erster Kernwaffen einsetzen werde.“ (CD/139)

Frankreich

2. „Mit den Teilnehmern kernwaffenfreier Zonen zu verhandeln, um wirksame und verbindliche Verpflichtungen abzuschließen, die dazu geeignet sind, jeden Einsatz oder jede Drohung mit dem Einsatz von Kernwaffen gegen Staaten dieser Zonen zu verhindern.“ (CD/139)

Sowjetunion

3. „In einer neuen internationalen Abmachung die verbindliche Verpflichtung anzubieten, keine Kernwaffen einzusetzen oder mit deren Einsatz zu drohen gegenüber Nicht-Kernwaffenstaaten, die Unterzeichner einer solchen Konvention sind, auf die Herstellung und den Erwerb von Kernwaffen verzichten und keine Kernwaffen auf ihrem Territorium oder in Gebieten in ihrem Macht- und Kontrollbereich haben. Ferner sich verpflichten, immer dann in Beratungen einzutreten, wenn ein Unterzeichner der Konvention Grund zu der Annahme hat, daß andere Unterzeichner diese Verpflichtung verletzen.“

4. „Die Sowjetunion wünscht ihrerseits so nachdrücklich wie wir es nur zu betonen vermögen, daß wir gegen den Einsatz von Kernwaffen sind und daß nur außergewöhnliche Umstände, nur ein Angriff einer Nuklearmacht gegen unser Land oder seine Verbündeten uns dazu zwingen könnte zu diesem äußersten Mittel der Selbstverteidigung Zuflucht zu nehmen. Die Sowjetunion unternimmt jetzt und

in Zukunft alles, was in ihrer Macht steht, um den Ausbruch eines Atomkriegs zu verhindern und ihre Völker davor zu bewahren, Opfer eines nuklearen Angriffs zu werden, sei er ein Erstschlag oder ein Vergeltungsschlag. Dieses ist unsere unabänderliche Politik und wir werden in Übereinstimmung mit ihr handeln."

5. „Ich möchte auch feierlich erklären, daß die Sowjetunion niemals Kernwaffen gegen solche Staaten einsetzen wird, die auf die Herstellung und den Erwerb von Kernwaffen verzichten und auch keine auf ihrem Territorium haben." (CD/139)

Großbritannien

6. „Keine Kernwaffen gegen Staaten einzusetzen, die Vertragsparteien des Nichtverbreitungs-Vertrags oder anderer bindender Vereinbarungen über die Nichtherstellung und den Nichterwerb von Kernsprengkörpern sind, außer im Falle eines Angriffs auf Großbritannien, die von ihm abhängigen Territorien, seine Streitkräfte oder seine Verbündeten durch einen Staat, der mit einem Kernwaffenstaat assoziiert oder verbündet ist." (CD/139)

Vereinigte Staaten

7. „Keine Kernwaffen gegen einen Nicht-Kernwaffenstaat einzusetzen, der Vertragspartei des Nichtverbreitungs-Vertrages oder einer vergleichbaren international bindenden Vereinbarung über den Nichterwerb von Kernwaffen ist, außer im Falle eines Angriffs auf die Vereinigten Staaten, ihre Territorien oder Streitkräfte, oder ihre Verbündeten durch einen mit einem Kernwaffenstaat verbündeten oder assoziierten Staat, der den Angriff vornimmt oder unterstützt." (CD/139)

Anhang III
Charakteristika einiger wichtiger Kernwaffensysteme

Land	*Bezeichnung oder Name*	*Indienst-stellung*	*Reichweite in km*	*Anzahl*	*Nutzlast; Sprengkopf CEP, Bemerkungen*
Strategische Langstreckenbomber					
USA	B-52 C/D/E/F	1956	18500	83	27 t; Bomben
	B-52 G/H	1959	20000	265	34 t; Bomben, Hound Dog, SRAM
UdSSR	Mya-4 BISON[a]	1955	10000	59	9 t; Bomben, AS-4
	Tu-95 BEAR	1956	12500	100	18 t; Bomben, AS-3, AS-6
Luftgestützte strategische Waffen					
USA	Bomben			k. A.[b]	MT-Bereich
	Hound Dog	1961	1000	400	ALCM; 1 × KT-Bereich[c]
	SRAM	1972	150	1020	ALBM; 1 × KT-Bereich
UdSSR	Bomben				MT-Bereich
	AS-3 KANGAROO	1961	650	k. A.	ALCM; 1 × MT-Bereich
	AS-4 KITCHEN	1962	700	800[d]	ALCM; 1 × KT-Bereich
	AS-6 KINGFISH	1977	250	k. A.	k. A.
ICBM [Interkontinentalraketen]					
USA	Titan II	1962	11500	54	1 × 5-10 MT; CEP 1300 m
	Minuteman II	1966	13000	450	1 × 1-2 MT; CEP 400 m
	Minuteman III (konv.)	1970	13000	550 (zusammen)	3 × 170 KT MIRV; CEP 300 m
	Minuteman III (verb.)	1979	13000		3 × 350 KT MIRV; CEP 300 m

Land	*Bezeichnung oder Name*	*Indienst-stellung*	*Reichweite in km*	*Anzahl*	*Nutzlast; Sprengkopf, CEP, Bemerkungen*
UdSSR	SS-9 SCARP	1966	12000	8	1 × 10-20 MT; CEP 1000–1300 m
	SS-11 Mod. 1	1966	10500		1 × 1 MT;
	SS-11 Mod. 2 (konv.)	1973	k. A.	520	1 × 1 MT; CEP 1000–1800 m
	SS-11 Mod. 3 (konv.)	1973	k. A.		3 × 200 KT MRV;
	SS-13 SAVAGE	1969	8000	60	1 × 1 MT; CEP 1300 m
	SS-17 (konv.)	1977	k. A.	150	4 × 500 KT MIRV; CEP 300–600 m
	SS-18 Mod. 1 und 3	1976	10000	300	1 × 10-20 MT; CEP 1000–2500 m
	SS-18 Mod. 2 (konv.)	1977	k. A.		8 × 500 KT MIRV; CEP 300–600 m
	SS-19 (konv.)	1976	9000	300	6 × 500 KT MIRV; CEP 300–450 m
China	CSS-3	1976	7000	2?	k. A.
SSBN (Atom-U-Boote mit ballistischen Raketen)					
USA	mit Polaris A-3	1964		5	16 × A-3
	mit Poseidon C-3 (konv.)	1970		27	16 × C-3
	mit Trident C-4 (konv.)	1979		4	16 × C-4
	mit Trident C-4	1980?		1	24 × C-4
UdSSR	YANKEE I-Klasse	1968		29	16 × SS-N-6
	HOTEL III-konv. Klasse	1972		1	6 × SS-N-8
	DELTA I-Klasse	1973		12	12 × SS-N-8
	YANKEE II-Klasse	1974		1	16 × SS-NX-17
	DELTA II-Klasse	1976		11	16 × SS-N-8
	DELTA III-Klasse	1978		9	16 × SS-N-18
Frankreich	mit MSBS M-20	1977		4	16 × MSBS M-20
Großbrit.	mit Polaris A-3	1967		4	16 × Polaris A-3

Land	*Bezeichnung oder Name*	*Indienst-stellung*	*Reichweite in km*	*Anzahl*	*Nutzlast; Sprengkopf, CEP, Bemerkungen*
SLBM (**U-Boot gestützte ballistische Raketen**)[e]					
USA	Polaris A-3	1964	4600	80	3 × 200 KT MRV; CEP 900 m
	Poseidon C-3	1970	4600	432	10 × 40 KT MIRV; CEP 500 m
	Trident C-4	1979	7500	88	8 × 100 KT MIRV; CEP 500 m
UdSSR	SS-N-6 Mod. 1	1968	2400	464 (zusammen)	1 × 1 MT; CEP 1000–2500 m (zusammen)
	SS-N-6 Mod. 2 konv.	1973	2900		1 × 1 MT;
	SS-N-6 Mod. 3 konv.	1973	2900		2 × 200 KT MRV;
	SS-N-8	1973	7900	326	1 × 1 MT; CEP 1000–1500 m
	SS-NX-17	k. A.	k. A.	16	1 × 1 MT (MIRV-mögl.); CEP k. A.
	SS-N-18	k. A.	7500	144	3 × 200 KT MIRV; CEP 550–1000 m
Frankreich	MSBS M-20	1977	4800	64	1 × 1 MT; CEP k. A.
Großbrit.	Polaris A-3	1967	4600	64	3 × 200 KT MRV; CEP k. A.
ABM (**Abwehrrakete gegen ballistische Flugkörper**)					
UdSSR	ABM-1 GALOSH	1967	300	64	1 × KT-Bereich
LRCM (**Langstrecken Marschflugkörper**)					
UdSSR	SS-N-3 Shadock	1962	700	100	1 × KT-Bereich; auf Kreuzern und U-Booten stationiert
Mittelstreckenbomber[f]					
USA	FB-111	1970	6000	65	17 t; SRAM
UdSSR	Tu-16 Badger	1955	7500	613	9 t; Bomben
	Tu-22 M Backfire	1975	7500	72	9 t; Bomben, AS-4, AS-6
Großbrit.	Vulkan B2	1960	7500	48	10 t
China	Tu-16	k. A.	7500	(> 300)[g] (zusammen)	k. A.
	Tu-4	k. A.	7500		k. A.

Land	*Bezeichnung oder Name*	*Indienststellung*	*Reichweite in km*	*Anzahl*	*Nutzlast; Sprengkopf, CEP, Bemerkungen*
IRBM, MRBM (Mittelstreckenraketen)					
UdSSR	SS-4 SANDAL	1959	1900	500	1 × 1 MT; veraltend
	SS-5 SKEAN	1961	3700	90	1 × 1 MT; veraltend
	SS-20	1977	4000	120	3 × 150 KT MIRV; CEP > 300 m
Frankreich	SSBS S-2	1971	3000	18	1 × 150 KT
China	CSS-2	k. A.	2600	50–70	k. A.
	CSS-1	k. A.	1100	40–50	k. A.
SRBM (Ballistische Kurzstreckenraketen)					
USA	Lance	1972	110	36	1 × KT-Bereich; 54 weitere Raketen sind in Belgien, der Bundesrepublik, Italien und den Niederlanden stationiert
	Pershing	1962	700	108	1 × KT-Bereich; 72 weitere Raketen sind in der Bundesrepublik stationiert
	Honest John	1953	40	0	1 × KT-Bereich; 91 sind in der Bundesrepublik, Griechenland und der Türkei stationiert
UdSSR	FROG-7	1965	70	1300 (zusammen für FROG-7, SS-1b, SS-1c, SS-12)	1 × KT-Bereich; auch von allen Warschauer Paktstaaten disloziert
	SS-1b SCUD A	1957	80		1 × KT-Bereich; auch von allen Warschauer Paktstaaten disloziert
	SS-1c SCUD B	1965	300		1 × KT-Bereich; auch von allen Warschauer Paktstaaten disloziert
	SS-12 Scaleboard	1969	800		1 × MT-Bereich;

Land	*Bezeichnung oder Name*	*Indienststellung*	*Reichweite in km*	*Anzahl*	*Nutzlast; Sprengkopf, CEP, Bemerkungen*
Frankreich	Pluton	1974	120	32	1 × 15–25 KT;
Artillerie					
USA	M-110 203 mm Haubitzen	1962	15		1 × KT-Bereich von den meisten NATO-Staaten disloziert
	M-109 155 mm Haubitzen	1964	15		1 × KT-Bereich von den meisten NATO-Staaten disloziert
UdSSR	M-55 203 mm Kanonen-Haubitzen	1950er	30		Verfügbarkeit von nuklearen Geschossen nicht mit Sicherheit festgestellt
Kampfflugzeuge[f]					
USA	F-4 C/D/E	1962	2200	390 in Europa	7 t
	F-N1 A/E	1967	4700		13 t
	F-4 J/N	1962	2200	100 in Europa	7 t; auf Flugzeugträgern
	A-6 E	1963	3200		8 t; auf Flugzeugträgern
	A-7 E	1966	4500		9 t; auf Flugzeugträgern
UdSSR	Il-28 BEAGLE	1950	2200	3500	2 t
	Su-7 FITTER A	1959	1450		2 t; auch in der Tschechoslowakei und Polen stationiert
	Tu-22 BLINDER	1962	2200		5 t
	MiG-21 FISHBED	1970	1850		1 t
	MiG-27 FLOGGER	1971	1450		3 t
	Su-20 FITTER C	1974	1770		5 t; auch in Polen
	Su-19 FENCER	1974	1450		4 t

Land	*Bezeichnung oder Name*	*Indienststellung*	*Reichweite in km*	*Anzahl*	*Nutzlast; Sprengkopf, CEP, Bemerkungen*
NATO	F-104	1958	2400		4 t; in den meisten NATO-Staaten
	F-4	1962	2200		7 t; Großbritannien, Bundesrepublik, Griechenland und Türkei
	Buccaneer	1962	3700	50	5 t; Großbritannien
	Jaguar	1974	1600		5 t; Großbritannien
Frankreich	Mirage IV A	1964	3200	33	7 t
	Jaguar	1974	1600		5 t

Quellen: SIPRI Yearbook 1980, Tactical Nuclear Weapons (SIPRI 1978), *The Military Balance, 1979–1980* (IISS)

[a] Die NATO Kode-Namen für die sowjetischen Waffensysteme werden in Großbuchstaben wiedergegeben.

[b] k.A. – keine Angaben, Angaben nicht verfügbar.

[c] Anzahl mal Detonationswert.

[d] Zahlen sind ungewiß.

[e] Die amerikanischen SLBM werden wegen der gegenwärtigen Umrüstung auf Trident als nicht einsatzbereit angesehen und deshalb nicht miteinbezogen.

[f] Einige dieser Flugzeuge können eher für konventionelle als nukleare Einsätze vorgesehen sein. In vielen Fällen ist auch unklar, mit welchen Kernwaffen sie ausgerüstet wurden. SIPRI klassifiziert die Mirage IV A als ‚strike aircraft‘ (Kampfflugzeug für nukleare Einsätze).

[g] Ungefähr 90 Tu-16 zählen nach *The Military Balance* zu den strategischen Systemen.

Anmerkungen

Vorwort des Generalsekretärs

1. „Wirkungen eines möglichen Einsatzes von Nuklearwaffen und die Implikationen des Erwerbs und der Weiterentwicklung dieser Waffen für die Sicherheit und Wirtschaft der Staaten", Veröffentlichung der Vereinten Nationen, Verkaufs-Nr. E 68.IX.1.

Kapitel I bis VIII

1. Im folgenden bezeichnet als Expertengruppe für eine umfassende Untersuchung der Nuklearwaffen.
2. „Wirkungen eines möglichen Einsatzes von Nuklearwaffen und die Implikationen des Erwerbs und der Weiterentwicklung dieser Waffen für die Sicherheit und Wirtschaft der Staaten." Dieses ursprünglich 1968 veröffentlichte Werk (Veröffentlichungen der Vereinten Nationen, Verkaufs-Nr. E.68.IX.1) wurde später wieder abgedruckt in: *Basic Problems of Disarmament* (‚Grundlegende Probleme der Abrüstung'), (Veröffentlichungen der Vereinten Nationen, Verkaufs-Nr. 70.I.14).
3. *Nuclear Proliferation Factbook,* erarbeitet vom Forschungsdienst des Kongresses, Library of Congress, United States Government Printing Office (US GPO), 23. September 1977, S. 382.
4. Soweit in diesem Kapitel Angaben über die Anzahl und Charakteristika von Waffen gemacht werden, basieren sie – wenn nicht anders ausgewiesen – auf den Daten des *SIPRI-Yearbook 1980* und *The Military Balance 1979/80* des International Institute for Strategic Studies in London.
5. Bis zum 12. Juli 1980 war dieser Vertrag nocht nicht ratifiziert. [Auch nicht zur Zeit dieser Übersetzung im Dezember 1981, Anm. d. Übs.]
6. In diesem Kapitel werden in erster Linie die westlichen Bezeichnungen sowohl für die Raketen der Vereinigten Staaten wie auch die der Sowjetunion benutzt, da diese unter diesen Namen seit langem bekannt sind und die sowjetischen Bezeichnungen im allgemeinen nicht veröffentlicht werden. Im SALT-II-Vertrag ist aufgeführt worden, welche sowjetischen Bezeichnungen den NATO-Bezeichnungen für die sowjetischen Raketen entsprechen: RS-16 = SS-17; RS-18 = SS-19; RS-20 = SS-18; RSM-50 = SS-N-18.
7. Während „Gefechtsfeld" gewöhnlich nur das Gebiet der Erd-Kampfhandlun-

gen bezeichnet, umfaßt „Kriegsschauplatz“ daneben auch rückwärtige Gebiete mit Flugplätzen, Reserve-Streitkräften und Versorgungsdepots. In einigen Fällen wird eine entsprechende Unterscheidung hinsichtlich der Bezeichnung „taktische“ und „theatre“-Waffen (Waffen für einen Kriegsschauplatz) getroffen. Diese Unterscheidung wird in diesem Bericht berücksichtigt.

8. Diese Zahlen sind zitiert nach: *Tactical Nuclear Weapons: European Perspectives,* Hrsg. v. SIPRI, London, Taylor and Francis, 1978.
9. Einige andere Werke aus der zahllosen Literatur über Fragen, die mit der nuklearen Weiterverbreitung zu tun haben, wurden ebenfalls bei der Bearbeitung dieses Abschnitts benutzt. Von besonderer Bedeutung ist der Bericht *Nuclear Proliferation and Safeguards* des amerikanischen Kongresses (Office of Technology Assessment, 1977).
10. Von den Quellen, die bei der Vorbereitung dieses Kapitels herangezogen wurden, sind folgende am umfassendsten und zuverlässigsten:
a) Hearing vor einem Unterausschuß des Bewilligungsausschusses (Subcommittee of the Committee on Appropriations), Senat der Vereinigten Staaten, 96. Kongreß, Erste Sitzungsperiode, Teil 4, Abteilung zur Bewilligung der Verteidigungsausgaben für das Haushaltsjahr 1980 (Department of Defense Appropriations for Fiscal Year 1980);
b) Hearing vor dem Ausschuß für Militärische Angelegenheiten (Committee on Armed Services), Senat der Vereinigten Staaten, 96. Kongreß, Erste Sitzungsperiode, Teil 6, Forschung und Entwicklung (Research and Development);
c) Hearing zur Lage der Streitkräfte (... on Military Posture), Ministerium der Verteidigung, Genehmigung der Bewilligungen für das Haushaltsjahr 1980 (Authorization for Appropriations for Fiscal Year 1980) vor dem Ausschuß für Militärische Angelegenheiten (Committee on Armed Services), Repräsentantenhaus, 96. Kongreß, Teil 3.
11. Vgl. *Effects of a comprehensive test ban treaty on United States national security interests* (Auswirkungen eines allgemeinen Test-Stopp-Abkommens auf die nationalen Sicherheitsinteressen der Vereinigten Staaten). Hearing vor der Kommission für „Verhandlungen über die Begrenzung strategischer Waffen [SALT] und für ein allgemeines Test-Stopp-Abkommen“ des Unterausschusses für Nachrichtendienst und militärische Anwendung der Kernenergie im Ausschuß für Militärische Angelegenheiten. Repräsentantenhaus, 95. Kongreß, zweite Sitzungsperiode, August 1978.
12. Vgl. *Prospect for a comprehensive nuclear test ban treaty* (Aussichten für einen umfassenden Test-Stopp-Vertrag). Hearing vor dem Unterausschuß für Abrüstung, Internationales Recht und Organisation des Ausschusses für internationale Beziehungen. Senat der Vereinigten Staaten, 92. Kongreß, Erste Sitzungsperiode über einen umfassenden Test-Stopp-Vertrag, Juli 1971.
13. Glasstone, S. and Dolan, P. J., *The Effects of Nuclear Weapons,* 3. Auflage 1977.

14. „The Effects of Nuclear War", Office of Technology Assessment of the Congress of the United States, Washington D. C., 1979.
15. Glasstone und Dolan, a. a. O.
16. Die in diesem und dem folgenden Abschnitt genannten Schätzwerte über Verlustzahlen etc. wurden beim „Swedish National Defense Research Institute" ermittelt.
17. Das Verhältnis 3:1 kann man in vielen militärischen Unterlagen finden, die innerhalb der letzten 50 Jahre veröffentlicht wurden. Eines der jüngeren Zeugnisse ist: United States Army Field Manual FM 100-5: Operations.
18. Bei einer gegebenen Bevölkerungsdichte und einem durchschnittlichen Schutzfaktor ist die Höhe der Verluste bei Bodendetonationen unmittelbar proportional zum Detonationswert. Beispiel: bei 100 Menschen/km^2 und einem durchschnittlichen Schutzfaktor von 0,3 ist bei erdnaher Detonation mit etwa 70 Strahlentoten durch Frühschäden je Kilotonne Detonationswert zu rechnen.
19. C. F. von Weizsäcker (Hrsg.), *Kriegsfolgen und Kriegsverhütung,* München 1971.
20. R. Sullivan u. a., *Civil Defense Needs of High Risk Areas of the United States,* System Planning Corporation, Arlington, Va., SP 409, 1979.
21. A. Katz, „Economic and Social Consequences of Nuclear Attacks on the United Staates", United States Senate, Committee on Banking, Housing and Urban Affairs, 96th Congress, First Session (März 1979).
22. Die mathematische Größe „Megatonnenäquivalent" (MTE) wurde eingeführt, um der Tatsache Rechnung zu tragen, daß das von der Druckwelle erfaßte Gebiet nicht linear mit dem Detonationswert wächst. Das Megatonnenäquivalent ist als $^2/_3$-Potenz des tatsächlichen Detonationswertes definiert, der in Megatonnen ausgedrückt wird. Beispiel: wenn der Detonationswert 100 KT = 0,1 MT beträgt, dann ist das Megatonnenäquivalent $0{,}1^{2/3} = 0{,}22$. Siehe auch Abbildung 2 in Kap. II.
23. a) „Data Base and Demage Criteria for Measurements of Arms Limitation Effects on War Supporting Industry" ACDA,/WEC-Y242, 1979
    b) Office of Technology Assessment a. a. O.
    c) G. Kemp „Nuclear Force for Medium Powers, Part I. Targets and Weapon Systems, Part II and III. Strategic Requirements and Options"; Adelphi Papers 106 and 107, International Institute for Strategic Studies, London 1974.
24. United States Senate, Committee of Banking Housing and Urban Affairs, a. a. O.
25. Siehe z. B. „Long Term Worldwide Effects of Multiple Nuclear-Weapons Detonations", National Academy of Sciences, Washington, D.C. 1975.
26. Krakatau, eine kleine Vulkaninsel in der Sunda-Straße, wurde durch Unterwasser-Explosionen fast vollständig in Stücke gerissen, als der Vulkan im August 1883 ausbrach. Es handelt sich um den bisher größten beobachteten Vulkan-Ausbruch.

27. Die Gesamtgetreideproduktion in der Welt entspricht ungefähr 365 kg pro Kopf und Jahr, während die unterste Grenze des wirklich Benötigten irgendwo zwischen 200 und 250 kg liegt, wenn nicht noch zusätzliche Nahrungsmittel zur Verfügung stehen. Die tatsächliche Produktion pro Kopf ist jedoch sehr unterschiedlich in den verschiedenen Regionen. Sie erstreckt sich vom Höchststand in den Vereinigten Staaten mit 1200 kg bis zum Tiefststand mit weniger als 150 kg in Afrika. Diese für 1976 geltenden Zahlen wurden dem FAO (Food and Agricultural Organisation) *Production Yearbook 1977* entnommen.
28. *Sources and Effects of Ionizing Radiation,* (Veröffentlichung der Vereinten Nationen, Nr. E 77.IX.1).
29. Für C 14 (radioaktiver Kohlenstoff), der eine sehr lange Halbwertzeit (5730 Jahre) hat, wurden die hochgerechneten Strahlenwerte nur bis zum Jahr 2000 erfaßt. Insgesamt würde dies, auf mehr als 10000 Jahre verteilt, eine zusätzliche Strahlenbelastung von 240 Millirad bedeuten.
30. Gretchko, *The Armed Forces of the Soviet State,* S. 272: „an officially accepted system of views in a given State and in its armed forces on the nature of war and methods of conducting it and on preparation of the country and army for war."
31. R. Aron, „Initiations à la stratégie atomique", *Le Monde,* 14. November 1963, S. 3.
32. Department of State Bulletin, vol. 30, 25. Januar 1954, S. 107–110 (... „by means, at times, and at places of our choosing" ...).
33. Dieses Konzept war sowohl vom US-Verteidigungsminister McNamara als auch von General Norstad innerhalb der NATO benutzt worden.
34. Vortrag in Ann Arbor, Michigan, vom 16. Juni 1962: „The United States has come to the conclusion that to the extent feasible, basic military strategy in a possible general nuclear war should be approached in much the same way that more conventional military operations have been regarded in the past. That is to say, principal military objectives, in the event of a nuclear war stemming from a major attack on the Alliance, should be the destruction of the enemy's military forces, not of its civilian population. The very strength and nature of the Alliance forces make it possible for us to retain, even in the face of a massive surprise attack, sufficient reserve striking power to destroy an enemy society if driven to it. In other words, we are giving a possible opponent the strongest imaginable incentive to refrain from striking our own cities."
35. *Survival,* vol. XVII, No. 1 (Januar-Februar 1975): „forces to execute a wide range of options in response to potential actions by an enemy, including a capability for precise attacks on both soft and hard targets, while at the same time minimizing unintended collateral damage".
36. Erklärung des Verteidigungsministers Harold Brown vom 25. Januar 1979, in: *Survival,* vol. XXI, No. 3 (Mai–Juni 1979), „no longer is wholly credible".
37. Erklärung von Minister Brown, „The New US Defense Program", in: *Survival,* vol. XIX, No. 3 (Mai–Juni 1977). „... any use of nuclear weapons would run

the risk of rapid escalation; a full-scale thermonuclear exchange could result only in a catastrophic outcome for both the Soviet Union and the United States."

38. Prawda vom 15. Januar 1960: „... had made it possible to raise our country's defensive power to such a level that we are capable of making further reduction of our military forces".
39. Prawda vom 25. Oktober 1961: „... inevitably would take the form of a nuclear missile war".
40. V. D. Sokolovsky, *Soviet Military Strategy,* MacDonald and Jane's, London, 1975, S. 195: „It should be emphasized that, with the international relations existing under present-day conditions and the present level of development of military equipment, any armed conflict will inevitably escalate into a general nuclear war if the nuclear Powers are drawn into this conflict."
41. Ebd., S. 208: „If a war against the USSR or any other socialist country is unleashed by the imperialist bloc, such a war will unavoidably take the nature of a world war with the majority of the countries in the world participating in it."
42. Ebd., S. 288: „In working out the forms and methods for conducting a future war an entire number of questions should be considered: how will the war be unleashed, what character will it assume, who will be the main enemy, will nuclear weapons be employed at the very start of the war or in the course of the war, which nuclear weapons – strategic or only operational-tactical – where, in what area or in what theatre will the main events unfold, etc."
43. A. S. Zjoltov, *Militärische Theorie und Militärische Praxis,* Berlin 1972.
44. Gretchko, a. a. O., S. 348f.
45. Baylis, Booth, Garnett and Williams, *Contemporary Strategy, Theories and Policies,* London, 1975, S. 260.
46. Mao Tsetung, „Imperialists and All Reactionaries are Paper Tigers", in: *Current Background,* No. 534, 12. November 1958, S. 8.
47. Powell, „Maoist Military Doctrine", in: *Asian Survey,* April 1968 („... bogged down in endless battles and drowned in a hostile human sea".)
48. *Livre blanc sur la défense nationale,* Band I, 1972, S. 8: „Unless vital interests are at stake, the threat of recourse to nuclear weapons has absolutely no credibility ... In any event, the exclusively national and essentially defensive character of deterrence is evident here ... If they [the United States and the Soviet Union] recognize objectively that deterrence between them will be effective only when their national sanctuaries are directly threatened, it must be concluded that the defence of Western Europe will not automatically benefit from American deterrence."
49. Es sind dies die Vereinigten Staaten, die Sowjetunion, Großbritannien, Frankreich und China. Indien führte 1974 eine friedliche Kernexplosion durch und zeigte damit seine Fähigkeit zum Kernwaffenbau. Die indische Regierung hat

wiederholt erklärt, daß Indien keine Absicht zum Bau von Kernwaffen habe. Israel und Südafrika haben inoffizielle Berichte abgestritten, wonach sie Kernwaffen gebaut haben sollen.

49a. Die Buchstabenzählung wurde von den Übersetzern eingefügt.

49b. [Anmerkung der dt. Übers.] Der englische Text lautet: „Each of the Parties to the Treaty undertakes to pursue negotiations in good faith on effective measures relating to cessation of the nuclear arms race at an early date and to nuclear disarmament, and on a treaty on general and complete disarmament under strict and effective international control."

50. Schon oft ist festgestellt worden, daß die Höchstzahl an Kernwaffen für die Androhung gesicherter Zerstörung im Einsatz gegen weiche Ziele (Zivile Zentren und Industrieanlagen) bei 400 liegt. Die Zahl hängt ab von der Kapazität der Waffen zur Massenvernichtung und von der Anzahl großer Bevölkerungszentren und Industrieanlagen im gegnerischen Staat.

51. *SIPRI-Jahrbuch 1977.*

52. Tabelle III, Final Report of Working Group Four – Reprocessing, Plutonium Handling and Recycle, International Nuclear Fuel Cycle Evaluation.

53. Etwa sechzig Staaten haben bisher Sicherheitsvereinbarungen mit der IAEA abgezeichnet.

54. Die Kernwaffenstaaten brauchen als Vertragspartner ihre Nuklearanlagen nicht unter die Schutzbestimmungen zu stellen. Großbritannien und die Vereinigten Staaten haben jedoch freiwillig angeboten, Schutzmaßnahmen für nicht-militärische Anlagen zu akzeptieren. Eine grundlegende Verpflichtung gemäß den Vertragsbedingungen besteht für die Kernwaffenstaaten darin, das nukleare Wettrüsten aufzugeben und über Abrüstungsmaßnahmen zu verhandeln. Eine Anzahl von Staaten hat sich geweigert, dem Vertrag beizutreten, weil die Auflagen für die Staaten mit und ohne Kernwaffen nicht gleichwertig sind.

55. Ägypten, Indien, Israel, Südafrika und Spanien. Ägypten, das den Vertrag unterzeichnet, aber nicht ratifiziert hat, betreibt einen kleinen Forschungsreaktor, der unter sowjetischen Sicherheitsbestimmungen beschafft wurde. Spanien betreibt einen Reaktor gemeinsam mit Frankreich. Berichten nach ist Pakistan im Begriff, eine Aufbereitungsanlage ohne Schutzbestimmungen zu bauen. Pakistan hat erklärt, daß sein Nuklearprogramm friedlichen Zwecken diene.

56. Die Gruppe der Atomlieferanten [Nuclear Suppliers Group, oft als Nuclear Suppliers Club oder auch London Suppliers Club bezeichnet, Anm. d. Übers.] – Belgien, Kanada, ČSSR, Frankreich, Bundesrepublik Deutschland, DDR, Italien, Japan, Niederlande, Polen, Schweden, Schweiz, UdSSR, Großbritannien und die Vereinigten Staaten – unterrichteten die IAEA 1978 von den allgemeinen Leitlinien, die beim Export von Nukleargerät, -ausrüstung und -technologie anzuwenden sind.

56a. Die Überschriften der Abschnitte wurden von den Übersetzern eingefügt.

57. *SIPRI-Jahrbuch 1980.*

Anhang

a) In diesem Zusammenhang ist der Hinweis interessant, daß Untererddetonationen besser als Bodendetonationen geeignet sind, Krater zu schaffen und Schäden unter der Erde anzurichten. Vorrichtungen, die mit sehr großer Genauigkeit in den Erdboden eindringen, können daher befestigte unterirdische Einrichtungen erheblich beschädigen, selbst wenn sie nur „kleine" Detonationswerte in der Größenordnung von wenigen KT haben.

b) Recommendations of the International Commission on Radiological Protection (Empfehlungen der Internationalen Kommission für Strahlenschutz), ICRP Publication 26, 1977.

Register

Die Ziffern beziehen sich auf die Absatznumerierung. Hauptstellen sind *kursiv* gesetzt. Ziffern mit A beziehen sich auf die Absätze des Anhangs I.

AAM (air-to-air missile – Luft-Luft-Raketen) 120
Abkopplung 388
ABM (anti-ballistic missile, Abwehrrakete gegen ballistische Flugkörper) 5, 71, 106, 116, 288, 410, 480
ABM-Vertrag 106, 288, 484
A-Bombe (Atombombe, Fissionswaffe, Kernspaltungsbombe) *12, 13, 14, 15,* 45, 57, 58, 62, 64
Abschreckung (nukleare) 70, 81, 141, 222, 283, *285,* 286, 287, 289, 290, 292, 293, 294, 296, 297, 298, 300, 302, 311, 313, 315, 322, 332, 333, 338, 339, 340, 341, 342, 344, 347, 354, 356, 357, 358, 362, 363, 365, 366, 373, 374, 375, 376, 377, 385, 387, 388, 390, 398, 399, 400, 406, 407, 416, 418, 424, 496, 497, 498, 499, 513, 519, 520
Achtzehn-Mächte-Abrüstungsausschuß (Eighteen-Nations-Committee on Disarmament, ENCD) 444, 445, 450, 459
ADM (atomic demolition munition – atomarer Bodensprengkörper, Sperrmittel 46, *53*
Ägypten 476
Afrika 392, 475
Agentur zum Verbot von Kernwaffen in Lateinamerika (Organismo para la Proscripción de las Armas Nucleares en la América Latina, OPANAL) 469
ALCM (air launched cruise missile – luftgestützter Marschflugkörper) 108, 110, 121
Anfangsstrahlung 80, 207, 211, A 17, A 23, A 24, A 26, A 27, A 28
Anreicherungsanlagen 57, 58
Antarktis(-Vertrag) 4, 393, 439, 440, 441, 442, 447
Argentinien 439, 472
ASAT (anti-satellite activities – Anti-Satelliten Systeme) 125
ASBM (air-to-surface ballistic missile – ballistische Luft-Boden-Raketen) 30, 109, 481
ASROC (anti-submarine rocket, von Schiffen einsetzbarer Flugkörper zur U-Boot Bekämpfung) 54
ASW (anti-submarine warfare) → U-Boot Abwehr
atomare Schwelle (Nuklearschwelle) 79, 302, 311, 325, 340, 341, 369, 419, 422, 424
Australien 439
AVA (Abkommen zur Verhinderung eines Atomkrieges, Agreement on the Prevention of Nuclear War) 484
AWACS (airborne (early) warning and control system – Luftgestütztes (Früh-) Warn- und Führungssystem) *133*

begrenzter Krieg (Kriegsführung) 178, 179, 180, 181, 186, 195, 199, 308, 310, 328, 419
Belgien 57, 439
Bikini-Atoll 176

Bohr, Niels 490
Brasilien 472
Brown, Harold 316
Bundesrepublik Deutschland 58, 200, 277
‚Bus' (für post-boost vehicle, PBV – auch Muttergefechts-Kopf) 19

C^3 (command, control and communications – Führung, Befehlsgebung und Fernmeldeverbindungen) 29, 93, 413
Cäsium-137 A 31, A 39
CCD (Conference of the Committee on Disarmament) → Konferenz des Genfer Abrüstungsausschusses
CD (Committee on Disarmament) → Genfer Abrüstungsausschuß
CEP (circular error probable – Streukreisradius) *22*, 23, 26, 32, 33, Abb. 3, 101, 104
Chile 439, 472
China 9, 45, 57, 257, 329, 330, 331, 332, 333, 364, 425, 456, 457, 489, 514
Chruschtschow, Nikita 321, 322
Churchill, Winston 490
CM (cruise missile) → Marschflugkörper
Counterforce 196, *214*, *217*, 218, 220, 224, 226, 300, 313, 346, 417
Counter-Value 196, *214*, *215*, 222, *223*, 224, 225, 229, 346, 366
CTBT (comprehensive test ban treaty) → umfassender Test-Stopp-Vertrag

Dänemark 277, 490
Detonationspunkt 21
Detonationswert 9, *16*, 21, 39, 68, 148, 150, 152, 162, 165, 194, 203, 209, 212, 232, 261, 461, A 2, A 20
Deuterium 12, 81
DOD (Department of Defense – amerikanisches Verteidigungsministerium) 38
Dominica 472
Druckwelle 21, 81, 146, *152*, 153, 162, 165, 166, 168, 170, 173, 175, 177, 193, 207, 217, 268, 271, A 2, A 4, A 5, A 6, A 7, A 8, A 14, A 16, A 17, A 23
Dulles, John Foster 306

elektromagnetische(s) Energie (Feld, Strahlung, Welle) 130, 146, 154, 168, 183, A 18, A 19, A 20, A 21, A22
EMP (electromagnetic pulse, elektromagnetischer Impuls) A 18, A 19, A 20, A 21, A 22
ENCD (Eighteen-Nations Committee on Disarmament) → Achtzehn-Mächte-Abrüstungsausschuß
entmilitarisierte Zone 391, 393, 439
Ersteinsatz (von Kernwaffen) 486
ERW (enhanced radiation weapon) → Neutronenbombe
Eskalation 79, 287, 292, 316, 323, 324, 346, 369, 381, 386, 399, 419, 422, 424, 500
Europa 55, 79, 82, 170, 198, 208, 251, 338, 343, 370, 387, 388, 389, 390, 392, 437, 462, 468, 478, 486, 492, 515
eurostrategische Waffen → Grauzonenwaffen

Fallout → radioaktiver Niederschlag
Feuerball 146, 150, 151, 157, 159, A 5, A 11, A 30, A 33
Finnland 277
first-strike (Erstschlag) 20, 26, 69, 70, 289, 296, 300, 346, 354, 366, 414
flexible response (flexible Reaktion) 292, 297, 309, 311, 340
FOBS (fractional orbital bombardment system – Teilerdumlauffähiges Bombensystem) 448
Frankreich 9, 44, 47, 57, 82, 105, 138, 257, 338, 339, 340, 341, 342, 343, 364, 365, 425, 439, 456, 457, 473, 475, 484, 489, 514
‚Friedenszonen' 391, 393

Gammastrahlen 64, 153, 154, 166, A 18, A 24, A 30
Gefechtsfeldwaffen, nukleare 72, 149, 198, 209, 376, 387, 424, 517
genetische Schäden 191, 211, 221, 232, 260, A 40, A 44
Genfer Abrüstungsausschuß 8, 449, 450, 459, 460, 488, 489, 512
GLCM (ground-launched cruise missile – landgestützter Marschflugkörper) 137
Gleichgewicht 296, 301, 317, 389, 400, 415, 481, 483, 486, 496, 497, 499, 513, 520
Gleichgewicht, erforderliches (essential equivalence) 296
Gleichgewicht des Schreckens 298, 315, 363, 379, 399, 519
GPS (global positioning system – weltweites Standortbestimmungssystem) 96
Grauzonenwaffen (eurostrategische Waffen) 40, 196, 343, 419
Gretchko, Andrej Antonowitsch 327
Großbritannien 9, 43, 57, 58, 79, 105, 257, 334, 335, 336, 337, 364, 365, 439, 456, 457, 473, 484, 487, 489, 490
Guyana 472
GZ (ground zero) → Nullpunkt

H-Bombe (Wasserstoffbombe, Fusionswaffe, Kernverschmelzungsbombe, thermonukleare Bombe) *12, 13, 15, 17,* 45, 68, 436
heißer Draht (hot line) 484
Hiroshima 9, 74, 144, 150, 151, *162, 163,* 164, 435, 490, 492, A 16, *A 17*
Hitzestrahlung, -welle 81, 146, 150, 193, 217
Homing-Systeme 97

IAEA (International Atomic Energy Agency – Internationale Atomenergiebehörde 56, 429, 430, 510
ICBM (intercontinental ballistic missile – Interkontinentalraketen) *18, 19, 20,* 24, 30, 31, 33, 38, 42, 45, Abb. 4, 99, 101, 102, 104, 109, 110, 120, 129, 131, 217, 224, 301, 307, 406, 436, 481
ICRP (International Commission on Radiological Protection, Internationale Kommission für Strahlenschutz) A 43, A 44
Indien 425, 456, 458, 477
Indischer Ozean 392, 393
INFCE (International Nuclear Fuel Cycle Evaluation – dt. Bezeichnung: Konferenz für die internationale Bewertung des nuklearen Brennstoffkreislaufs) 56, 426, 428
intra-war deterrence *297*
Iran 476
IRBM (intermediate range ballistic missile – Mittelstreckenrakete mit Reichweiten etwa zwischen 2000 (2400)–6400 (5500) km) 41, 42, 44, 45, 137
Israel 138, 277, 383, 476
Italien 57

Japan 58, 145, 369, 375, 439, A 46
Jod-131 A 39

Kanada 10, 237, 242
Keloide 151
Kernreaktor, Kernkraftwerk 57, 58, 59, 62, 63, 426, 428, 434
Kernsprengungen zu friedlichen Zwecken (peaceful nuclear explosions, PNE) 458, 461, 471, 484
Kernwaffenfreie Zone 391, 437, 468, 478, 479, 518
Kernwaffenfreie Zone in Lateinamerika 4/92, 4/94, 351, 384, 429, 468, 469, 474
Kernwaffentests, -versuche *86, 87, 88, 91,* 92, 144, 231, *257,* 258, 259, 260, 262, 383, 438, 456, 457, 458, 460, 461

Klimaveränderung 237
Kohlenstoff-14 231, A 31
Kollateralschäden 185, 193, 208, 217, *230,* 314, 414
Konferenz des Genfer Abrüstungsausschusses (Conference of the Committee on Disarmament, CCD) 459, 479
Krakatau 237
Kriegsführung(sfähigkeit) 302, 324
Kritische Masse *14,* 16
Meeresboden-Vertrag 450, 451, 452, 453, 454, 455
KT (Kilotonne) *16*
Kuba 472

Langstreckenbomber 25, 37, 38, 420
Laserstrahlen 84, 117, 118, 119, 124, 410
launch-on-attack (-on-warning) → Präemptiveinsatz
Leningrad 173
Lenksysteme 26, 32, *95, 96,* 101, 111, 412
‚London Club', Bezeichnung der ‚Nuclear Supplier Group' 466 a
LRCM (long range cruise missile – weitreichende Marschflugkörper) 420, 481

Malinowski, Rodion Jakowlewitsch 322
Mao Zedong 331, 332
Marschflugkörper 5, 25, *26,* 30, 38, 50, 68, 95, 98, 130, 133, 389, 412, 421, 481
MARV (manoeuvrable re-entry vehicle – einzeln lenkbarer Wiedereintrittskörper) *106,* 107
massive Vergeltung, Doktrin der 306, 310, 322, 324, 328, 347
McCloy-Sorin Agreement 438
McNamara, Robert 223, 289, 312, 313
Mega Pascal *A 1*
Mexiko 445, 468
MIK (Militärisch-industrieller Komplex) 503
Miniaturisierung von Kernwaffen (‚mininukes') 5, 76, 79, 81
MIRV (multiple independently targetable re-entry vehicle, mehrfach unabhängig zielprogrammierbarer Wiedereintrittsflugkörper) 5, 19, 24, 30, 31, 33, 34, 35, 38, 71, 76, 102, 105, 122, 132, 137, 481
Mittelmeer 392, 393
MM (map matching) *96*
MRBM (medium range ballistic missile – Mittelstreckenrakete mit Reichweiten etwa zwischen 800 (1000)–2400 (3000) km 41, 45, 137
MRR-weapon (minimum residual radiation weapon – Waffe mit äußerst geringer Rückstandsstrahlung) 83
MT (Megatonne) *16*
MTE (megaton equivalent, Megatonnenäquivalent) 223, 224
MX-Rakete (missile experimental) *102,* 482

Nagasaki 16, 74, 144, 150, 158, *162, 163,* 435, 490
Naher Osten 392, 475
NATO (North Atlantic Treaty Organization – Organisation der Signatarmächte des Nordatlantikpakts 48, 137, 310, 311, 335, 336, 337, 340, 341, 486
Navigation(-ssysteme) 25, 95, 96, 100, 111, 123
NAVSTAR (navigation satellite timing and ranging – Satellitengestütztes Zeit- und Entfernung messendes Navigationssystem) 96
Neuseeland 439
‚Neutronenbombe' *5, 81,* 82, 83, 342
Neutronenstrahlen 17, 64, 81, 153, 166
New York 164, 175, 246
‚nicht hinnehmbare Zerstörung' *223,* 224, 287, 289, 405, 408
Nichtverbreitungs-Vertrag (NV-Vertrag,

Non-Proliferation Treaty, NPT) 4, 92, 351, 375, 397, 429, 432, 438, 462, 463, 464, 465, 466, 467, 489
Niederlande 58, 277, 473
Norwegen 277, 439
NPT (Non-Proliferation Treaty) → Nichtverbreitungs-Vertrag
nukleare Artilleriegeschosse 46, 52, *75*
Nullpunkt 151, 152, 153, 159

OAU (Organization for African Unity, Organisation afrikanischer Einheit) 475
Office of Technology Assessment (OTA) 173, 174, 218, 239
OPANAL (Organismo para la Proscripción de las Armas Nucleares en la América Latina) → Agentur zum Verbot von Kernwaffen in Lateinamerika
Osteuropa 244
OTH-Radar (over the horizon radar – Überhorizont-Radar) 130, 413

Pakistan 477, 488
Parität (insbesondere bei strategisch-nuklearen Systemen) 296, 359, 499, 513, 514
particle-beam-weapons (PBW, Partikel-Strahlenwaffen) 410
PAVE PAWS, Küstenradarstellungen 130
Pershing-Kurzstreckenrakete 47, 48, 137, 389
PGM (precision guided munitions – präzisionsgelenkte Munition) 140
Plutonium 10, 12, 14, 57, 59, 60, 61, 62, 63, 65, 157, 428, A 39
PNE(T) (Peaceful Nuclear Explosions Treaty, Vertrag über Kernsprengungen zu friedlichen Zwecken) 484
Poseidon-Raketen 34, 74, 105
Poseidon-U-Boot 35, 39
Präemptiveinsatz (nuklearer Waffen) 301, *374*, 409, 412, 415, 500
Präventivkrieg 374
Proliferation, horizontale 92, 352, 378, 379, 380, 382, 420, 425, 431, 432, 458, 516
Proliferation, vertikale 109, 352, 458, 460, 516
PTBT (partial test ban treaty) → teilweiser Test-Stopp-Vertrag

Rad (radiation absorbed dose, aufgenommene Strahlendosis) 260
Radar (-ortung, -reflexe, -strahlen, -systeme) 97, 107, 120, 126, 129, 130, 133
radioaktiver Niederschlag (fallout) 83, 146, 155, 157, 158, 169, 174, 176, 182, 183, 189, 193, 202, 209, 210, 211, 215, 217, 218, 220, 221, 222, 230, 231, 232, 265, 267, 269, 271, 272, 273, 495, A 23, A 32, A 33, A 34
Radium 157
‚Raketenlücke' (‚missile gap') 307
Rat für gegenseitige Wirtschaftshilfe, RGW (auch COMECON oder CMEA, Council for Mutual Economic Assistance) 244
Roosevelt, Franklin Delano 490
RRR-weapon (reduced residual radiation weapon – Waffe mit verminderter Rückstandsstrahlung) 83
Rückstandsstrahlung 80, 83, 159, 270, A 24, A 30, A 32, A 33, A 39
Rüstungskontrolle 71, 348, 363, 391, 402, 482
RV (re-entry vehicle) → Wiedereintrittskörper

Sankt Lucia 472
SALT (Strategic Arms Limitation Talks – Gespräche über die Begrenzung strategischer Waffen) 363, 513, 515
SALT-I-Abkommen 26, 71, 100, 106, 116, 288, 480, 484

SALT-II-Abkommen 30, 71, 100, 109, 110, 132, 403, 481, 482, 483, 484
SAM (surface to air missile – Boden-Luft-Rakete) 108, 120
Satelliten 100, 111, 123, 124, 125, 127, 131, 132, 183, 307, 413, 436, 448, 449
„Saubere" Bombe 17
second-strike (Zweitschlag) 289, 418
selective (targeting) option (Option auf selektiven Einsatz) 297, 314, 315, 316
Sicherheitsrat der Vereinten Nationen 452, 464, 487
SLBM (submarine launched ballistic missile – U-Boot gestützte ballistische Rakete) *24*, 30, 34, 36, 37, 38, 41, 43, 44, 46, 69, 105, 109, 110, 120, 131, 134, 135, 136, 224, 366, 412, 481
SLCM (submarine launched cruise missile – U-Boot gestützter Marschflugkörper) 46
‚smart weapons' → PGM
Sokolowski, W. D. 323, 324
10. Sondertagung der Generalversammlung der Vereinten Nationen 1, 2, 397, 432, 449, 467, 479, 483, 488, 489, 496, 501, 507, 509
Sowjetunion 5, 9, 10, 11, 19, 25, 30, 33, 36, 37, 38, 42, 47, 48, 49, 50, 51, 52, 55, 57, 58, 68, 71, 76, 82, 104, 105, 106, 109, 110, 112, 116, 120, 125, 129, 132, 134, 137, 138, 218, 223, 224, 237, 243, 244, 247, 248, 249, 250, 257, 277, 280, 289, 301, 307, 310, 313, 316, 317, 318, 319, 320, 321, 322, 324, 325, 326, 327, 328, 338, 343, 354, 356, 403, 410, 435, 437, 438, 439, 444, 446, 449, 450, 456, 457, 458, 459, 461, 462, 464, 480, 481, 482, 483, 484, 486, 487, 488, 489, 512
Spanien 57
Spätschäden 158, 159, 174, 191, 211, 269, A 40
Sputnik 307
SRAM (short range attack missile – Kurzstrecken-Angriffs-Flugkörper) 50
SRBM (short range ballistic missile – ballistische Kurzstreckenraketen, unter 800 km Reichweite) 47
SS-20 (IRBM) 42, 137, 389
SUBROC (submarine rocket, von getauchten U-Booten abschießbar) 54
Südafrika 58, 383, 439, 475
Südasien 392, 477
Südpazifik 392, 478
‚Schmutzige' Bombe 17
Schlesinger, James R. 314
Schweden 277, 376
Schweiz 277
‚Schwellen-Vertrag' (Threshold Test Ban Treaty, TTBT) 92, 461, 484
schwere Bomber (Langstreckenbomber) 25, 30, 224, 481
strategische Kernwaffen(-systeme) 5, 25, 30, 39, 45, 69, 111, 112, 132, 194, 195, 214, 217, 292, 301, 310, 321, 324, 339, 343, 354, 360, 361, 387, 388, 400, 403, 405, 406, 407, 413, 417, 419, 448, 459, 480, 481, 482, 483, 492, 513, 514, 517
Strontium-90 259, A 31, A 39

taktische Kernwaffen *46, 55*, 72, 97, 194, 287, 292, 308, 311, 324, 328, 333, 340, 370, 376, 387, 419, 422, 492, 513, 514, 517, 519
teilweiser Test-Stopp-Vertrag (partial test ban treaty, PTBT) 90, 257, 457, 458
TEL (transporter-erector-launcher – transportable Senkrechtstart-Lafette) 102
TERCOM (terrain contour matching) 96
thermische Strahlung 150, *151*, 160, 166, 207, A 9, A 10, A 11, A 13, A 14, A 16, A 17
Thorium 64

TNF (theatre nuclear forces – Streitkräfte und Kernwaffensysteme für oder in einem bestimmten Kriegsschauplatz, z. B. Europa; daher auch bezeichnet als Nuklearkräfte in und für Europa) 72, 98, 138, 149, 194, 483, 515, 517
TNT (Trinitrotoluol) 9
TNW 1. theatre nuclear weapons – Kernwaffen für den Kriegsschauplatz → TNF
2. tactical nuclear weapons → taktische Kernwaffen
Trident I-Rakete 35, 36, 105
Trident C-4-Rakete 35, 43
Trident-U-Boote 35, 105
Tritium 12, 17, 81, 231
TTBT (Threshold Test Ban Treaty) → Schwellen-Vertrag

U-Boot Abwehr (anti-submarine warfare, ASW) 36, 46, 122, *135*, 366
Überlegenheit, nukleare 354, 355
umfassender Test-Stopp-Vertrag (comprehensive test ban treaty, CTBT) 4/92, 86, 87, 89, 90, 92, 456, 459, 460
Uran 10, 12, 14, 16, 17, 57, 58, 59, 61, 63, 64, 157, 427

Vereinigte Staaten von Amerika 5, 9, 10, 11, 19, 25, 30, 31, 32, 34, 37, 38, 42, 47, 48, 50, 51, 52, 53, 54, 55, 56, 57, 58, 68, 71, 76, 79, 81, 82, 83, 87, 88, 96, 102, 104, 105, 106, 108, 109, 110, 112, 116, 120, 125, 130, 132, 133, 134, 138, 173, 176, 218, 223, 224, 236, 239, 242, 243, 244, 247, 248, 249, 250, 257, 277, 289, 301, 305, 306, 308, 309, 310, 312, 313, 314, 316, 317, 320, 334, 338, 343, 354, 356, 403, 410, 435, 437, 438, 439, 446, 449, 456, 457, 458, 459, 461, 462, 464, 473, 480, 481, 482, 483, 484, 478, 489, 490, 512
Vergeltung, nukleare (nuclear retaliation) 99, 296, 300, 366, 376, 406, 407, 416
Verifikation *442*, 452, 459, 510
Volkskrieg 332

Warschauer Pakt 48, 51, 486
Weltbank 251
Weltraum-Vertrag 4, 438, 446, 447, 448, 449
Wettrüsten (Rüstungswettlauf) 1, 4, 68, 70, 92, 300, 349, 357, 358, 361, 362, 389, 397, 398, 400, 435, 436, 444, 449, 453, 491, 493, 496, 501, 502, 503, 506, 511, 513, 516
Wiedereintrittskörper 18, 97, 104, 107, 117, 118
Wladiwostok 481, 484

Zehn-Mächte-Abrüstungsausschuß 444
zentral-strategisch (Ebene, Systeme, Waffen etc.) 30, 40, 41, *178*, 196
Zivilschutz 149, 167, 263, 264, 265, 276, 277, 278, 411
Zjoltov, A. S. 326